Strukturwandel und Strukturpolitik in Nordrhein-Westfalen

AF125978

Schriften des
Institut Arbeit und Technik
Band 3

Rolf G. Heinze
Helmut Voelzkow
Josef Hilbert

Strukturwandel und Strukturpolitik in Nordrhein-Westfalen

Entwicklungstrends und
Forschungsperspektiven

Leske + Budrich, Opladen 1992

ISBN 978-3-322-99995-5   ISBN 978-3-322-99994-8 (eBook)
DOI 10.1007/978-3-322-99994-8

© 1992 by Leske + Budrich, Opladen

1

Gliederung

Inhaltsverzeichnis

Teil B:
Rolf G. Heinze/Helmut Voelzkow: Entwicklung und Perspektiven des Dienstleistungssektors in Nordrhein-Westfalen

Abbildungsverzeichnis

Teil A

Teil B

Tabellenverzeichnis

Teil A

Teil B

Anhang

Vorbemerkungen

Es gehört zu den zentralen Aufgaben des Instituts Arbeit und Technik des Wissenschaftszentrums Nordrhein-Westfalen, den Strukturwandel in diesem Lande mit wissenschaftlicher Expertise zu begleiten und im Dialog mit Repräsentanten der Praxis Anstöße für neue Orientierungen zu geben. Mit dieser Zielsetzung wurde am Institut u.a. ein Projekt mit dem Titel "Ruhr 2010" ins Leben gerufen. Es hat zum einen die Aufgabe, wichtige Trends in Wirtschaft, Gesellschaft und Politik sowie deren Auswirkungen auf das Ruhrgebiet zu identifizieren. Zum anderen sollen dort, wo spezifische Probleme und Entwicklungsengpässe deutlich werden, verschiedene Lösungsmöglichkeiten gesucht und im Hinblick auf ihre Tragfähigkeit geprüft werden.

Im Rahmen des Projekts wurde 1989 eine interdisziplinäre Forschungsgruppe mit einem breitgefächerten Spektrum unterschiedlicher Fachkompetenzen gebildet, der Wissenschaftler aus Hochschulen des Ruhrgebiets und anderen Hochschulen und Forschungseinrichtungen des Bundesgebietes angehören. Dieser Kreis von Wissenschaftlern trifft in regelmäßigen Abständen mit ausgewählten Experten aus Verbänden, Wirtschaft, Politik und Verwaltung zusammen, um spezielle Fragen des Strukturwandels und der Strukturpolitik aufzugreifen und zu diskutieren.

Im Vorfeld dieses für beide Seiten ertragreichen Dialogs von Wissenschaft und Praxis haben die Autoren den Auftrag erhalten, den Stand der Forschung in dem gestellten Themenfeld aufzuarbeiten. Zunächst sollten die Entwicklung und Perspektiven industrieller Produktion und im Anschluß daran die Entwicklung und Perspektiven des Dienstleistungssektors analysiert werden. Aus diesem Arbeitszusammenhang ist der vorliegende Band hervorgegangen.

Das Ziel ist eine Beschreibung und Analyse der sozio-ökonomischen Entwicklung in Nordrhein-Westfalen (NRW) und eine Auseinandersetzung mit politischen Strategien für eine sowohl wirtschaftlich erfolgreiche als auch sozialverträgliche Politik der Umgestaltung. Dabei wird nicht nur der Vergleich mit anderen Teilregionen der Bundesrepublik gesucht, sondern auch auf die Unterschiede innerhalb NRWs eingegangen. Ein Ziel der Arbeit liegt in der Verortung von aktuellen Forschungslücken. Inhaltlich und methodisch orientieren sich die Ausführungen an Fragen der sozialwissenschaftlichen Regionalforschung. Ausgehend von der Zielsetzung der Schaffung einheitlicher Lebensverhältnisse in der Bundesrepublik lassen sich drei Fragestellungen abgrenzen:

(1) Das phänomenale Erkenntnisinteresse gilt den spezifischen Ausprägungen einer regional differenzierenden Entwicklungsdynamik und fragt nach den faktischen Veränderungen in der räumlichen Verteilung von wirtschaftlichen Aktivitäten und sozio-kulturellen Lebenschancen. Hier werden Teilräume nach unterschiedlichen

Definitionskriterien abgegrenzt und anhand verschiedener Indikatoren verglichen. Mit den solchermaßen gewonnenen Daten lassen sich disparitäre Entwicklungsmuster im regionalen Quer- und zeitlichen Längsschnitt darstellen; in der politischen Diskussion haben die Forschungsergebnisse die Funktion eines objektivierten Maßstabes zur Beantwortung der Frage, ob und inwieweit das Ziel der "Einheitlichkeit der Lebensverhältnisse" erreicht wird.

(2) Die zweite Fragestellung bezieht sich auf die Determinanten der Regionalentwicklung, also auf die verursachenden Wirkungsketten und die Genese vorgefundener Phänomene. Sie diskutiert den Stellenwert einzelner Variablen (z.B. Konzentration gewisser Industriesektoren, Anteile des Dienstleistungssektors etc.), mit deren Hilfe sich bestimmte regionale Entwicklungsverläufe kausal herleiten lassen.

(3) Unmittelbar auf politisches Gestalten ausgerichtet ist schließlich das "aktionale" Erkenntnisinteresse, das nach den Möglichkeiten der (staatlichen) Intervention in räumliche Entwicklungsprozesse sucht.

Diese drei Aspekte sozialwissenschaftlicher Regionalforschung werden hier mit Blick auf das Land NRW angewendet. Der erste Teil des Bandes, der von Rolf G. Heinze, Josef Hilbert und Helmut Voelzkow erstellt wurde, befaßt sich dabei schwerpunktmäßig mit der industriellen Entwicklung des Landes NRW. Der zweite Teil, für den Rolf G. Heinze und Helmut Voelzkow verantwortlich zeichnen, konzentriert sich komplementär dazu auf die Dienstleistungen.

Rolf G. Heinze, Helmut Voelzkow und Josef Hilbert

Ruhr-Universität Bochum/Institut Arbeit und Technik, Wissenschaftszentrum Nordrhein-Westfalen, Gelsenkirchen

TEIL A:

Entwicklung und Perspektiven industrieller Produktion in Nordrhein-Westfalen

0. Einführung

Nordrhein-Westfalen (NRW) ist bekanntlich ein hochentwickeltes Industrieland, das seit Jahrzehnten mit einer Reihe von Strukturproblemen konfrontiert wird. Dabei zeigt sich, daß NRW nicht als eine Wirtschaftsregion interpretiert werden kann, die sich aufgrund ihrer inneren Homogenität oder anhand flächendeckender Strukturmerkmale von anderen Wirtschaftsregionen unterscheiden läßt. Eine solche Sicht würde zumindest die innere Vielfalt des Landes überdecken und solchermaßen zu falschen Schlußfolgerungen führen.

Im ersten Abschnitt der Analyse der industriellen Entwicklung wird daher die Heterogenität des Landes als Wirtschaftsregion aufgezeigt. In einer Kritik der Debatte über ein vermeintliches Süd-Nord-Gefälle in der Bundesrepublik wird anhand einer Auswertung von statistischen Materialien deutlich gemacht, daß es in NRW neben einzelnen Teilregionen mit spezifischen Strukturproblemen andere gibt, die mit den nach landläufiger Meinung 'erfolgreicheren' Regionen des Südens durchaus mithalten können oder diese sogar noch übertreffen.

Im Anschluß an die Darstellung der phänomenalen Aspekte wenden wir uns im zweiten Abschnitt den kausalen Zusammenhängen zu und versuchen ansatzweise, die spezifische Entwicklung des Landes NRW und seiner Teilregionen mit einigen theoretischen Überlegungen zu den globalen Trends der räumlichen Entwicklung zu erklären. Diese Ausführungen sind dabei teils historisch-genetischer, teils eher theoretischer Natur und arbeiten die aktuellen Studien über die Dynamik und neuen Leitlinien des Strukturwandels auf.

Solche Makrotheorien verführen jedoch leicht zu dem Fehlschluß, eine Region sei ihrem Schicksal hilflos ausgeliefert. Es gibt aber durchaus eine Reihe von Hinweisen darauf, daß eine Region den unabwendbaren Anpassungsprozeß an veränderte makroökonomische Rahmendaten aktiv gestalten kann. Dieses regionale Handlungspotential zeigt sich auch an der angelaufenen Reorganisation zahlreicher Unternehmen. Im dritten Kapitel wird beispielhaft gezeigt, mit welchen Strategien nordrhein-westfälische Unternehmen auf die (weltweit) veränderten Wettbewerbsbedingungen und Nachfragestrukturen reagieren und

sich - zumindest in ersten Ansätzen - in Richtung einer "flexiblen Spezialisierung" mit neuen Unternehmensnetzwerken revitalisieren.

Darüber hinaus gibt es auch neugefaßte Interventionsmuster der staatlichen
Politik (vor allem auf Landesebene). Im vierten Abschnitt wird nachgezeichnet,
mit welchen Politikstrategien die Landesregierung auf den Strukturwandel
reagiert. Dabei zeigt sich, daß die bis Ende der 70er Jahre dominierende Politik
einer Re-Industrialisierung (mit Programmen zur Förderung von Kohle, Stahl
und Energie) Anfang der 80er Jahre von einer Politik der innovationsorientierten
Wirtschafts- und Technologiepolitik abgelöst bzw. ergänzt wurde. Mit diesem
neuen Zuschnitt ging zugleich eine Reorganisation der Förder-Administration
einher, die - wie beispielsweise an der "Zukunftsinitiative Montanregionen"
deutlich wird - auf eine "Erneuerung der Politik von unten" hinaus will.

Im fünften Abschnitt werden einige Forschungsfragen formuliert, die sich aus
der vorliegenden Analyse herleiten lassen.

1. Strukturwandel in Nordrhein-Westfalen - Generelle Entwicklungslinien und regionale Disparitäten

Anknüpfend an internationale Studien wurden in den 80er Jahren auch die in der Bundesrepublik beobachtbaren Schrumpfungsprozesse städtischer Agglomerationen (vor allem in sog. "altindustriellen" Regionen) diskutiert. Die im amerikanischen Kontext schon seit einigen Jahren aufgedeckte Polarität zwischen den "sunbelt boomtowns" und den "decline snowbelt cities" (vgl. dazu Perry/Watkins 1978) fand hierzulande mit dem Schlagwort des "Süd-Nord-Gefälles" einen entsprechenden Begriff[1]. Demnach führt die Polarisierung zwischen wachsenden und schrumpfenden Städten zu einem regionalen Ungleichgewicht, weil sich in der einen Region (Norden) die schrumpfenden Städte und in der anderen (Süden) die wachsenden Städte konzentrieren.

Das Schlagwort von einem "Süd-Nord-Gefälle" verweist überaus öffentlichkeitswirksam auf eine regional differierende Entwicklungsdynamik. Dabei steht die Frage im Raum, ob der Süden der Bundesrepublik den Norden (und hierzu gehört in dieser Debatte auch NRW) im Wettlauf um die wirtschaftliche Zukunft hinter sich läßt. Allerdings wird in der Bundesrepublik mit diesem Schlagwort allzu häufig politischer Mißbrauch betrieben. "Baden-Württemberg ist Spitze", konnte man jahrelang den Massenmedien und den Stammtischgesprächen entnehmen. Der prosperierende Süden belustigte sich über den vermeintlich "sklerotischen" Norden. Das Land NRW wurde sogar als zukünftiges "Armenhaus der Nation", das Ruhrgebiet als "Rumpelkammer" bezeichnet. Bei solchen parteipolitisch gefärbten und verzerrenden Interpretationen mag eine gewisse Rolle gespielt haben, daß der Süden früher unter einer gewissen Überheblichkeit des Nordens bzw. Westens zu leiden hatte und nun angesichts veränderter Rahmenbedingungen seine Revanche zu nehmen versucht. Die "Nordlichter" sollen mit dem rhetorischen Geplänkel ausgeblasen werden, obgleich eigentlich jedermann weiß, daß es auch hier wirtschaftlich leistungsfähige Regionen und im Süden ausgesprochene Problemregionen gibt.

Als Beleg für ein vermeintliches Süd-Nord-Gefälle werden regionale Kennziffern wie bspw. das Wachstum des Bruttoinlandprodukts, die Arbeitslosenquoten, die Produktivitätszunahme, der Anteil der Sozialhilfeempfänger, die Zahl der Insolvenzen und Unternehmensneugründungen, die Staatsverschuldung pro Kopf, die Bevölkerungszu- und -abwanderungen oder auch einfach nur die Ergebnisse von Umfragen zum Meinungsbild der Bevölkerung oder der Unter-

---

[1] Vgl. dazu die Beiträge in Friedrichs/Häußermann/Siebel (Hrsg.) (1986), Voss/Friedrich (Hrsg.) 1986, BfLR (Hrsg.) 1986 sowie Häußermann/Siebel 1987.

nehmer aufgeführt, wobei freilich die Wahl der Indikatoren und ihre Verwendung in den interregionalen Quer- und Längsschnittanalysen das jeweilige Ergebnis vorbestimmen. Ein Vergleich der Bundesländer vermittelt in der Tat den Eindruck, daß der Süden der Republik den Norden überflügelt (Abschnitt 1.1). Die Analyse der regionalen Disparitäten innerhalb des Landes NRW zeigt jedoch, daß die Probleme weniger in einer allgemeinen Süd-Nord-Drift als vielmehr in der Konzentration von Strukturproblemen in einzelnen Teilregionen der Bundesländer, hier also NRW, zu suchen sind (Abschnitt 1.2)[2].

1.1.   Nordrhein-Westfalen in der Süd-Nord-Drift

Abgesehen von den frühen 70er Jahren und dem Jahr 1979 lag das nordrheinwestfälische Wirtschaftswachstum in den letzten zwei Dekaden unter dem bundesdurchschnittlichen Wachstum (vgl. LDS 1990: 644). Nur 1988 konnte NRW an den Bundestrend anschließen. Werden die Wachstumsraten der einzelnen Bundesländer in Beziehung gesetzt, dann ergibt sich für die zurückliegenden Jahre in der Tat so etwas wie ein "Süd-Nord-Gefälle" (vgl. Abb. 1).

Durch die unterdurchschnittlichen Wachstumsraten reduzierte sich zwangsläufig auch der nordrhein-westfälische Anteil am bundesdeutschen Bruttoinlandsprodukt; er sank von 28,6 (1970) auf 26,2 Prozent (1989) (vgl. Statistisches Bundesamt 1990: 38f, 594; eigene Berechnungen). Die Produktivität der Beschäftigten liegt in NRW zwar traditionell höher als im gesamten Bundesgebiet, im Rückblick muß aber festgestellt werden, daß der Produktivitätsanstieg in den letzten Jahren hinter der Bundesentwicklung zurückgeblieben ist: Wird der Index für die Produktivität im Bundesgebiet auf 100 gesetzt, dann lag der Index für NRW im Jahr 1970 bei 109 und im Jahr 1986 nur noch bei 102 (vgl. Schulz 1988c: 2). Sofern der Produktivitätsanstieg oberhalb des Wachstums der realen Wertschöpfung liegt, kommt es, sofern diese Differenz nicht durch Arbeitszeitverkürzung ausgeglichen wird, zu Beschäftigungsverlusten.

---

[2] Mit dem Beitritt der ehemaligen DDR zur Bundesrepublik Deutschland werden neue disparitäre Strukturen sichtbar, die mit dem Begriff eines 'West-Ost-Gefälles' erfaßt werden. Die jetzt auftretenden Probleme altindustrieller Gebiete in den fünf neuen Bundesländern werden sehr viel größer sein und "sowohl die Analyse der Krisenfaktoren als auch die Politik des ökonomischen und ökologischen Umbaus vor ihre eigentliche Bewährung" (Wolf 1990: 573) stellen. Diese Probleme können hier nicht weiter behandelt werden.

Abb. 1[1]: Wirtschaftswachstum 1980-1989

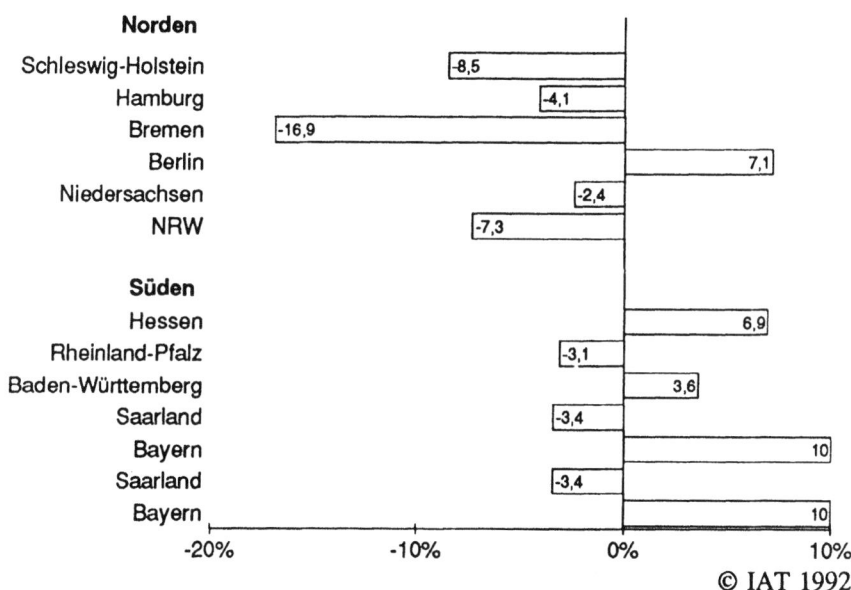

© IAT 1992

Anmerk.: Bundesrepublik Deutschland insgesamt und Bundesländer; Wachstum des Brutto-inlandsproduktes in Prozent ; 1980 = 100; Abweichungen vom Bundesdurchschnitt; vgl. Tab. 1A im Anhang.

Quelle: Statistisches Bundesamt 1990: 594; eigene Berechnungen.

[1] Zum Zweck einer pointierten Darstellung der Entwicklungstrends wird im folgenden häufig auf vereinfachende graphische Darstellungen zurückgegriffen. Um einem Informationsverlust vorzubeugen, sind zumeist im Anhang die entsprechenden Ursprungsdaten angeführt.

Auch was die Arbeitslosenquoten anbelangt, schnitten die südlichen Länder - mit Ausnahme des Saarlandes - in den letzten Jahren durchweg günstiger als die nördlichen Flächenländer und Stadtstaaten ab (vgl. Abb. 3). Zwischen 1983 und 1988 lag die Arbeitslosenquote in NRW im Jahresdurchschnitt bei über 10 Prozent, reduzierte sich dann 1990 - dem allgemeinen Trend folgend - auf 9 Prozent. Der Abstand des Nordens und Westens vom Bundesdurchschnitt hat sich dabei in den letzten zwei Dekaden kontinuierlich, auch in Zeiten des konjunkturellen Aufschwungs, vergrößert. Auch andere Arbeitsmarktdaten, bspw. die Gegenüberstellung von Arbeitslosenzahl und Zahl der offenen Stellen oder der in den einzelnen Bundesländern ausgewiesene Anteil der Dauerarbeitslosen, bestätigen diesen Trend. Wer seinen Arbeitsplatz im Norden und Westen verliert, hat geringere Chancen, eine neue Beschäftigung zu finden.

Abb. 2: Arbeitslosenquoten im Bund und in NRW 1980-1989

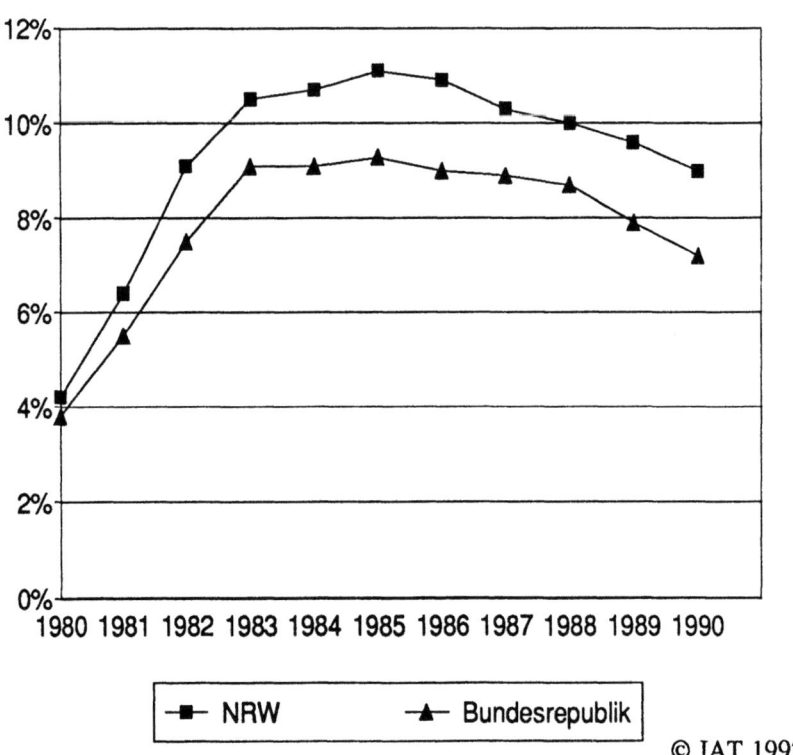

© IAT 1992

Anmerk.:   Jeweils Jahresdurchschnittswerte; vgl. Tab. 2A im Anhang.
Quelle: Statistisches Bundesamt 1990: 111; ebd. 1991: 130.

Abb. 3: Arbeitslosenquoten nach Ländern 1980-1989

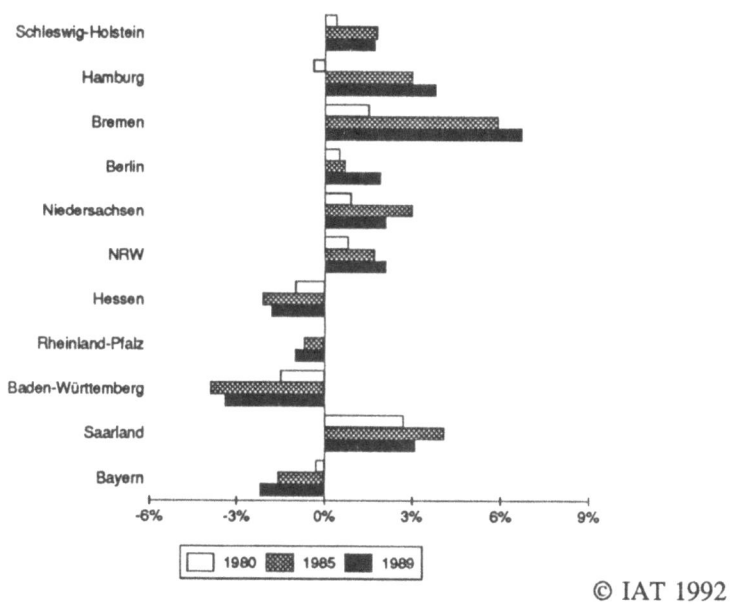

© IAT 1992

Anmerk.: Arbeitslosenquote berechnet als Arbeitslose in Prozent der abhängigen Erwerbspersonen (ohne Soldaten); Abweichungen vom Bundesdurchschnitt; vgl. Tab. 2A im
Anhang.

Quelle: Statistisches Bundesamt 1990: 111.

Ebenso gab und gibt es in der Versorgung des Nachwuchses mit Ausbildungsplätzen ein regionales Gefälle. Seit Ende der 70er bis Mitte der 80er Jahre hatte
die Bundesrepublik einen erheblichen Mangel an Ausbildungsplätzen zu verzeichnen. 1987 lag die Angebots-Nachfrage-Relation mit 101,6 Ausbildungs-
platzofferten der Wirtschaft zu 100 von Jugendlichen nachgefragten Ausbil-
dungsverhältnissen erstmals wieder im positiven Bereich. In NRW betrug die
Angebots-Nachfrage Relation jedoch nur 96,7 und war damit deutlich niedriger
als im Bundesdurchschnitt (vgl. GEWOS/GfAH/WSI 1988: 177). Erstmals nach
1981 war in NRW die Angebots-Nachfrage-Relation 1989 mit 102,5 wieder im
positiven Bereich (vgl. MWMT/KuMi/MAGS-NRW 1990: 19). Im Bundesgebiet

war diese Relation mit 111,1 deutlich günstiger (vgl. Kronenwett-Löhrlein 1990: 326).

Entsprechend fiel auch die Jugendarbeitslosigkeit in NRW überdurchschnittlich aus. Diese Zahlen ergeben sich zumindest, wenn man auf Basis der Vorgaben des Berufbildungsförderungsgesetzes bilanziert, die freilich heftig umstritten sind. Eine erweiterte Erfassungsmethode zieht auf der Angebotsseite noch diejenigen Ausbildungsplätze ab, die nur deshalb zu Verfügung stehen, weil staatliche Fördermittel fließen, und addiert auf der Nachfrageseite noch diejenigen Jugendlichen als unversorgt hinzu, die sich gegen ihren ausdrücklichen Wunsch mit Ersatzmaßnahmen begnügen mußten. Bei Anwendung dieser Erfassungsmethode wäre auch 1989 das Angebot nicht größer als die Nachfrage gewesen, sondern hätte nur 91 Prozent der Nachfrage erreicht, wodurch sich die Versorgungslage in vielen Arbeitsamtsbezirken deutlich ungünstiger dargestellt hätte (vgl. MWMT/KuMi/MAGS-NRW 1990: 21). Nur die Arbeitsamtsbezirke Bergisch-Gladbach und Brühl hätten eine positive Bilanz vorweisen können. In den Arbeitsamtsbezirken Bochum (13,4), Dortmund (11,5), Duisburg (17,3), Gelsenkirchen (16,6), Köln (15,4), Münster (15,5), Oberhausen (13,9), Recklinghausen (13,8), Rheine (18,5), Solingen (11,3) fehlten mehr als 10 Prozent an Ausbildungsplätzen und in den Arbeitsamtsbezirken Hamm (26,2) und Wesel (23,9) betrug das Defizit mehr als 20 Prozent. Insgesamt hatten zum Ende des Vermittlungsjahres 1990 (Ende September) immer noch über 5.000 keinen Ausbildungsplatz (vgl. LAA-NRW Presseinformation 75/90 vom 23. Oktober 1990; Kronenwett-Löhrlein 1990: 328).

Die regionalen Varianzen in der Arbeitslosigkeit erzeugen regionale Varianzen im sozialpolitischen Problembestand. In Regionen mit hoher Dauerarbeitslosigkeit verlieren immer mehr Personen ihre Leistungsansprüche aus der Arbeitslosenversicherung. Soziale Benachteiligungen zu Lasten von "Problemgruppen in Problemregionen" potenzieren sich dadurch. "Je ausgeprägter die großräumigen Niveauunterschiede in der Arbeitslosigkeit sind, in um so höherem Maße zeigt sich eine überproportionale Betroffenheit bestimmter Problemgruppen in Gebieten hoher Arbeitslosigkeit" (Hurler 1984a: 295).

Dieser Zusammenhang wird in NRW besonders deutlich. Die 33 Arbeitsämter des Landes konnten 1990 lediglich 66,5 Prozent der 629.587 arbeitslosen Personen Arbeitslosengeld, Arbeitslosenhilfe oder Eingliederungsgeld gewähren. Ein Drittel der Arbeitslosen ging leer aus; häufig, weil die vorausgegangene beitragspflichtige Beschäftigung nicht ausreichte, um nach geltendem Recht Ansprüche aufzubauen (vgl. Abb. 4). Zwar lag der Anteil der Leistungsempfänger 1990 etwas höher als 1989, dies aber nur deshalb, weil den Aussiedlern und zum Teil den Übersiedlern bei Vorliegen der Voraussetzungen ein Eingliederungsgeld gewährt wurde. Ende der 70er waren es immerhin noch über 70 Prozent, die als

Leistungsempfänger geführt wurden. Von den Leistungsempfängern erhielten 1990 nur 56,8 Prozent Arbeitslosengeld, die übrigen Leistungsempfänger mußten sich mit der geringeren Arbeitslosenhilfe oder mit einem Eingliederungsgeld abfinden. Abb. 4 zeigt, daß sich damit die Situation im Vergleich zur Mitte des Jahrzehnts durch die neuen Regelungen für den Bezug von Arbeitslosengeld verbessert hat. Trotzdem hat sich der Anteil der Arbeitslosenhilfeempfänger seit 1981 nahezu verdoppelt (Faktor >1,7). Diese Steigerung ist vor allem auf die Zunahme der durchschnittlichen Dauer der Arbeitslosigkeit zurückzuführen; seit 1980 erhöhte sie sich von 6,4 Monaten auf 16 Monate im Jahr 1989 (LAA-NRW 1990).

Abb. 4: Empfänger von Arbeitslosengeld und Arbeitslosenhilfe in NRW 1980-1990

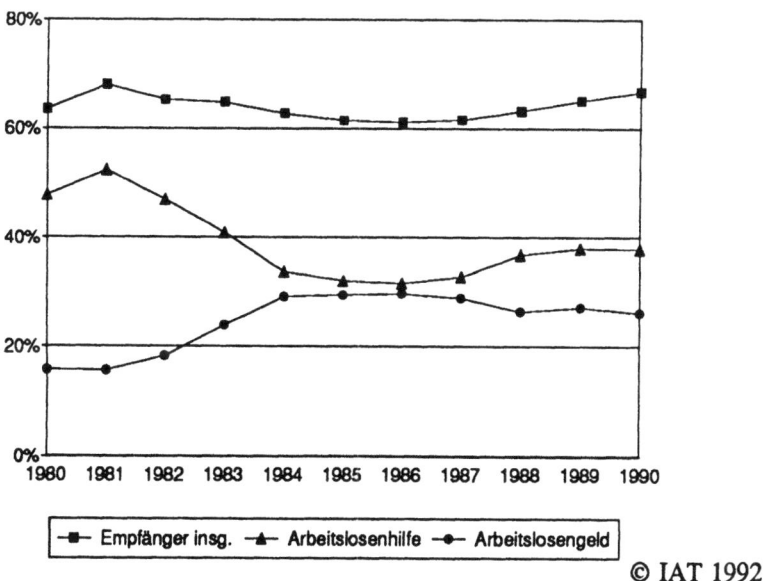

© IAT 1992

Anmerk.:   Jeweils Jahresdurchschnittswerte; vgl. Tab. 3A im Anhang.
Quelle: LAA-NRW 1989: 17, LAA-NRW 1991; eigene Berechnungen.

Die auf hohem Niveau verharrende Arbeitslosigkeit, insbesondere die Zunahme der Dauerarbeitslosigkeit, führt zu einer gesellschaftlichen Spaltung. Arbeitslosigkeit und Armut liegen aufgrund der Konstruktionsmerkmale des lohnarbeitszentrierten Systems sozialer Sicherung dicht beieinander (vgl. Gretschmann et al. 1989), denn wer weder Arbeitslosengeld noch -hilfe erhält, ist zumeist auf Sozialhilfe angewiesen. In der Bundesrepublik ist die Zahl der Haushalte, die von Sozialhilfe abhängig sind, ständig gestiegen. Die Teilung der Gesellschaft in (Dauer-)Arbeitslose, die als solche im Zeitverlauf auch aus dem System sozialer Sicherung ausgegrenzt werden (bzw. nur noch sehr bescheidene Lohnersatzleistungen erhalten), und in relativ gut verdienende und sozialstaatlich abgesicherte Arbeitskräfte schlägt sich in den Regionen mit wirtschaftlichen Schwierigkeiten besonders deutlich nieder (vgl. z.B. Strubelt/Bals 1987, Hotz 1987, Krug 1987). Die regionalen Varianzen in der Arbeitslosigkeit treten als regionales Gefälle in der Sozialhilfedichte neu in Erscheinung. Gleichzeitig steigt die Zahl derjenigen, die vollständig durch die Maschen des sozialen Netzes fallen. So ist die Obdachlosigkeit, die noch in den 70er Jahren als eine unbedeutende Restgröße des sozialpolitischen Problembestandes eingestuft wurde, wieder erheblich angewachsen. Armut ist zu einem regionalstrukturellen Problem geworden.

Die Folgekosten der anhaltend hohen Arbeitslosigkeit schlagen sich auch in einem Rückgang der Kaufkraft in den betroffenen Regionen nieder. Diese Kaufkraftverluste werden nicht durch die Transferzahlungen der sozialen Sicherungssysteme kompensiert. Für die Arbeitslosenversicherung bspw. gilt bislang, daß die durchschnittlichen Leistungen mit der Zunahme der Arbeitslosenquote zurückgehen (vgl. Reissert 1988). Das Süd-Nord-Gefälle in der Wirtschafts- und Arbeitsmarktentwicklung spiegelt sich aber auch in der öffentlichen Finanzkraft, also in den Haushalten der Länder und Kommunen (für die Länderfinanzen vgl. dazu Vogel 1986).

Vor allem die Kommunen der Problemregionen werden durch einen drastischen Anstieg der Sozialhilfeausgaben bei einem gleichzeitigen Rückgang des Steueraufkommens belastet. Diese sich öffnende Schere von kommunalen Ausgaben und Einnahmen erhöht zwangsläufig die Verschuldung der betroffenen Kommunen, wodurch die Möglichkeiten für arbeitsschaffende Investitionen gerade dort eingeschränkt werden, wo sie aus arbeitsmarktpolitischen Gesichtspunkten besonders dringend wären. Die betroffenen Großstädte im Revier haben zum überwiegenden Teil riesige Haushaltslücken. Sie müssen in ihren Haushalten den Rotstift ansetzen, wo immer es geht. Gekürzt wird vielfach am Sozialetat; die Leidtragenden sind dann wiederum primär soziale Randgruppen. "Die Ausgaben für Sozialhilfe betrugen 1988 insgesamt 8,6 Mrd. DM; sie lagen damit um 8 Prozent höher als 1987. Der Grund hierfür ist überwiegend in den Auswirkungen der Arbeitslosigkeit zu suchen." (LDS 1988: 462) 1982 beliefen sich die Sozialhilfeausgaben in NRW 'nur' auf etwa 5,1 Mrd. DM; 1989 waren mehr als 9,1 Mrd. DM aufzubringen.

Überproportional von der Explosion der Sozialhilfeausgaben betroffen sind die größeren Städte, insbesondere im Ruhrgebiet. So mußte bspw. die Stadt Duisburg 1989 über 200 Mio. DM für die Sozialhilfeausgaben aufbringen. Sie steckt schon seit Jahren finanziell derart in der Klemme, daß die zuständige Industrie- und Handelskammer für die Stadt eine steuerliche Sonderstellung forderte (vgl. Wirtschaftswoche, Nr. 52/53, 41. Jg., Dez. 87, S. 14 und Spiegel, Nr. 51, 1987, S. 21; vgl. für Duisburg auch Bensch 1987, für Bochum Wupper/Schrooten/ Krummacher 1986, für Essen Reicherts 1987). Das Problem eines regionalen Gefälles in der öffentlichen Finanzkraft verstärkt sich so weiter (vgl. Vesper 1989).

Ein erstes Resümee ergibt, daß NRW im Vergleich mit einigen anderen Bundesländern (Hessen, Baden-Württemberg, Bayern) sowie im Vergleich mit der bundesdurchschnittlichen Entwicklung bei einigen Indikatoren in den letzten Jahren zurückgeblieben ist. Von daher läßt sich die These über ein Süd-Nord-Gefälle auf den ersten Blick bestätigen. Allerdings ist der übliche Vergleich von Bundesländern allein von der Wahl der Aggregatsgröße her eigentlich ein Fehlgriff. Es gibt keine wissenschaftlich begründete Grenze zwischen Norden und Süden. Entwicklungen in der Raumentwicklung lassen sich nur dann sinnvoll analysieren, wenn die gewählten Raumeinheiten in verschiedene Kategorien klassifiziert und sodann in Beziehung gesetzt werden können, die anhand eindeutiger Indikatoren (Bevölkerungsdichte, sektoraler Wirtschaftsbesatz, Betriebsgrößenklassen etc.) abgrenzbar und vergleichbar sind. Ein Bundesland umfaßt in aller Regel Raumeinheiten verschiedener Kategorien. Wenn nun Bundesländer verglichen werden, dann handelt es sich dabei um Aggregatsgrößen, die zufälligen politischen Grenzverläufen und nicht irgendeiner sinnvollen Kategoriebildung folgen (vgl. Wettmann 1986).

1.2. Regionale Disparitäten innerhalb Nordrhein-Westfalens

NRW selbst ist alles andere als ein einheitliches Gebilde mit gleichförmigen Entwicklungstrends, sondern es zeichnet sich seinerseits wiederum durch eine erhebliche regionale Heterogenität aus (vgl. z.B. Hamm 1986/87). NRW bildet damit ein politisch erzeugtes Aggregat verschiedener Regionen mit einem jeweils spezifischen Profil. Gleichzeitig tun sich innerhalb des Landes infolge des Strukturwandels erhebliche regionale Disparitäten auf. Während einige Teilregionen durchaus im Bundestrend liegen oder sogar eine noch günstigere Entwicklung ausweisen können, haben andere Wirtschaftsräume mit Struktur- und Arbeitsmarktproblemen zu tun, die aus Sicht der betroffenen Kommunen und Kreise oft unüberwindlich erscheinen müssen. Eine regional differenzierte

Analyse der Arbeitslosigkeit in NRW macht solche regionalen Unterschiede deutlich (vgl. bspw. Neumann 1985, Bieber/Derichs-Kunstmann/Höhfeld 1985). Durchschnittlich lag die Arbeitslosenquote in NRW im Januar 1991 bei 8,5 Prozent[3]. Die Varianz bei den insgesamt 33 Arbeitsamtsbezirken reicht von 12,7 Prozent in Duisburg bis zu 5,9 Prozent in Solingen.

Im Ruhrgebiet liegt eindeutig der Schwerpunkt der Arbeitslosigkeit; 11,1 Prozent der Erwerbspersonen sind hier ohne eine reguläre Beschäftigung. Demgegenüber liegen die Arbeitslosenquoten in den Arbeitsamtsbezirken Ostwestfalen-Lippes auf oder sogar unter dem Niveau des Durchschnittswertes für die Bundesrepublik insgesamt. Wäre da nicht das Ruhrgebiet, läge NRW durchaus im Bundestrend. Unübersehbar ist, daß die Arbeitslosenquoten der Bundesrepublik und des Ruhrgebietes auseinanderdriften. Während im September 1982 die Arbeitslosigkeit im Ruhrgebiet mit 10,4 Prozent die Quote des Bundesgebiets (7,5 Prozent) um 39 Prozent übertraf, lag das Ruhrgebiet im September 1990 mit 11,0 Prozent um 66 Prozent über dem Bundeswert von 6,6 Prozent. Eine Analyse der Ursachen der Krise des Ruhrgebiets gibt damit zugleich Aufschluß darüber, warum das Land NRW im Vergleich mit anderen, vornehmlich südlichen Bundesländern überdurchschnittliche Arbeitslosenquoten aufweist.

Die Varianzen wären noch höher, wenn der Arbeitsmarkt des Ruhrgebiets in den letzten Jahren nicht durch demographische Entwicklungstrends entlastet worden wäre. Insgesamt nahm die Bevölkerung in NRW zwischen 1970 und 1987 um 1,3 Prozent ab (Bundesdurchschnitt: + 0,8 Prozent). Am deutlichsten fielen die Bevölkerungsverluste in den Regierungsbezirken Düsseldorf und Arnsberg aus; in den Regierungsbezirken Köln, Münster und Detmold blieb die Entwicklung demgegenüber mehr oder weniger stabil. Zu der negativen Entwicklung in den Regierungsbezirken Düsseldorf und Arnsberg tragen vor allem Städte und Gemeinden bei, die zum Ruhrgebiet zählen. So belief sich die Bevölkerungsabnahme von 1970 nach 1987 etwa in Dortmund auf -9,7 Prozent und in Duisburg sogar auf -16,0 Prozent (LDS 1990a; eigene Berechnungen). Insgesamt ist die Bevölkerung im Ruhrgebiet von 1970 bis 1987 von 5,06 auf 4,71 Millionen geschrumpft (= -7,1 Prozent, LDS 1990a; eigene Berechnungen).

---

[3] "Mit dem Bericht zum Arbeitsmarkt im April (1989) wurde die Berechnung der Arbeitslosenquoten auf die Basis der Volkszählung vom Mai 1987 umgestellt. Danach sind die Arbeitslosenquoten ... durchweg niedriger als die bisherigen Ergebnisse. ... Die Arbeitslosenquote drückt den Anteil der Arbeitslosen an der Zahl der abhängigen Erwerbspersonen aus. Für diese Bezugsgrößen hat die Volkszählung ... neue Werte geliefert, die höher sind als die bisher verwendeten" (LAA-NRW Presseinformation 44/89: 1).

Tab. 1: Rangfolge der Arbeitslosenquoten im Januar 1991

Arbeitsamtsbezirke	Prozent	Arbeitsamtsbezirke	Prozent
Ruhrgebiet	11,1	LAA NRW	8,5
385 Solingen	5,9	373 Paderborn	8,1
317 Bielefeld	6,0	367 Münster	8,1
381 Siegen	6,0	361 Krefeld	8,1
325 Brühl	6,1	337 Düsseldorf	8,2
323 Bonn	6,3	387 Wesel	8,8
377 Rheine	6,4	347 Hagen (R)	8,8
327 Coesfeld	6,4	351 Hamm (R)	9,1
363 Meschede	6,4	311 Aachen	9,4
353 Herford	6,5	375 Recklinghausen (R)	10,0
355 Iserlohn	6,5	371 Oberhausen (R)	10,0
383 Soest	6,9	357 Köln	10,8
313 Ahlen	7,0	343 Essen (R)	11,9
315 Bergisch-Gladbach	7,2	333 Dortmund (R)	12,0
391 Wuppertal	7,3	321 Bochum (R)	12,1
365 Mönchengladbach	7,5	345 Gelsenkirchen (R)	12,3
331 Detmold	7,6	341 Duisburg (R)	12,7
335 Düren	7,8		

Anmerk.:   R = Arbeitsamtsbezirke des Ruhrgebietes.
Quelle: LAA-NRW.

Im Gegensatz zum Landestrend schrumpfte das Ruhrgebiet auch noch von Ende '86 bis Ende '87, allerdings nicht mehr so rasant wie in den Vorjahren. Und bis Ende 1989 war eine leichte Bevölkerungszunahme zu verzeichnen, die mit 1,7

Prozent aber deutlich unter der des Landes von 2,3 Prozent lag. 1970 hatten die
Städte und Gemeinden des Ruhrgebiets noch einen Anteil von 30,0 Prozent an
der Gesamtbevölkerung NRWs, 1989 demgegenüber nur noch 28 Prozent (LDS
1990a; eigene Berechnungen).

Die Bevölkerungsverluste des Ruhrgebiets wurden weitgehend durch Bevöl-
kerungsgewinne außerhalb dieses industriellen Kerngebiets NRWs kompensiert.
Mit Ausnahme der Großstädte konnten nahezu alle Regionen z. T. erhebliche
Zuwächse verzeichnen. 'Spitzenreiter' sind der Rhein-Sieg-Kreis (+26,4 Prozent), der Erftkreis (+19,0 Prozent) sowie die Kreise Coesfeld (+18,9 Prozent)
und Paderborn (+17,9 Prozent) von 1970 nach 1987. Sowohl die natürliche
Bevölkerungsbewegung (Sterbefälle und Geburten) als auch die Wanderungen
(Zu- und Fortzüge) haben zu dem negativen Vorzeichen der nordrhein-westfälischen Bevölkerungsentwicklung beigetragen. NRW mußte per Saldo Wande-
rungsverluste hinnehmen, die mit der Zeit beachtliche Größenordnungen erreicht
haben, wobei vor allem das Ruhrgebiet betroffen ist. "Betrachtet man die Entwicklung von Ende 1978 bis Ende 1986, so sind aus dieser Region fast 6 vH
der Gesamtbevölkerung abgewandert. Aus dem Ausland sind - bezogen auf die
Bevölkerungszahl des Jahres 1978 - über 3 vH hinzugekommen. Die Einwohnerzahl des Ruhrgebiets nahm in diesen acht Jahren um 118.000 Personen ab"
(Schulz 1988: 521). Die (leichten) Bevölkerungsverluste in den Regionen
NRWs, die nicht zum Ruhrgebiet gehören, sind zum überwiegenden Teil dem
Geburtendefizit zuzuschreiben; im Ruhrgebiet dagegen gehen die Bevölkerungsverluste in etwa zu gleichen Teilen auf Geburtendefizite wie auf Wanderungen
zurück.

Die Abwanderungsbewegungen aus dem Ruhrgebiet werden in hohem Maße
durch den Mangel an Arbeitsplätzen bestimmt. Zwar tritt durch den Weggang
von Arbeitsuchenden eine gewisse Entlastung des Arbeitsmarktes ein, weil die
Arbeitslosenquote durch eine Verringerung des Arbeitskräfteangebots reduziert
wird, andererseits aber ergibt sich durch den Fortzug eine strukturelle Arbeits-
marktkomponente, die zu Lasten des Ruhrgebiets geht. Arbeitsmarktinduzierte
Wanderungsbewegungen wirken selektiv. Die Chancen regionaler Mobilität
werden vor allem durch jüngere und vergleichsweise gut qualifizierte Arbeitnehmer genutzt. Die von hoher Arbeitslosigkeit betroffenen Regionen wie bspw. das
Ruhrgebiet müssen damit eine gewisse Auszehrung ihres Bestandes an qualifizierten Arbeitskräften hinnehmen, was die Aussichten auf eine Revitalisierung
naturgemäß herabsetzt (vgl. dazu Karr/Koller/Kridde/Werner 1987).

Abb. 5: Bevölkerungsbewegung in NRW 1987-1989

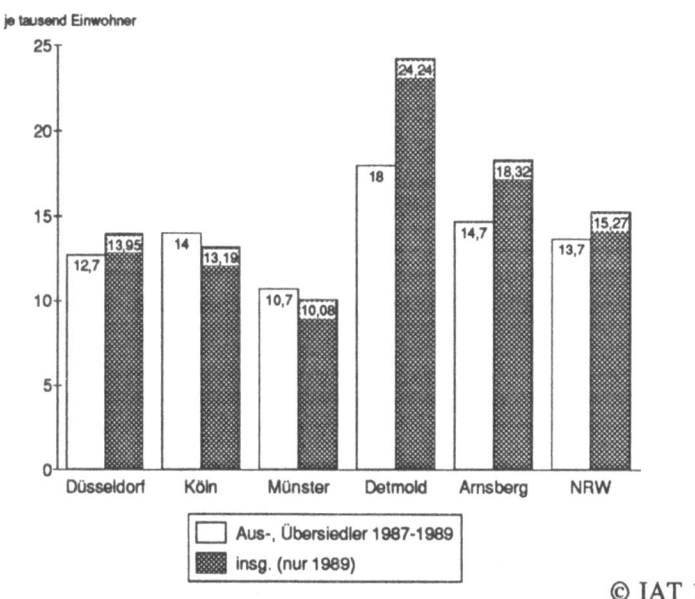

© IAT 1992

Anmerk.:   Wanderungen in die Regierungsbezirke.
Quelle: RP-DT 1990; LDS 1990a.

Seit 1987 hat sich der für NRW negative Bevölkerungstrend jedoch gewendet. Zwar bleibt der Saldo aus Geburten und Sterbefällen nach wie vor negativ (1989 -0,2 je 1000 Einwohner), der Wanderungssaldo war 1989 aber mit +13,7 je 1000 Einwohnern außerordentlich hoch (LDS 1990a: 30ff). Die höchste Zuwanderungsrate hatte mit 18,0 je 1000 Einwohner der Regierungsbezirk Detmold, es folgen - allerdings mit erheblichem Abstand - Arnsberg (14,7) und Köln (14,0); alle Regierungsbezirke, und auch das Ruhrgebiet lagen über der 1%-Marke. Diese Wanderungsgewinne sind v.a. auf Zuwanderungen von Aus- und Übersiedlern zurückzuführen. Von Anfang 1987 bis Ende 1989 hat sich die Bevölkerung in NRW um 257.693 Aus- und Übersiedler erhöht, die sich allerdings auf die einzelnen Regierungsbezirke höchst ungleich verteilen. Im Landesdurchschnitt kamen in dem genannten Zeitraum rund 152,7 Aus- und Übersiedler auf 10 000 Einwohner; allerdings reicht die Varianz hinter dieser Durchschnittszahl von 110,8 Zuwanderern im Regierungsbezirk Münster bis zu 242,4 in Detmold.

Berücksichtigt man die Einwohnerzahl, so sind nach Ostwestfalen-Lippe mehr als 40 Prozent mehr Aussiedler gekommen als im Landesdurchschnitt (vgl. RP DT 1990: 36). Zusammenfassend lassen sich die demographischen Entwicklungen zu der These verdichten, daß der Strukturwandel eine Gewichtsverschiebung - weg vom Ruhrgebiet und den großen Städten und hin zu den Regionen mit Verdichtungsansätzen und ihren z. T. noch ländlich geprägten Umgebungen - bewirkt.

Auch die regionalspezifischen Erwerbsquoten wirken für den Arbeitsmarkt des Ruhrgebiets eher entlastend. Die Erwerbsquote schwankt in NRW zwischen 71,7 Prozent im Regierungsbezirk Münster und 77,5 Prozent im Regierungsbezirk Detmold (Volkszählungsergebnis). Während die Varianz bei den Männern vergleichsweise gering ist, weist die Frauenerwerbsquote zwischen den Regierungsbezirken erhebliche Differenzen auf. Insbesondere das Ruhrgebiet hat eine unterdurchschnittliche Frauenerwerbstätigkeit zu verzeichnen. Darüber hinaus liegt der Anteil der Frauen an den sozialversicherungspflichtig beschäftigten Arbeitnehmern im Ruhrgebiet lediglich bei 36,1 Prozent, während die Vergleichszahl für NRW insgesamt 38,2 Prozent beträgt (eigene Berechnungen auf Basis LDS 1990a: 60) (30.6.1989). Die unterdurchschnittliche Erwerbsquote deutet darauf hin, daß im Ruhrgebiet neben der registrierten Arbeitslosigkeit auch die sogenannte "stille Reserve" über dem Durchschnitt liegt. Zur "stillen Reserve" zählen Personen im erwerbsfähigen Alter ohne Arbeitsplatz, die sich nicht arbeitslos gemeldet haben, obwohl sie bei einem passenden Arbeitsplatzangebot bereit wären, eine Arbeit aufzunehmen. Die Erwerbsquote bei den Männern in NRW lag in den vergangenen Jahren über dem Bundesdurchschnitt, die der Frauen darunter. Vom Trend bewegten sich beide auf den Bundesdurchschnitt zu, also die der Frauen nach oben und die der Männer nach unten (Schulz 1988a). Per Saldo ist die Zahl der beschäftigten Frauen zwischen 1980 und 1990 um 264.458 oder 13,2 Prozent gestiegen, während die Männerbeschäftigung um 33.007 oder 0,9 Prozent niedriger liegt als zu Beginn des Jahrzehnts (LAA-NRW 1991).

Im Hinblick auf die Struktur der Bevölkerung läßt sich aus den Prognosen des Landesamtes für Datenverarbeitung und Statistik (LDS) ableiten, daß der Anteil der Personen im erwerbsfähigen Alter bis zur Jahrtausendwende von 66,7 auf 64,4 Prozent sinken wird; im Regierungsbezirk Arnsberg wird dieser Trend am ausgeprägtesten und in Ostwestfalen-Lippe am schwächsten sein. Das Ruhrgebiet wird sich etwa im Landesdurchschnitt bewegen. Die Entlastungen jedoch, die sich aus den Veränderungen in der (Alters-)Struktur der Bevölkerung ergeben, werden zu einem großen Teil dadurch kompensiert, daß in NRW - und hier vor allem im Ruhrgebiet - ein erheblicher Nachholbedarf bei der Frauenerwerbstätigkeit besteht. Hinzu kommt, daß die prognostizierten Entlastungseffekte durch die demographische Entwicklung für den Fall relativiert werden müssen, daß durch den weiteren Zuzug von Aussiedlern und Zuwanderern die Zahl der Erwerbspersonen weniger schrumpfen wird als bislang vorausberechnet. Das Deutsche Institut für Wirtschaftsforschung kommt in einer Prognose des Erwerbspersonenpotentials in NRW zu folgendem Ergebnis: "Insgesamt wird der Rückgang des männlichen Erwerbspersonenpotentials von 300.000 Personen bis zum Jahr 2000 durch den Anstieg des weiblichen Erwerbspersonenpotentials um 100.000 Personen teilweise aufgefangen. Die demographisch bedingte Entlastung des Arbeitsmarktes von 800.000 Personen wird durch die Verhaltenskomponente auf rd. 200.000 Personen verringert. Damit nimmt das Erwerbspersonenpotential in NRW im Zeitraum von 1986 bis 2000 lediglich um rd. 3 vH. ab" (Schulz 1988a: 4f.).

Entscheidend für die regional unterschiedlichen Arbeitsmarktbilanzen aber ist letztlich die wirtschaftliche Entwicklung der einzelnen Teilräume. Beeindruckend gut entwickeln sich einige ehemals eher ländlich geprägte Regionen, namentlich der Raum Ostwestfalen, das Bergische Land und das Siegerland. Aber nicht nur in solchen 'Musterregionen', sondern selbst in Teilen der Gebiete und Branchen mit besonderen Strukturproblemen liegen erste Erfolge bei der ökonomischen Umstrukturierung vor. Besonders hervorzuheben ist in diesem Zusammenhang das südliche Ruhrgebiet. Diese vergleichsweise erfreulichen Ergebnisse dürfen freilich nicht darüber hinwegtäuschen, daß in anderen Regionen die Perspektiven nach wie vor ungünstig aussehen; zu nennen sind beispielsweise weite Bereiche der Emscher-Zone. Die wirtschaftliche Entwicklung in solchen 'Krisengebieten' ist trotz aller Bemühungen zur Bewältigung der strukturellen Krise streckenweise nach wie vor nicht als positiv zu bezeichnen. Die hohen Arbeitslosenquoten sind dabei nur ein erster Anhaltspunkt für ein unterdurchschnittliches Wachstum des Bruttoinlandprodukts, eine im interregionalen Vergleich unterdurchschnittliche Steigerung der Beschäftigtenproduktivität und eine in einigen Branchen deutliche Verschlechterung der Absatzchancen für die in der Region produzierten Güter und Dienstleistungen. Ein weiterer Anhaltspunkt für die nachlassende Wettbewerbsposition einzelner Teilregionen des Ruhrgebietes ist die Tatsache, daß auch die im Bundestrend expandierenden Branchen dort nur unterdurchschnittlich expandieren konnten. Darauf wird noch näher einzugehen sein. Die regionalen Varianzen im Angebot an Arbeitsplätzen zeigt ein Blick auf die Veränderungen im Zeitablauf von 1981 nach 1988.

Abb. 6: Entwicklungen der Zahl der registrierten Erwerbspersonen, Arbeitsplätze und Arbeitlosen 1981-1988

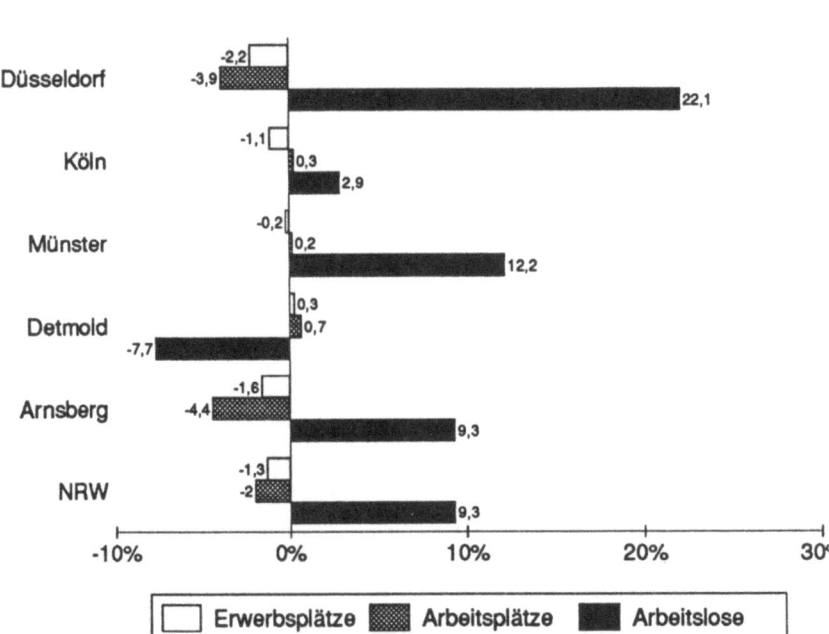

© IAT 1992

Anmerk.:   Prozentpunkte im Vergleich zum Bundesdurchschnitt; vgl. Tab. 4A im Anhang.
Quelle: RP DT 1990: 45.

Abb. 6 zeigt aber auch, daß alle nordrhein-westfälischen Teilregionen eines gemeinsam haben: Die Entwicklung der Zahl der Arbeitsplätze kann nicht Schritt halten mit dem Wachstum der Zahl der Erwerbspersonen, und dies führt zu einem Anstieg bei der Zahl der registrierten Arbeitslosen. Dies gilt auch für die Regionen, in denen günstige wirtschaftliche und/oder wirtschaftspolitische Trends zu einem Zugewinn an Arbeitsplätzen führten. Am günstigsten sind die Daten für den Regierungsbezirk Detmold: Hier gab es 2,3 Prozent mehr Arbeitsplätze, gleichzeitig aber auch einen Anstieg bei den Erwerbspersonen um 6,3 Prozent. Beides zusammen ergab das vergleichsweise 'bescheidene' Plus von 68,6 Prozent bei den registrierten Arbeitslosen. (Ein Vergleich mit der Entwicklung zwischen 1981 und 1987 zeigt, daß diese Entwicklung vor allem ein Ergebnis der positiven Entwicklung zwischen 1987 und 1988 ist.) Die Regierungsbezirke Detmold und Köln sind diejenigen Teilregionen mit den geringsten Zuwächsen an Arbeitslosigkeit, sie weisen darüber hinaus eine positive bzw. stabile Arbeitsplatzentwicklung auf. Ganz anders sah es lange Zeit im Industriegebiet an der Ruhr aus: Zwischen 1980 und 1987 verlor das Ruhrgebiet in der Summe 130.400 Arbeitsplätze. In NRW außerhalb des Ruhrgebietes sind die Beschäftigungsverluste der Rezession nach 1980 mittlerweile mehr als ausgeglichen. Die Arbeitsplatzbilanz 1983 bis 1989 weist in NRW ein Plus von 367.200 aus. Und auch im Ruhrgebiet war in diesem Zeitraum die Arbeitsplatzbilanz positiv:

Tab. 2: Entwicklung ausgewählter Wirtschaftszweige 1983/1989

Wirtschaftszweig	Veränderungen absolut		
	NRW	NRW ohne Ruhrgebiet	Ruhrgebiet
Produzierendes Gewerbe	+ 26.609	+ 81.680	- 55.071
Dienstleistungen	+ 374.835	+ 291.790	+ 83.045
Beschäftigung insges.	+ 405.305	+ 376.206	+ 29.099

Anmerk.: Sozialversicherungspflichtig Beschäftigte jeweils Ende Dezember.
Quellen: LAA-NRW Presseinformationen 72/90 vom 10.10.1990 und 74/90 vom 19.10.1990, eigene Berechnungen.

Positive Beschäftigungswirkungen durch die wirtschaftliche Entwicklung haben aber nur beschränkten Einfluß auf die Arbeitslosigkeit. Hält man sich vor Augen, daß auch die Regionen (wie die Regierungsbezirke Detmold und Köln), die beim Strukturwandel und bei der Modernisierung überdurchschnittlich dynamisch sind, noch immer relativ hohe Arbeitslosenzahlen aufweisen - und zwar aus demographischen Gründen -, wird deutlich, daß ein offensiver Strukturwandel allein die Arbeitslosigkeit nicht beseitigen können wird. Da mittel- und langfristig in allen Teilregionen NRWs allenfalls mit einer geringen Entlastung durch eine zurückgehende Zahl von Erwerbspersonen zu rechnen ist, bleibt eine aktive Arbeitsmarktpolitik sowie die Suche nach angemessenen Alternativen

zur Erwerbsarbeit unerläßlich, um die drängenden Engpässe im Beschäftigungssystem zu bewältigen.

**Abb. 7: Entwicklung ausgewählter Wirtschaftszweige
1983/1989**

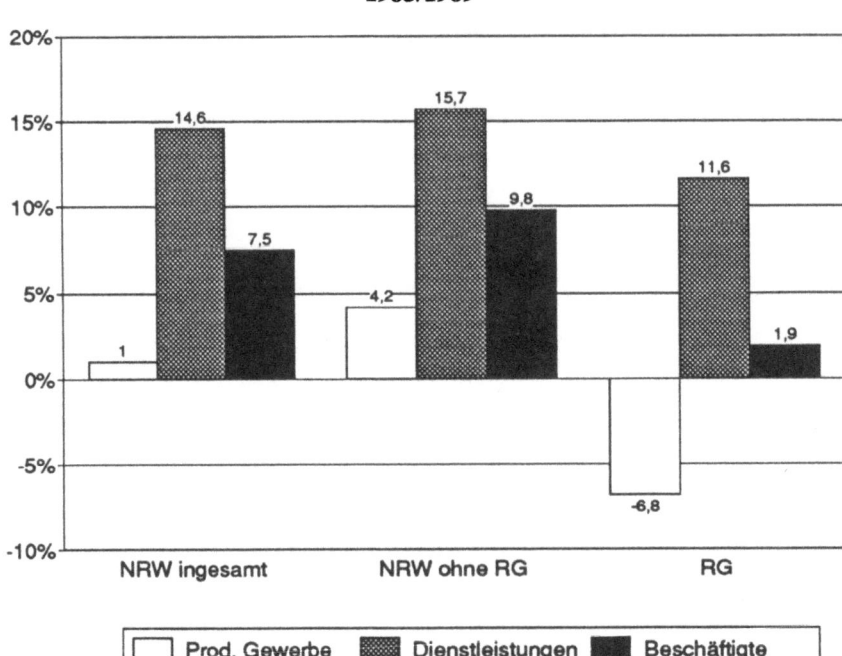

© IAT 1992

Anmerk.:   Veränderungen am Bestand der sozialversicherungspflichtig Beschäftigten, jeweils
             Ende Dezember, in Prozent; vgl. Tab. 5A im Anhang.
Quellen: LAA-NRW Presseinformationen 72/90 vom 10.10.1990 und 74/90 vom 19.10.1990,
             eigene Berechnungen.

1.3. Fazit

Zwar waren in NRW - im aggregierten Vergleich zu anderen Bundesländern
- das Wirtschaftswachstum unterdurchschnittlich und die Arbeitsplatzverluste
erheblich; daraus kann aber keine landesweite Wirtschaftsschwäche, so wie es

der vielfach mißbrauchte Begriff eines Süd-Nord-Gefälles nahelegt, abgeleitet werden. Eine genauere Analyse der Entwicklungsdynamik in einzelnen Teilregionen des Landes zeigt vielmehr, daß es in NRW neben einzelnen Problemregionen mit erheblichen Strukturproblemen andere gibt, die mit den vielfach angeführten Prosperitätsregionen im Süden durchaus mithalten können oder diese sogar noch übertreffen. Die Entwicklungsunterschiede von NRW im Vergleich zu anderen Bundesländern ergeben sich insofern einzig und allein aus der Divergenz zwischen unterschiedlichen Teilregionen innerhalb NRWs. Für die letzten Jahre und Jahrzehnte läßt sich zeigen, daß schon bei einer Zweiteilung des Landes in das Ruhrgebiet einerseits und das übrige NRW andererseits die Varianzen in den sozio-ökonomischen Kennziffern des übrigen NRW im Vergleich zum übrigen Bundesgebiet kaum noch ins Gewicht fallen. Die sozio-ökonomischen Kennziffern des Landes NRW werden vor allem durch die krisenhafte Entwicklung des Ruhrgebietes unter das bundesdurchschnittliche Vergleichsniveau gedrückt (vgl. dazu auch DIW 1987).

Einzelne Teile des Ruhrgebiets haben immer noch die typischen Eigenschaften einer "alten Industrieregion": überdurchschnittliche Einwohnerdichte, überdurchschnittlicher Industriebesatz, strukturelle Anpassungsprobleme, ökologische Folgeprobleme und eine daraus resultierende Tendenz zur "passiven Sanierung". Viele Arbeitnehmer sehen sich bei einem Verlust ihres Arbeitsplatzes gezwungen, entweder endgültig aus dem Erwerbsleben auszuscheiden (Dauerarbeitslosigkeit, vorzeitiger Eintritt in den Ruhestand) oder abzuwandern. Für die betroffenen Kommunen impliziert diese "passive Sanierung" neben den bekannten hohen Arbeitslosenquoten eine Zunahme sozialer Problemlagen. Die mit hohen Sozialhilfeausgaben und sonstigen Folgekosten belasteten Kommunen sind dadurch in ihrer Handlungsfähigkeit stark eingeschränkt.

Angesichts der regionalen Konzentration von ökonomischen und sozialen Problemlagen läßt sich bereits eine erste Schlußfolgerung für die Strukturpolitik festhalten: Auch bei den besonders stark mit Strukturproblemen belasteten Teilregionen muß ein radikaler Strukturbruch möglichst vermieden werden. Die Politik muß vielmehr einen prozeßhaften Strukturwandel anvisieren, der an den vorhandenen Produktions- und Qualifikationsbedingungen anknüpft und die Zukunftschancen in einer innovationsorientierten Nutzung der vorhandenen Ressourcen sucht. Radikale Strukturbrüche würden demgegenüber 'endogene Potentiale' zerstören und dadurch die Aussicht auf eine erfolgreiche Bewältigung des Strukturwandels verringern.

2. Bestimmungsfaktoren regionaler Entwicklung

Die regionale Wirtschaftsentwicklung steht in einem interregionalen Wettbewerbsprozeß. Sie kann sich in diesem Wettbewerb nur dann behaupten, wenn sie nachgefragte Güter und Dienstleistungen in marktgerechter Qualität und zu marktgerechten Preisen anbieten. Jeder Wirtschaftsraum wird sich dabei sinnvollerweise auf solche Produkte und Dienstleistungen konzentrieren, bei denen komparative Wettbewerbsvorteile vermutet werden. Damit sind die regionalen Standortbedingungen eine wichtige Variable im Hinblick auf die Wettbewerbsposition der einzelnen Wirtschaftsräume. Allerdings kann sich - wie insbesondere bei den sogenannten "alten" Industrieregionen deutlich wird - die Bedeutung einzelner Standortfaktoren im Laufe der Zeit im Rahmen des allgemeinen Strukturwandels ändern. Ehemals dominante Regionen verlieren dadurch im Einzelfall an Bedeutung, während ehemals zurückgebliebene Regionen eine führende Stellung im Wachstumsprozeß übernehmen können (vgl. Häußermann/-Siebel 1987, Gatzweiler 1985).

Strukturwandel ist aus der Perspektive eines Bundeslandes oder einer Wirtschaftsregion zunächst einmal eine exogene Größe. Aufstieg und Niedergang einer Raumeinheit sind nur mit Bezug auf gesamt- und weltwirtschaftliche Faktoren erklärbar. Derartige Umstrukturierungsprozesse sind weltweit spürbar, wobei aber die Determinanten, die Dynamik, die Entwicklungsrichtung und die (räumlichen) Folgen dieser Prozesse beim derzeitigen Stand der Forschung noch nicht eindeutig ausgemacht und empirisch abgesichert sind. "Strukturwandel" ist vielmehr ein Resultat einer Vielzahl miteinander verflochtener ökonomischer und sozialer Einzelvorgänge, die von der Entwicklung internationaler Märkte über die Sektor- und Branchenstrukturen, die Kostenrelationen von Arbeit und Kapital oder die Produktivitätsentwicklungen bis hin zum Nachfrageverhalten der Konsumenten reichen. Die wissenschaftlichen Versuche, diesen Prozeß durchschaubar zu machen und Kausalbeziehungen zwischen den vielfältigen Einzelkomponenten herzustellen, gestalten sich naturgemäß angesichts der Komplexität des Sachverhalts und der zahlreichen Interdependenzen recht schwierig und führen insbesondere im Hinblick auf die ableitbaren Konsequenzen für die regionale Strukturpolitik zu wenig handfesten Ergebnissen. Angesichts der noch diffus erscheinenden Phänomene der Umstrukturierung ist es daher auch nicht weiter erstaunlich, daß derzeit weitgreifende und vermutlich häufig überzogene Theorieversuche ("Postindustrielle Gesellschaft", "Dienstleistungsgesellschaft") Konjunktur haben.

Über einige prägende Faktoren der gesamt- und weltwirtschaftlichen Reorganisation, ihre Wirkungen und ihre Konsequenzen für die Bundesrepublik und das Land NRW als das Bundesland mit dem größten Exportvolumen dürften in der wissenschaftlichen Diskussion inzwischen weitgehende Einigkeit bestehen. Im einzelnen läßt sich demnach der unklare Begriff der "veränderten ökonomischen Rahmenbedingungen" in eine Reihe von Sachverhalten auflösen (vgl. z.B. Kronenwett 1983 oder Kahnert 1988).

* Wechselhafte Entwicklung der Rohstoff- und Energiekosten sowie zumindest temporäre Engpässe in der Rohstoff- und Energieversorgung zeitigen wachstumsmindernde Effekte in der Binnenwirtschaft.
* Steigende Umweltbelastungen sowie ein geschärftes Umweltbewußtsein führen zu umweltbezogenen Produktionsrestriktionen.
* Die Sättigung einzelner Märkte und Verschiebungen in der Nachfragestruktur führen zu Nachfrageausfällen in verschiedenen Wirtschaftsbereichen. Solche Sättigungserscheinungen werden allerdings oft vorschnell diagnostiziert. Der konstatierte Saturationstrend trifft nämlich vornehmlich die Anbieter von standardisierten Massenkonsumgütern und weniger die Anbieter von funktional verbesserten und qualitativ differenzierten Produkten. Deshalb gibt es generell trotz der Sättigungserscheinungen auf einigen Märkten auch im sekundären Sektor noch durchaus gewisse Wachstumspotentiale. Diese Veränderungen in der Marktdynamik erfordern auf der betrieblichen Ebene (wie auch aggregiert auf der regionalen Ebene) ein erhöhtes Maß an Flexibilität und Marktreagibilität.
* Die Reorganisation der internationalen Arbeitsteilung (vgl. z.B. Fröbel/Heinrichs/Kreye 1986) ist mit zum Teil umfangreichen Verlagerungsprozessen von (einfachen) Produktionen in Entwicklungs- und Schwellenländer (deutliche Beispiele sind Textilindustrie, Schiffbau oder Ledererzeugung) verbunden; neuerdings werden auch in anderen Branchen, beispielsweise der Elektroindustrie, zumindest Teile der Produktion ins Ausland verlagert, wobei dieser Schritt in aller Regel mit den niedrigeren Lohnkosten der neuen Standorte begründet wird.
* Protektionistische Wirtschaftspolitiken in einzelnen Ländern, deren Inlandsangebot nicht mehr mit dem ausländischen Angebot konkurrieren kann, gefährden die Exportchancen einzelner ansonsten durchaus wettbewerbsfähiger Wirtschaftsbranchen; der international übliche Handelsprotektionismus und der Subventionswettbewerb zugunsten traditioneller Schlüsselsektoren wie beispielsweise der Stahlerzeugung wirken für einzelne exportabhängige Regionen entwicklungslimitierend. Aber auch Versuche auf internationaler Ebene, eine Reduktion des Überangebots von subventionierten Gütern herbeizuführen, können im Einzelfall regionale Selektivitäten erzwingen. So verlangt beispielsweise die EG-Stahlpolitik von ihren Mitgliedsstaaten eine Einschränkung ihrer Stahlerzeugung, ohne daß spezifische Effizienzvorteile einzelner Standorte

adäquat berücksichtigt werden. Die teilweise überaus modernen und leistungsfähigen Stahlunternehmen einzelner Regionen werden so im Einzelfall durch politische Kompromisse zu einer Einschränkung ihrer Produktion gezwungen, obwohl sie in einem freien Wettbewerb möglicherweise eine Überlebenschance hätten.

* Dynamisierung der technisch-wissenschaftlichen Entwicklung und Verkürzung der Innovationszyklen zwingen die Unternehmen, auf die Turbulenzen auf den Absatz- und Beschaffungsmärkten mit einem forcierten Einsatz von neuen Technologien in Produktion und Verwaltung zu reagieren.

* Um die Anpassungsflexibilität und Marktreagibilität zu erhöhen, werden die der Produktion vor- und nachgelagerten Leistungsbereiche Gegenstand der betrieblichen Reorganisation; dabei werden auch die Grenzen des Einzelbetriebes informationstechnisch "durchstoßen" bzw. durch systemische Vernetzungen mit anderen Betrieben verbunden (Beispiel: "Just-In-Time-Konzepte").

* Insgesamt ergibt sich eine "Tertiärisierung" der Wirtschaftsstruktur; im Jahr 1983 war in der Bundesrepublik der Anteil der Beschäftigten im tertiären Sektor statistisch erstmals so groß wie der Anteil der Beschäftigten im sekundären Sektor (vgl. z.B. Gatzweiler/Runge 1986); tatsächlich liegt das Gewicht des tertiären Bereichs noch erheblich höher, als es die Statistik ausweist, weil auch innerhalb des sekundären Sektors eine Tertiärisierung stattfindet (vgl. z.B. Bade 1987).

Eine grundlegende Reorganisation der Produktionsstrukturen erscheint unabwendbar. Angesichts der veränderten Rahmenbedingungen wird es nach allgemeiner Einschätzung darauf ankommen, in Zukunft komplexere, weniger standardisierte Produkte mit höheren Dienstleistungsanteilen zu produzieren, die zugleich einen geringeren Einsatz an Rohstoffen, Energie oder anderen Umweltgütern (Luft, Wasser, Boden) erfordern. Im Zuge einer solchen Reorganisation wird vermutlich vieles anders: Auf der Input-Seite verändern sich die Qualifikationsstrukturen der Arbeitskräfte, die Produktionstechnologien und die verwendeten Rohstoffe, auf der Output-Seite verändern sich Art und Eigenschaften der Produkte, und zwischen beiden Seiten setzen sich neue Formen der Arbeitsorganisation und des Managements durch. Die Umstrukturierung der Produktion und der Produkte hat räumliche Auswirkungen. Die Zukunft einer Stadt oder einer Region hängt - wie die Zukunft der gesamten Volkswirtschaft - davon ab, ob und inwieweit dieser Strukturwandel bewältigt wird.

Nun besagen solche Feststellungen für die Analyse regionaler Disparitäten noch nicht viel. Die gesamtwirtschaftlichen und globalen Trends betreffen alle Regionen in gleicher Weise und vermögen erst im Zusammenspiel mit regiona len Besonderheiten disparitäre Entwicklungsverläufe auszulösen. Zu klären ist daher, welche regionalen Spezifika den Niedergang und möglichen Aufstieg der einzelnen Teilräume NRWs bedingen. Im folgenden werden deshalb einige zentrale Standortfaktoren in ihrer Relevanz für NRW und speziell für das Ruhrgebiet diskutiert. Dies kann jedoch an dieser Stelle nicht in einem umfassenden Sinne geschehen. Hier können nicht alle Faktoren aufgeführt und in gleicher Intensität analysiert werden. Vielmehr soll - ohne Anspruch auf Vollständigkeit - ein erster Überblick über vorliegende Studien und empirische Daten gegeben werden, wobei einige für NRW und das Ruhrgebiet nach unserer Einschätzung zentrale Besonderheiten eingehender diskutiert werden.

2.1.   Regionale Sektoralstrukturen

Ein Standardargument bei der Analyse von regionalen Wachstumsdifferenzen stellt auf die Branchenstruktur ab. Bekanntermaßen ist die Wirtschaft NRWs durch eine überdurchschnittliche Präsenz von Wirtschaftsbranchen gekennzeichnet, deren Wachstum bundesweit unterdurchschnittlich ausfiel. Das Land NRW ist demnach von den nationalen und internationalen Entwicklungen aufgrund seiner spezifischen Sektoralstruktur stärker als andere Bundesländer betroffen und hat deshalb entsprechend an Wirtschaftskraft verloren. Vor allem durch das Zusammentreffen der branchenzentrierten Strukturkrisen im Montanbereich (Kohlebergbau und Stahl) hat sich die Situation in NRW im Vergleich zu anderen Bundesländern verschlechtert. "Der sektorale Strukturwandel verursacht aufgrund des unterschiedlichen Sektorbesatzes in den Regionen eine interregional divergierende Regionalentwicklung. Betrachtet man die Beschäftigungsentwicklung sektoral differenziert, dann sind gerade die von Beschäftigungseinbrüchen am stärksten betroffenen Sektoren in den alten Industriegebieten ... angesiedelt" (Adams/Eckey 1984: 479). NRW verliert, weil die schrumpfenden Branchen im Vergleich zu anderen Bundesländern überrepräsentiert sind.

Das RWI führt die überdurchschnittliche Krisenanfälligkeit von NRW auf die hohe Preisempfindlichkeit und die Wachstumssensibilität der dominierenden Wirtschaftsbranchen zurück (vgl. Brune/Köppel 1982, Lamberts 1988). Es handelt sich dabei um Branchen homogener Massengüter, deren Preise weitgehend vom Weltmarktniveau diktiert werden und die die unstetigen Auf- und Abwärtsbewegungen des US-Dollars besonders deutlich zu spüren bekommen. In NRW sind solche preisempfindlichen Branchen mit einem Anteil von 46 Prozent am Sozialprodukt deutlich stärker präsent als im Bundesdurchschnitt, wo der entsprechende Wert immerhin 10 Prozentpunkte niedriger liegt. Die in der Bundesrepublik beobachtbare Verlagerung der Produktion hin zu den preisunempfindlicheren Branchen bedeutet für NRW einen Schrumpfungsprozeß insbesondere in den montangebundenen Branchen, ohne daß eine gleichgewichtige Kompensation durch andere Wirtschaftssektoren erfolgt. Die überdurchschnittliche Wachstumssensibilität ergibt sich durch die starke Präsenz von energie- und stahlintensiven Verarbeitungsindustrien, die als Lieferanten von Vorleistungsgütern vor allem auf einen Kundenstamm angewiesen sind, der sich seinerseits aus den preisempfindlichen und konjunkturabhängigen Montan- und Investitionsgüterindustrien zusammensetzt.

Das Revier ist eine Industrieregion mit ausgeprägten Grundstoff- und Produktionsgüteranteilen. Seine wirtschaftlichen Wurzeln liegen im Montansektor, also bei Kohle und Stahl, sowie bei den chemischen Grundstoffen und im Anlagen- und Maschinenbau. Die Kohlevorkommen und ihre Verwendung bei der Eisenerzeugung bildeten bekanntlich den Ausgangspunkt der industriellen Entwicklung des Reviers[4]. Die regional konzentrierten metallurgischen Kenntnisse sowie die verkehrstechnische Infrastruktur (Eisenbahn) förderten die Bildung eines Industriekomplexes von Kohle, Eisen und Stahl. Dieser Komplex konnte in der Folge um einen weiteren Industrieverbund aus Bergbau und Chemischer Industrie (insbesondere Kohle-Chemie) ergänzt werden, denn die Verkokung der vorhandenen Fettkohle ergab außer Koks und Gas verschiedene weitere Rohstoffe (Ammoniak, Teer, Schwefel etc.), deren Weiterverarbeitung ebenfalls in der Ruhrgebietsregion erfolgen konnte. Schließlich gewann die Stromerzeugung an Bedeutung. Die genannten Industriekomplexe wurden parallel durch die Investitionsgüterhersteller (Maschinenbau, Stahlbau, Elektrotechnik) ergänzt, die als Zulieferer fungierten oder das Stahlangebot der Region nutzten. Kurzum: Kohle und Stahl prägen die Region seit nunmehr 150 Jahren. Die Zerstörung zahlreicher Betriebe und die Demontage während und nach dem Zweiten Weltkrieg minderten zwar vorübergehend das Produktionsvolumen und die Beschäftigungsmöglichkeiten, aber schon Ende der 40er Jahre blühte der Industriekomplex von Kohle und Stahl - nicht zuletzt aufgrund gezielter staatlicher Preisvorschriften - erneut auf.

Die staatlich unterstützte Reaktivierung der Vorkriegsstrukturen trug zunächst Früchte. Die Wachstumsraten im Revier lagen oberhalb des Bundesdurchschnitts, die Zahl der Arbeitsplätze nahm schnell zu, zusätzliche Arbeitnehmer aus anderen Regionen mußten angeworben werden. Auch das Lohnniveau und die Preise für Gewerbefläche stiegen überdurchschnittlich an, was viele ansiedlungswillige Betriebe aus montanfremden Branchen veranlaßte, sich andere

---

[4] Für einen Überblick über die Wirtschaftsgeschichte des Ruhrgebiets nach 1945 vgl. u.a. Petzina 1984 und 1990, Schlieper 1986: insbesondere 149-197, Abelshauser 1988 und Plumpe 1989.

Standorte zu suchen. Häufig wurde die Ansiedlung neuer Industrien sogar von den Montanunternehmen im Rahmen ihrer Bodenvorhaltepolitik gezielt behindert: Mit ihrer Grundstückspolitik ("Bodensperre") blockierten die Montankonzerne die Ausdifferenzierung der regionalen Industrie (vgl. Köppel 1985, Kunzmann 1986 und Müller 1986).

Ende der 50er Jahre zeichneten sich die ersten Folgeprobleme der einseitigen Industriestrukturen im Revier ab. Die Strukturverschiebungen auf den internationalen Energiemärkten führten zunächst den Bergbau in ökonomische Schwierigkeiten. Die schubartige Erschließung der kostengünstigen Ölvorkommen im Mittleren Osten lösten eine Substitutionskonkurrenz zu Lasten der Kohle aus. Auf dem solchermaßen verkleinerten Kohle-Weltmarkt konnten sich vornehmlich die neuerschlossenen Bergwerke in Übersee behaupten; der Faktor Transportkosten verlor infolge des technischen Fortschritts im Schiffbau an Bedeutung und die niedrigeren Kosten im Abbau der Kohlevorkommen in Übersee konnten an die Kunden weitergegeben werden. Die bundesdeutsche Kohleförderung mußte angesichts dieser Wettbewerbssituation zurückgefahren werden und konnte nur durch staatliche Hilfen auf einem niedrigeren Niveau stabilisiert werden. Ihren vorläufigen Abschluß fanden diese Anpassungsprozesse in der Gründung der Ruhrkohle AG sowie in der Ratifizierung des Hüttenvertrages, der den deutschen Stahlwerken den Bezug inländisch erzeugter Kokskohle zu Weltmarktpreisen garantierte. Seit Mitte der 50er Jahre, dem Beginn des großen Zechensterbens, sind von 140 Pütts über 110 'dichtgemacht' worden.

Die lokalen Folgen der regionalen Strukturkrise bei Kohle und Stahl zeigen sich am Beispiel der Stadt Castrop-Rauxel. Ausgerechnet am Heiligabend des Jahres 1983 war für Castrop-Rauxel die Kohlezeit endgültig vorüber. Die Zeche Erin schloß als erste und letzte Zeche der Stadt ihre Pforten und die letzten 3.500 Kumpel verloren ihren Job. Zwar lagert in den Tiefen um Castrop-Rauxel noch 'jede Menge Kohle', doch trotz der Subventionen für den Kohlebergbau lohnt der Abbau nicht mehr. Zu früheren Zeiten war die Kohle das wichtigste Kapital der Stadt, heute scheint sie nichts mehr wert zu sein. Auf dem Höhepunkt des Kohle-Zeitalters in den 50er Jahren förderten noch fünf Zechen mit 16.000 Beschäftigten die Kohle, die für die Stadt Wachstum und Wohlstand brachte. Castrop-Rauxel ist damit ein typischer Fall der Ruhrgebietskrise. Mit einer Arbeitslosenquote von ca. 19 Prozent nahm sie Ende der 80er Jahre eine Spitzenstellung ein. Während in NRW durchschnittlich 56 von 1000 Personen Sozialhilfe empfingen, waren es im Kreis Recklinghausen - Castrop-Rauxel ist eine Gemeinde des Kreises Recklinghausen - 65 (LDS 1990: 498). Auch heute noch finden sich unter den Sozialhilfeempfängern zahlreiche Langzeitarbeitslose, die ihre Ansprüche gegenüber der Bundesanstalt für Arbeit aufgebraucht haben. Was die Stadt dringend benötigt, sind neue Arbeitsplätze in neu angesiedelten oder neu gegründeten Betrieben. Nur ist die Stadt selbst so hoch verschuldet, daß sie kaum noch Mittel für ihre Wirtschaftsförderung aufbringen kann. Der Schuldenberg hatte 1987 die Höhe von 157 Mio. DM erreicht. Die Gewerbesteuer brachte immer weniger ein, trotz des überdurchschnittlichen Hebesatzes von 400 Prozent.

Mit der Krise des Kohlebergbaus verloren die Stahlwerke und die Kohlechemiebetriebe im Revier einen wichtigen Standortvorteil, nämlich den Preisvorteil beim Kohlebezug. Der Kohlechemie gelang es jedoch weitgehend, sich auf den Einsatz von Öl umzustellen. Auch die Hütten konnten sich zunächst behaupten, weil sie die benötigte Kokskohle zu Weltmarktpreisen beziehen konnten und dadurch keinen Standortnachteil erfahren mußten.

Die Stahlwerke gerieten jedoch in den 60er Jahren durch Veränderungen auf den Weltstahlmärkten in eine Krise. Der Stahl wird seither von vielfältigen Kunststoffen und anderen Materialien verdrängt. Ausländische Stahlkunden (z.B. die Röhrenkäufer in Nahost oder in der Sowjetunion) bestellen deutlich weniger. Gleichzeitig werben ausländische Hersteller, auch aus der Dritten Welt, die bisherigen Abnehmer des deutschen Stahls ab. Vor allem die japanische Stahlindustrie erwuchs zu einem starken Konkurrenten. Die internationalen Stahlmärkte sind seit 1975 durch eine anhaltende Nachfrageschwäche, erhebliche Überkapazitäten, subventionsbedingte Verzerrungen des Wettbewerbs und zahlreiche protektionistische Handelshemmnisse gekennzeichnet (vgl. Wienert 1986/87). Der Abbau der Arbeitsplätze verlief in den letzten Jahren entsprechend dramatisch: Die Hüttenkonzerne Mannesmann, Hoesch, Klöckner, Thyssen und Krupp bauten seit 1980 zwischen Dortmund und Duisburg über 60.000 Arbeitsplätze ab. Erst eine unerwartete Boomphase auf den Weltstahlmärkten, die etwa Mitte 1988 begann, brachte eine leichte Entlastung bei dem Zwang, Stahlarbeitsplätze abzubauen. Nach allgemeiner Einschätzung ist die aktuelle Stahlkonjunktur aber wohl nur ein vorübergehendes Phänomen.

Daß die Dominanz von Kohle und Stahl für das Ruhrgebiet und NRW ein Strukturproblem darstellt, ist nicht erst eine Entdeckung der letzten Jahre. Bereits 1953/1954 machte das Rheinisch-Westfälische Institut für Wirtschaftsforschung darauf aufmerksam, daß das Ruhrgebiet am rasanten Aufschwung der Investitionsgüterindustrie in anderen Teilen der Bundesrepublik nur unterdurchschnittlich partizipierte. Solche Warnungen - und auch einige weitere Gelegenheiten, die Industriestruktur im Revier zu diversifizieren - wurden von Wirtschaft und Politik jedoch nicht für eine Wende genutzt. Ausschlaggebend für das Unterlassen einer Neuorientierung waren nicht zuletzt auch politische Gründe. Als Beispiel sei in diesem Zusammenhang nur auf die Zeit der Korea-Krise verwiesen: Wie bereits ausgeführt, fand in den frühen fünfziger Jahren in NRW eine erste, wenngleich noch sehr verhaltene Debatte über die Risiken der Mono-

struktur des Ruhrgebiets statt. Auf ihrer Grundlage hätten sich durchaus An-
knüpfungspunkte für eine politische Förderung der Diversifizierung ergeben
können. Diese Perspektive wurde mit Beginn der Korea-Krise jedoch politisch
verbaut. "Der schwerindustrielle Engpaß wurde zum Politikum. Vor allem die
Vereinigten Staaten drängten die Bundesregierung, im Interesse der 'Verteidigung der freien Welt' ihre Wiederaufbaustrategie zugunsten der Schwerindustrie
zu korrigieren" (Abelshauser 1988: 54). Als Folge davon zogen Kohle und Stahl
erneut alle Aufmerksamkeit auf sich und wurden Nutznießer neuer Subventions-
programme. Der Druck zur Neuorientierung wurde dadurch politisch verhindert.

Die heutige Strukturschwäche des Reviers ist mithin nicht ausschließlich ein
Resultat von Entscheidungen, die in dieser Region selbst gefällt wurden. Sie
geht auch auf eine Wirtschaftspolitik im Bund, in den Europäischen Gemeinschaften und in der gesamten westlichen Welt zurück, "die um des Wiederauf-
baus der Wirtschaft im gesamten Bundesgebiet willen und aus anderen übergeordneten, z.B. außenpolitischen Gesichtspunkten negativ wirkende Strukturfaktoren für das Land in Kauf nahm... Die Dynamik des Rekonstruktionsprozesses,
die im übrigen Bundesgebiet ein 'Wirtschaftswunder' auslöste, wurde an der
Ruhr von 'alten' Industrien absorbiert, deren Ankurbelung aus rüstungs- und
wiederaufbaupolitischen Gründen kurzfristig geboten erschien, die aber schon
auf mittlere Frist ihren Niedergang fortsetzten" (Abelshauser 1988: 59).

Diesem äußeren Druck zur Stabilisierung der langfristig gefährlichen Dominanz von Kohle und Stahl im Revier hat sich die nordrhein-westfälische Landesregierung - zumindest bis zu Beginn der 80-er Jahre - nie ernsthaft widersetzt.
Plumpe kommt in seiner Analyse des wirtschafts- und strukturpolitischen Dialogs in NRW in den späten vierziger und in den fünfziger Jahren zu folgendem
Ergebnis: "Die Wirtschaftspolitik des Bundes wurde bis 1958 von NRW mehr
oder weniger unkritisch akzeptiert. Ein Gegenmodell zu Bonn existierte nicht in
der materiellen Wirtschaftspolitik" (Plumpe 1989: 13).

Die Probleme bei Kohle und Stahl treffen natürlich auch deren Zulieferbetrie-
be. Man kann davon ausgehen, daß von jedem Arbeitsplatz im Montanbereich
ein weiterer Arbeitsplatz im Ruhrgebiet abhängt. Bezogen auf den Bergbau heißt
dies: Man muß von weit über 200.000 abhängigen Arbeitsplätzen in den vor-
und nachgelagerten Branchen ausgehen (Lehner/Nordhause-Janz/Schubert/Voß
1988: 28). Der soziale und ökonomische Wandel im Ruhrgebiet wird jedoch
nicht nur durch Beschäftigungsverluste in den Montansektoren und ihren vor-
und nachgelagerten Marktstufen bestimmt. Der gesamte sekundäre Sektor, also
Industrie und Handwerk, verzeichnen Beschäftigungsverluste. Im Ruhrgebiet
verläuft dieser Prozeß besonders ausgeprägt und seine negativen Auswirkungen
werden nur unzureichend durch andere Wachstumsbereiche kompensiert. Die
sieben stärksten Branchen in NRW sind der Maschinenbau, das Bauhauptgewer-

be, die Elektrotechnik, die Chemie, der Bergbau, der Fahrzeugbau und die
Stahlerzeugung (vgl. LAA-NRW 1988: 101 f.). Unter diesen Branchen befinden
sich mit dem Maschinenbau und der Elektrotechnik auch die, die als besonders
zukunftsträchtig gelten. Die Beschäftigungsentwicklung ist hier insgesamt, d.h.
über alle Bereiche der Wirtschaft hinweg, in NRW nur deswegen negativ, weil
sie im Ruhrgebiet besonders ungünstig verlief:

Tab. 3: Entwicklung ausgewählter Wirtschaftszweige 1980/1990

	Veränderungen					
	NRW		NRW ohne Ruhrgebiet		Ruhrgebiet	
Wirtschaftszweig	absolut	in %	absolut	in %	absolut	in %
Maschinenbau	- 20	0	+ 4.920	+ 2,1	- 4.940	- 7,8
Elektrotechnik	+ 18.972	+ 10,3	+ 17.244	+ 12,1	+ 1.728	+ 4,2
Chemie	- 11.791	- 5,7	- 7.055	- 4,3	- 4.736	- 10,9
Bergbau	- 52.658	- 28,9	- 8.521	- 21,3	- 44.137	- 31,0
Eisenschaff.Ind.	- 71.506	- 36,1	- 28.966	- 35,8	- 42.540	- 36,2
Fahrzeugbau	+ 9.760	+ 8,0	+ 10.070	+ 10,7	- 310	- 1,1
Verarb. Gewerbe einschl. Bergbau	-159.673	- 7,3	- 32.240	- 2,0	-127.433	- 1,1

Anmerk.: Sozialversicherungspflichtig Beschäftigte, jeweils Ende November.
Quelle: LAA-NRW, Presseinformation 7/91, vom 6.2.1991, eigene Berechnungen.

In der Industrie sind die Beschäftigungseinbußen im Ruhrgebiet fast dreimal
so ausgeprägt wie in ganz NRW. Während insgesamt nur 7,3 Prozent Verluste
zu verzeichnen waren, lag der entsprechende Wert im Ruhrgebiet bei -20,4
Prozent. Fast 70 Prozent davon fielen in den Montanbranchen Bergbau sowie
Eisenschaffende Industrie an, wobei die Stahlbranche mit -36,2 Prozent relativ,
der Bergbau mit -44.137 Beschäftigten absolut am stärksten schrumpfte. Die
dritte Branche des produzierenden Gewerbes, die erhebliche Personaleinbußen
zu vermelden hat, ist das Bauhauptgewerbe. Allerdings gab es hier landesweit

Einbrüche; im Ruhrgebiet fielen sie dabei aber noch stärker aus als im übrigen NRW.

Daß sich auch die 'modernen' Industrien schwertun, zeigt vor allem die Elektrotechnik. Zwar ist sie eine Industriebranche des Ruhrgebiets, die ein Beschäftigungswachstum erzielt hat; jedoch wächst diese Branche im übrigen NRW mit Abstand schneller[5]. In dem oft als 'Schlüsselindustrie' für die Zukunft bezeichneten Maschinenbau schreiben das Ruhrgebiet und auch NRW insgesamt negative Zahlen. Der Beschäftigungsrückgang des Ruhrgebiets fällt mit 7,8 Prozent so stark aus, daß die Entwicklung 'im Revier' den positiven Trend des übrigen NRW verdeckt. Insgesamt nahm die Zahl der im Maschinenbau beschäftigten Arbeitnehmer erheblich ab (vgl. dazu Suciu-Sibianu 1987). Dabei wuchs die Zahl der Beschäftigten zwischen 1989 und 1990 um mehr als 4.100 Beschäftigte oder um 7,6 Prozent. Zwischen 1989 und 1990 ist im Ruhrgebiet wie auch in ganz NRW eine Beschäftigungszunahme festzustellen. Obwohl von einigen bereits als Altindustrie abgeschrieben, hält sich der Fahrzeugbau bislang in NRW relativ gut. Neben der Elektrotechnik ist dies die einzige Industriebranche, die für NRW von 1980 bis 1990 zusätzliche Arbeitsplätze schuf. Im Ruhrgebiet allerdings fiel in diesem Zeitraum auch hier die Entwicklung negativ aus. Während NRW ohne das Ruhrgebiet 10.070 Arbeitsplätze zulegte, gingen der industriellen Kernregion 310 verloren; und dies nur wegen der günstigen Entwicklung von 1989 bis 1990.

Unter dem Strich waren von 1980 bis 1990 im verarbeitenden Gewerbe NRWs mit einem Minus von 159.673 Arbeitsplätzen erhebliche Beschäftigungseinbußen zu verzeichnen; fast 80 Prozent davon fielen allein im Ruhrgebiet an und wiederum fast 70 Prozent dieser Verluste entfielen auf die Montanbranchen. Im Ruhrgebiet aber entwickelte sich nicht nur der 'alt-industrielle' Montankomplex schlecht. So war - wie bereits gesagt - auch im Maschinenbau der Rückgang der sozialversicherungspflichtig Beschäftigten deutlich stärker ausgeprägt als im übrigen NRW, und die Gewinne der 'Wachstumsbranche Nr. 1', der Elektrotechnik, fielen im Ruhrgebiet mehr als bescheiden aus (vgl. dazu auch Müller 1989). Die Beschäftigungsgewinne der letzten Zeit waren im Ruhrgebiet im Vergleich zum übrigen NRW sehr gering.

---

[5] Allerdings darf man diesen Trend nicht überbewerten, denn letztlich ist die erstaunlich positive Entwicklung im übrigen NRW zu etwa 40 Prozent allein auf die günstige Firmenkonjunktur von Nixdorf im Arbeitsamtsbezirk Paderborn zurückzuführen. Von 1980-1986 wuchs die Elektrotechnik in dieser Region allein um 5.069 sozialversicherungspflichtig Beschäftigte (= 92,7 Prozent).

Tab. 4: Entwicklung ausgewählter Wirtschaftszweige 1989/1990

| | Veränderungen | | | | | |
| | NRW | | NRW ohne Ruhrgebiet | | Ruhrgebiet | |
Wirtschaftszweig	absolut	in %	absolut	in %	absolut	in %
Maschinenbau	+ 12.732	+ 4,5	+ 8.622	+ 3,7	+ 4.110	+ 7,6
Elektrotechnik	+ 5.690	+ 2,9	+ 5.165	+ 3,3	+ 525	+ 1,2
Chemie	- 129	- 0,1	- 110	- 0,1	- 19	0
Bergbau	- 7.686	- 5,6	- 1.210	- 3,7	- 6.476	- 6,2
Eisenschaff.Ind.	- 3.660	- 2,8	- 175	- 0,3	- 3.485	- 4,4
Fahrzeugbau	+ 4.599	+ 3,6	+ 3.175	+ 3,1	+ 1.424	+ 5,6
Verarb. Gewerbe einschl. Bergbau	+ 46.781	+ 2,3	+ 48.488	+ 3,0	+ 1.293	+ 0,3

Anmerk.:   Sozialversicherungspflichtig Beschäftigte, jeweils Ende November.
Quelle: LAA-NRW, Presseinformation 7/91, vom 6.2.1991, eigene Berechnungen.

Analysen über die Entwicklung der Wirtschaft im Ruhrgebiet heben deshalb immer wieder hervor, es handele sich bei der Krise nicht nur um die Problembranchen Kohle und Stahl, sondern auch die Branchen, die in anderen Teilen des Bundesgebietes expandieren, wiesen im Ruhrgebiet nur eine unterdurchschnittliche Entwicklung auf (vgl. z.B. GEWOS/GfAH/WSI 1988: 39ff.; MWMT (Hrsg.) 1989: 243ff.). Der Versuch, die Krise der Ruhrwirtschaft allein mit den Branchenstrukturen zu erklären, greife zu kurz. Die Gründe hierfür seien u.a. in den vielfältigen Verflechtungen mit dem Montankomplex zu suchen, die noch weit über den Bereich der unmittelbaren Zulieferunternehmen hinaus negativ zu Buche schlagen. Folgt man den aktuellen Prognosen, so wird sich der ungünstige Entwicklungstrend in den folgenden Jahren fortsetzen. Im Stahlbereich wird es spätestens nach der konjunkturellen Boomphase zu weiteren Arbeitsplatzverlusten kommen. Auch die Zahl der Beschäftigten im Bergbau wird sich weiter reduzieren. Eine Kompensation der Arbeitsplatzverluste im Montanbereich durch Arbeitsplatzgewinne in anderen Wirtschaftsbereichen wird bestenfalls nur zum Teil gelingen. Denn nach den bisherigen Erfahrungen fallen auch

die Umsatz- und Beschäftigungsgewinne in den sogenannten 'Zukunftsindu-
strien' im Ruhrgebiet unterdurchschnittlich aus. Die krisengeschüttelten Regionen sind durch eine generelle, d.h. branchenübergreifende Wachstumsschwäche
gekennzeichnet. Der Niedergang "alter Industrieregionen" ist damit mehr als nur
der Niedergang "alter Industrien" (vgl. Jung 1986, Körber-Weick u.a. 1986,
Schäfer 1985).

Zumindest für Teile des Ruhrgebiets trägt die in den frühen 80er Jahren
begonnene forcierte Politik in Richtung Diversifizierung jedoch auch erste
Früchte. Dortmund, Essen und Teile des südlichen Ruhrgebiets werden immer
häufiger zu den Teilregionen der Bundesrepublik Deutschland gezählt, denen für
die nächsten 20 Jahre eine überdurchschnittliche Entwicklungsdynamik zugetraut
wird (vgl. z.B. Industriemagazin, Januar 1989: 144ff.).

Ziehen wir ein Zwischenresümee: Die Sektoralstruktur erklärt viel, aber nicht
alles. Theoretisch können solche nachfragebezogenen Erklärungsansätze nicht
voll überzeugen, weil sie die Frage unbeantwortet lassen, warum die Nachfra-
geeinbußen und die daraus folgenden Freisetzungen von Produktionsfaktoren
nicht einen Strukturwandel initiieren, der den Nachfrageausfall und die freige-
setzten Produktionsfaktoren in Innovationen und damit in neue Wachstums-
impulse umsetzt. Der notwendige Transmissionsprozeß scheint gestört. Folglich
müßten die Gründe für die mangelnde Anpassungsflexibilität und Innovations-
schwäche und weniger die eher oberflächliche Analyse von Verschiebungen in
der Nachfragestruktur im Mittelpunkt stehen.

Empirisch ist darüber hinaus, wie genauere Untersuchungen zeigen, festzustellen, daß eine Diskrepanz zwischen der erwartbaren Situation, die auf Basis
der vorgegebenen Sektoralstruktur berechnet werden kann, und der tatsächlichen
Entwicklung besteht. Abweichungen zwischen der aufgrund der sektoralen
Ausgangsstruktur zu erwartenden Beschäftigungsentwicklung und der tatsächlichen Entwicklung sind nur mit spezifischen Standortfaktoren zu erklären, die
jene Einflüsse auf das sektorale Wachstum umfassen, die zu einem Abweichen
von der bundesweiten Entwicklung führen. In einer Reihe von Branchen fallen
diese Standortfaktoren speziell für das Ruhrgebiet seit Jahren negativ aus.
Andererseits gibt es auch in NRW einige Branchen, deren Wachstum über dem
Bundesdurchschnitt liegt. Dies trifft beispielsweise für die Kunststoffwaren-
industrie zu. Diese Erfolgsbranchen konnten bislang jedoch die unterdurchschnittlichen Wachstumsraten der anderen Branchen nicht ausgleichen.

Die damit deutlich werdende Frage, warum sich die meisten nordrhein-westfälischen Wirtschaftssektoren im Vergleich zum bundesdurchschnittlichen Trend
unterdurchschnittlich und nur wenige überdurchschnittlich entwickeln, ist mit der
letztlich diffusen Unterscheidung von sektoralen Strukturfaktoren und Standortfaktoren nicht befriedigend zu beantworten. Unklar bleibt, was sich hinter

dem Begriff "Standortfaktoren" verbirgt und warum diese "Standortfaktoren" den überwiegenden Teil der Wirtschaft in den Sog der regionalen Abwärtsspirale ziehen und einige wenige Branchen ungeschoren lassen oder sogar begünstigen.

Die klassischen Standorttheorien stellten vor allem die regionalen Rohstoffvorkommen und die Verkehrsinfrastruktur, also die Transportanbindung der Region, in den Mittelpunkt ihrer Analysen. Der Standortfaktor Rohstoffvorkommen spielt für die modernen Industrien jedoch allenfalls noch eine untergeordnete Rolle, dies zum einen, weil der Rohstoffverbrauch der deutschen Industrie insgesamt rückläufig ist, zum anderen, weil die Transportkosten im Vergleich zu den übrigen Produktionskosten ständig an Gewicht verliert. Für das Ruhrgebiet bedeutet diese Entwicklung eine Abwertung seiner ehemaligen Standortvorteile. Die Bodenschätze und die ausgebauten Verkehrswege bieten kaum noch komparative Vorzüge.

Einer anderen, vielfach vorgetragenen These zufolge sind die Löhne und Gehälter in NRW, insbesondere im Ruhrgebiet zu hoch und zu wenig differenziert. Die Inflexibilitäten in der Lohn- und Gehaltsstruktur sind in dieser Sicht dafür verantwortlich, daß die ökonomischen Kennziffern des Landes bzw. des Ruhrgebietes in den letzten Jahren so ungünstig ausgefallen sind. Die Mobilität der Arbeitnehmer werde durch die Lohn- und Gehaltsstrukturen gebremst, die Grenzbetriebe seien übermäßig mit Lohn- und Lohnnebenkosten belastet und dadurch überfordert, und das mobile Kapital suche sich kostengünstigere Standorte. Ein Vergleich der Lohn- und Gehaltsstrukturen in den einzelnen Bundesländern ergibt in der Tat gewisse Differenzen in der durchschnittlichen Höhe der Löhne und Gehälter, auch wenn insgesamt eine Annäherung der Stundenverdienste im Zeitablauf festgestellt werden kann (vgl. Warnken 1985). Infolge der allgemeinen Annäherung hat sich der Entlohnungsvorsprung von NRW in den letzten Jahren erheblich verkürzt. Darüber hinaus ist in einer sektoralen Analyse festzustellen, daß regionale Unterschiede kaum noch eine Rolle spielen. Die im Vergleich zu anderen Bundesländern etwas überdurchschnittlichen Stundenverdienste sind damit in erster Linie auf die Sektorstrukturen des Landes NRW zurückzuführen. Folgt man der wissenschaftlichen Diskussion der letzten Jahre, so scheidet damit die Lohn- und Gehaltsstruktur als Erklärungsvariable für den Niedergang des Ruhrgebiets weitgehend aus.

Ein anderes Standardargument bei der Analyse der Ursachen des Zurückbleibens der Wirtschaft im Ruhrgebiet verweist auf die regionalspezifische Ausstattung an Infrastrukturen, die - so die These - angefangen von den Verkehrswegen bis hin zu den Weiterbildungseinrichtungen dem Anforderungsprofil der Montanindustrien genügen, aber nicht den Anforderungsspezifika anderer, insbesondere neuer Industrie- und Dienstleistungsbetriebe. Auch die Stadtstrukturen im Ruhrgebiet seien durch die vorhandenen, oft traditionsreichen Industrieunternehmen geprägt und dadurch nicht mehr zeitgemäß. Ein ebenso geläufiges Argument bezieht sich auf die in "altindustriellen Regionen" vorzufindende Umweltsituation, die aufgrund der sektoral bedingten hohen Emissions- und Immissionswerte generell stark verbesserungsbedürftig sei. Darüber hinaus sei für die Ruhrwirtschaft häufig eine Vermischung von Wohn- und Industrieflächen kennzeichnend. Vielerorts bestehe ein direkter räumlicher Zusammenhang zwischen der Arbeit und dem Wohnen, was die Lebensqualität herabsetze. Bei den heutigen Umweltschutzvorschriften seien frei werdende Gewerbeflächen oftmals nicht mehr als solche nutzbar. Aber auch dann, wenn die verschärften Abstandsregelungen einer erneuten gewerblichen Nutzung einer freigewordenen Fläche nicht entgegenstünden, sei die Verwendbarkeit der freien Flächen vielerorts wegen der Altlasten eingeschränkt. Zahlreiche Industriebrachen und andere Flächen seien durch Bodenverunreinigungen, Halden oder Bergschäden nur nach einer kostenintensiven Aufbereitung wieder nutzbar. Hinzu komme, daß die bereitstehenden Flächen den Standortanforderungen der neuen Industrie- und Dienstleistungsbetriebe, die vielfach einen spezifischen Standort- und Ausstattungsbedarf anmelden, nicht genügten (vgl. dazu z.B. Lampe 1984, Sinz 1984 oder die Studie von Clemens/Tengler 1983; eine aktuelle Bestandsaufnahme und Prognose liefern Dohms/Kossmann 1989).

Auch können übergeordnete institutionelle Hemmnisse als erklärende Variablen für die mangelnde Flexibilität und Anpassungsfähigkeit des Reviers angeführt werden. So könnte beispielsweise die derzeitige Ausgestaltung der bundesdeutschen Umweltpolitik mit dafür verantwortlich gemacht werden, daß sich die tradierten sektoralen Strukturen im Revier verfestigen, was wiederum das vorhandene Entwicklungs- und Beschäftigungspotential blockiert. Die nach dieser Einschätzung fehlgeleitete Umweltpolitik würde demnach als strukturkonservierende Komponente wirken und bereits vorhandene Betriebe begünstigen und die Ansiedlung neuer Wachstumsbranchen erschweren. Die angedeuteten Erklärungsfaktoren wären in einer umfassenden Analyse der Determinanten regionaler Entwicklung aufzugreifen und näher zu analysieren. Dies können wir an dieser Stelle nicht leisten. Stattdessen wollen wir uns auf denkbare Innovationsdefizite der regionalen Wirtschaft konzentrieren.

2.2.   Innovationsdisparitäten

Ein naheliegender Versuch, regionale Disparitäten nachvollziehbar zu machen, stellt auf regionale Innovationsdisparitäten ab. Innovationen sind, so die bekannte Definition von Schumpeter, definiert als Durchsetzung von Neuerungen[6]. Die Produktion neuer Güter oder die Steigerung ihrer Qualität, die Einführung neuer Verfahren, die Öffnung neuer Absatz- und Beschaffungsmärkte und die Reorganisation des Betriebes sind demnach die wichtigsten Aufgaben des Unternehmers und zugleich eine Rechtfertigung seiner Unternehmensgewinne. Die Innovation - nach dem heute üblichen Verständnis der "Prozeß der Erforschung, Entwicklung und Anwendung eines Wissen über die Eigenschaften und Einsatzbedingungen einer Technik" (Uhlmann 1978: 42) - ist die treibende Kraft des technischen, wirtschaftlichen und sozialen Wandels; entsprechend steht und fällt die Existenz der einzelnen Betriebe in einer marktwirtschaftlichen Ordnung mit ihrem Vermögen, Innovationen hervorzubringen ("aktive Innovation") oder die Innovationen anderer zu nutzen ("passive Innovation" oder Adaption).

Nicht nur aus der betriebswirtschaftlichen, sondern auch aus der regional- und volkswirtschaftlichen Perspektive stellt sich die Fähigkeit zur Innovation als der wohl wichtigste Wettbewerbsparameter dar. Regionale Entwicklungsdisparitäten wären demnach regionalen Innovationsdisparitäten geschuldet. Von dieser Hypothese ausgehend, haben derzeit räumlich differenzierende Analysen der wirtschaftlichen Entwicklung Konjunktur[7].

So konnte beispielsweise Ewers (1984) Ergebnisse einer international vergleichenden Studie über die räumliche Verbreitung neuer Technologien im Maschinen-, Apparate- und Werkzeugbau der Bundesrepublik, Großbritanniens und der USA vorlegen. Die Untersuchung sollte Bestimmungsgrößen der Geschwindigkeit und des Ausmaßes der Adaption von Verfahrensinnovationen aufdecken. Zwar konnte kein statistisch signifikanter Zusammenhang zwischen

---

[6] Der Begriff der Innovation hat in der wissenschaftlichen Literatur - zumeist mit Bezug auf Schumpeters Einstieg in die Innovationsforschung - eine Vielfalt inhaltlicher Abgrenzungen erfahren. Je nach Disziplin und inhaltlichem Kontext wird der Innovationsbegriff heute in unterschiedlicher Weise benutzt. Zur Diskussion über den Innovationsbegriff vgl. die differenzierte und stark auf Begriffsklärungen ausgerichtete Arbeit von Corsten (1982).

[7] Eine der ersten empirischen Studien dieser Art legten Ellwein/Bruder (1980) vor; vgl. auch Bade (1986, 1987, 1990) oder Ewers (1984). Mitunter werden regionale Innovationsdisparitäten auch anhand einer Analyse der regionalen Verteilung oder räumlichen Wirkungen von technologieintensiven Branchen (z.B. Informationstechnologien) zu erfassen versucht; vgl. z.B. Grabow/Henckel (1986) oder Henckel/Nopper/Rauch (1984). Schon in den Anfängen der wissenschaftlichen Analyse regionalwirtschaftlicher Entwicklungen und regionaler Disparitäten standen die räumlich differierenden Innovationsprozesse an zentraler Stelle. Nur haben solche Analysen bis in die 70er Jahre hinein kaum Resonanz finden können, weil sich die Raumordnungs- und Regionalpolitik allzu fest dem mobilitätsorientierten Ansatz verschrieben hatte und von daher andere Fragestellungen im Vordergrund standen.

dem Standort und dem Ausmaß der Technologieadaption nachgewiesen werden, dafür aber zeigte sich, daß der jeweilige Standort signifikanten Einfluß auf die Diffusionsgeschwindigkeit hat. Die neuen Technologien werden demnach überall adaptiert, aber halt an einigen Orten früher als an anderen, und das bedeutet für die 'Nachzügler' natürlich Wettbewerbsnachteile.

Es müßte angesichts solcher Forschungsergebnisse im Hinblick auf die Situation im Ruhrgebiet näher untersucht werden, ob die sozio-ökonomischen Probleme dieser zurückbleibenden Region auf eine überdurchschnittliche Präsenz von Spätadaptoren zurückgeführt werden kann. Und sofern sich erweisen sollte, daß dieser Erklärungsansatz trägt, wäre weiter zu untersuchen, welche Faktoren die überdurchschnittliche Präsenz von Spätadaptoren verursachen.

2.3.   Entwicklung nach Betriebsgrößenklassen

Denkbar ist beispielsweise, daß ein Zusammenhang zwischen der Unternehmens- bzw. Betriebsgrößenklassenstruktur und dem regionalen Innovationstempo besteht.

'Die Größe der Kleinen' - dieser Titel eines Mitte der 80er Jahre erschienenen Buches (Aiginger/Tichy 1985) beleuchtet schlaglichtartig, daß Klein- und Mittelbetriebe wirtschafts- und beschäftigungspolitisch eine Renaissance erleben. Hintergrund für die gestiegene Beachtung, die den Klein- und Mittelbetrieben in der letzten Zeit zuteil wird, ist die seit Ende der 70er Jahre beobachtete Entwicklung, daß Unternehmen aus diesen Betriebsgrößenklassen überdurchschnittlich zum Entstehen neuer Arbeitsplätze beitragen und - relativ zu den Großunternehmen - größer werdende Teile der Beschäftigten binden (vgl. dazu Birch 1979 und die Beiträge in Fritsch/Hull 1987).

In der überwiegend mittelständisch geprägten Wirtschaftsstruktur der Bundesrepublik Deutschland hatten 1985 mehr als 99% aller Betriebe weniger als 500 Beschäftigte (vgl. dazu Cramer 1987). Bei einem Vergleich der Beschäftigtenanteile der verschiedenen Betriebsgrößenklassen in den Jahren 1977 und 1987 kommt Cramer (1988: 1) - mit Hilfe einer Auswertung der Beschäftigtenstatistik der Bundesanstalt für Arbeit - zu dem Ergebnis, daß der Beschäftigtenanteil von Kleinbetrieben (an der Gesamtzahl der Beschäftigten in allen Wirtschaftszweigen, allerdings ohne Landwirtschaft, Post, Bahn, Gebietskörperschaften und Sozialversicherungen) in den Größenklassen von 1-9 und 10-19 von 16,0 auf 17,4 Prozent bzw. von 8,5 auf 9,2 Prozent gestiegen ist. Auf der anderen Seite ist ein Rückgang beim Beschäftigtenanteil von Großbetrieben (über 500 Beschäftigte) von 29,8 auf 28,4 Prozent zu verzeichnen. Aber auch die mittelgroßen Betriebe verlieren an Bedeutung. Der Beschäftigtenanteil der Betriebe mit 100-199 Beschäftigten sank von 10,2 auf 9,9 Prozent und das der Betriebe von 200-499 Mitarbeitern von 13,3 auf 13,0 Prozent[8]).

Die überdurchschnittliche Präsenz von Klein- und Mittelbetrieben in den ländlich-peripheren Regionen (vgl. dazu z.b. Ewers/Fritsch/Kleine 1984: 70) einerseits und die dort vergleichsweise noch günstige Beschäftigungsentwicklung in den 70er Jahren andererseits (vgl. dazu Ewers/Fritsch 1983) werden von verschiedenen Autoren (vgl. z.b. Wittmann 1982) als ein kausaler Zusammenhang interpretiert: Diese Regionen konnten demnach ihre Beschäftigungsposition verbessern, weil sie einen überdurchschnittlichen Besatz an Klein- und Mittelbetrieben aufweisen (vgl. zu dieser Hypothese auch die Studie von Kamp 1981). In den Montanregionen spielen Großkonzerne eine entscheidende Rolle, während Klein- und Mittelbetriebe vergleichsweise schwach vertreten sind. Eben dieser Sachverhalt könnte als eine Erklärungsvariable für den Niedergang der Montanregionen in Betracht gezogen werden. Erste Studien über die Ausstrahlungseffekte großer Unternehmen auf die regionale Entwicklung haben diesen Zusammenhang bereits aufgegriffen (vgl. Bade 1981, 1983).

Tab. 5: Durchschnittliche Betriebsgröße in der Industrie Ende September 1989

	Betriebe (a)	Beschäftigte (b)	Durchschnittliche Betriebsgröße (b) /(a)
RB D'dorf	8.552	645.658	75,5
RB Köln	5.172	425.695	82,3
RB Münster	2.593	245.579	94,7
RB Detmold	3.980	262.408	65,9
RB Amsberg	6.986	504.410	72,2
Ruhrgebiet	4.200	509.940	121,4
Land NRW	27.283	2.083.750	76,4

Anmerk.: Einschließlich industrieller Kleinbetriebe.
Quelle: LDS 1990a und 1990b, eigene Berechnungen.

---

[8] Weitere wichtige Ausarbeitungen über die beschäftigungspolitische Bedeutung und Entwicklung von Klein- und Mittelbetrieben liefern Sengenberger 1988; Dahremöller 1987.

Um die Bedeutung und Entwicklung der verschiedenen Betriebsgrößenklassen
in NRW herauszuarbeiten, greifen wir zunächst im Hinblick auf den Status Quo
der Industrie auf relativ aktuelle Daten des LDS zurück (LDS 1990a und b).
Dabei ergibt sich folgendes Bild:

(1) In NRW sind pro Industriebetrieb rund 76 Mitarbeiter beschäftigt. Erheblich unter diesem Durchschnitt liegt der Regierungsbezirk Detmold, erheblich
darüber das Ruhrgebiet:

(2) Auch die detaillierte Analyse der Bedeutung der Betriebsgrößenklassen in
den einzelnen Regionen verdeutlicht, daß Ostwestfalen-Lippe in NRW eindeutig
die Region ist, die am stärksten mittelständisch geprägt ist. Obwohl hier so
große Unternehmen wie Nixdorf, Miele und Bertelsmann ihre Stammsitze haben,
arbeiten lediglich 23 Prozent der Beschäftigten in Betrieben mit mehr als 1.000
Mitarbeitern. Stark besetzt sind im Regierungsbezirk Detmold aber nicht nicht
nur die Klassen der Kleinst- und Kleinbetriebe, sondern auch mittelgroße (200-
499 bzw. 500-999) spielen eine vergleichsweise starke Rolle.

Tab. 6: Beschäftigte in der Industrie nach Betriebsgrößenklassen
Ende September 1989

	< 20	20-49	50-99	100-199	200-499	500-999	> 1.000
RB D'Dorf	5,1	6,3	8,2	9,7	15,4	11,7	43,6
RB Köln	4,2	5,6	7,1	9,6	14,0	13,4	46,0
RB Münster	3,0	7,0	8,6	11,8	18,5	12,3	38,7
RB Detmold	5,3	8,8	11,5	14,6	22,2	14,6	23,0
RB Arnsberg	5,3	7,2	9,5	13,3	20,0	13,6	31,1
Ruhrgebiet	2,8	4,5	5,9	7,4	12,4	11,6	55,3
Land NRW	4,8	6,8	8,8	11,4	17,5	12,9	37,9

Anmerk.:   In Prozent.
Quelle: LDS 1990a und b, eigene Berechnungen.

(3) Im Ruhrgebiet ist faktisch eine genau spiegelverkehrte Situation gegenüber
der in Ostwestfalen anzutreffen; lediglich die Betriebsgrößenklasse der Unternehmen mit 1.000 und mehr Beschäftigten ist überdurchschnittlich besetzt, dies
allerdings sehr deutlich. Mehr als 55 Prozent aller Industriebeschäftigten arbeiten
hier in Großbetrieben (>1 000), und nur 2,8 Prozent (NRW: 4,8 Prozent) sind in

den industriellen Kleinbetrieben (<20) tätig. Diese von Großbetrieben dominierte Betriebsgrößenklassenstruktur im Ruhrgebiet beruht vor allem auf dem beschäftigungspolitischen Gewicht der Montanbranchen, die in Deutschland seit jeher von sehr großen Unternehmen gekennzeichnet sind. Verblüffend ist darüber hinaus aber dennoch, daß die im Umkreis der Großbetriebe aus den Branchen Bergbau und Stahl angesiedelten (Zulieferer-)Unternehmen keine der Betriebsgrößenklassen mit weniger als 1.000 Mitarbeitern so stark prägen, daß sie eine über dem Landesdurchschnitt liegende Bedeutung erhalten.

(4) Der Regierungsbezirk Köln - neben Ostwestfalen die zweite wirtschaftlich überdurchschnittlich erfolgreiche Region NRWs - ist stark von Großbetrieben geprägt, wenngleich nicht so deutlich wie das Ruhrgebiet. Der Sachverhalt, daß die beiden erfolgreichsten Regierungsbezirke NRWs völlig unterschiedliche Profile bei den Betriebsgrößenklassen aufweisen, verbietet die generalisierende Aussage, daß stärker mittelständisch geprägte Regionen beschäftigungspolitisch a priori besser abschneiden als solche, in denen Großbetriebe ein größeres Gewicht haben.

Diese Daten stellen jedoch nur eine Momentaufnahme dar. Über dynamische Aspekte - also Bedeutungsgewinne und -verluste einzelner Betriebsgrößenklassen sowie Beschäftigungswirksamkeit solcher Strukturverschiebungen - sagen sie aber nur wenig aus. Um solche Entwicklungstrends besser beurteilen zu können, greifen wir im folgenden auf bislang z.T. noch unveröffentlichte Daten der Bundesanstalt für Arbeit zurück, die die Besetzung der einzelnen Betriebsgrößenklassen von 1978 bis 1986 zeigen[9].

Abb. 8 weist aus, daß Kleinbetriebe - hier definiert als Betriebe mit weniger als 20 Mitarbeitern - in NRW von 1978 nach 1986 um etwa 10 Prozent an Beschäftigung zugelegt haben. Im großen und ganzen im Gleichklang - nämlich, von konjunkturellen Einbrüchen in 1983/1984 abgesehen, stabil - entwickelten sich die kleineren Mittelbetriebe (20-99). Einbußen gab es bei den Betrieben von 100 bis 499 Beschäftigten. Auffällig ist ferner die Entwicklung bei den Unternehmen mit mehr als 500 Beschäftigten, die mehr als 10 Prozent der Arbeiter und Angestellten verloren. Die beschriebenen Entwicklungen der einzelnen Betriebsgrößenklassen schlagen sich auch in Veränderungen ihrer Beschäftigungsanteile nieder (vgl. Tabelle 6A im Anhang). Für Gesamt-NRW hat im Grunde ein Austausch zwischen der größten und der kleinsten Betriebsgrößenklasse stattgefunden; die beiden mittleren sind mehr oder weniger stabil geblieben. Generell sinkt die Beschäftigungsbedeutung von Großbetrieben. Dies

---

[9] Diese Daten wurden im Rahmen von Berechnungen zum "Job-Turnover" erstellt (Cramer/ Koller 1988) und uns vom IAB und dem Landesarbeitsamt NRW zur Verfügung gestellt.

schlägt sich zwangsläufig in einem wachsenden Gewicht der Kleinbetriebe nieder. Dabei darf jedoch nicht übersehen werden, daß die Kleinbetriebe auch absolut an Beschäftigung gewonnen haben. Dies reicht jedoch nicht aus, um die Einbrüche bei den Großbetrieben auszugleichen.

Abb. 8: Beschäftigungsgewinne und -verluste nach Betriebsgrössenklassen in NRW 1981/1984/1986

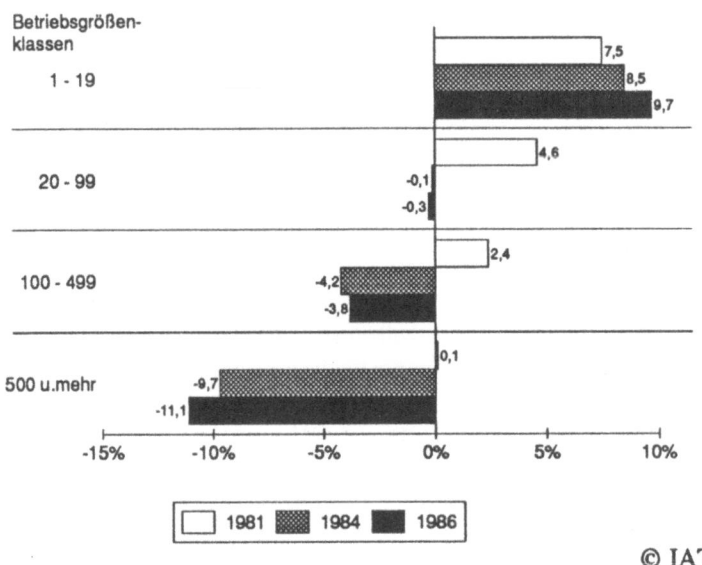

© IAT 1992

Anmerk.:   In Prozentpunkten; 1978 = 100; vgl. Tab. 7A im Anhang.
Quelle: Eigene Berechnungen auf der Basis unveröffentlichter Daten des IAB zum Job
              Turnover.

Weiteren Aufschluß über Art und Hintergründe des skizzierten Wandels hin zu den Klein- und Mittelbetrieben kann eine sektorale Auswertung der Entwicklungstrends bei den Beschäftigungsanteilen der Betriebsgrößenklassen liefern. Abb. 9 unterscheidet zwischen drei Bereichen: Der Investitionsgüterindustrie (IGI); der Konsumgüterindustrie (KGI) und den unternehmensbezogenen Dienstleistungen (UDL). Kleinbetriebe mit weniger als 20 Mitarbeitern haben in allen drei Bereichen Anteile gewonnen. Am ausgeprägtesten ist das Gewicht der Kleinbetriebe bei den unternehmensbezogenen Dienstleistungen. Offensichtlich liegt im Bedeutungsgewinn des Dienstleistungssektors auch eine der wichtigsten Quellen für die Akzentverschiebung zugunsten der Kleinbetriebe.

Abb. 9: Beschäftigtenanteile nach Betriebsgrößenklassen und ausgewählten Sektoren 1977 und 1985

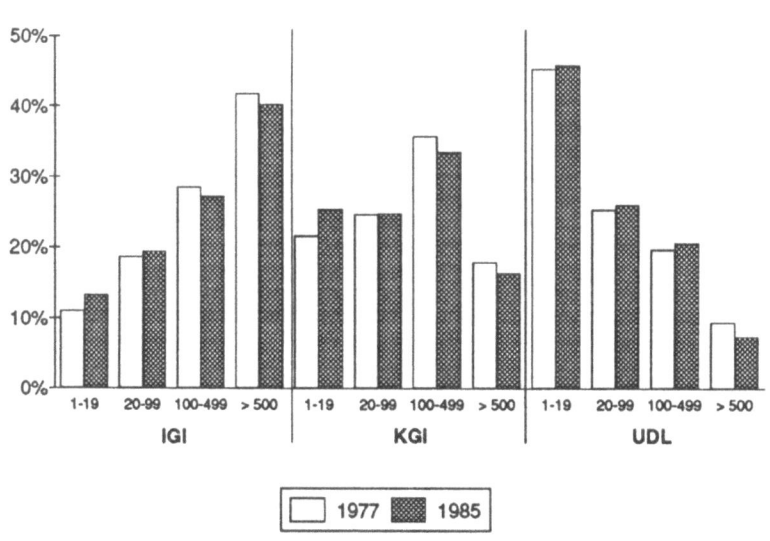

© IAT 1992

Anmerk.:   IGI = Investitionsgüterindustrie, KGI = Konsumgüterindustrie, UDL = Unternehmens-
            bezogene Dienstleistungen; in Prozent; vgl. Tab. 8A im Anhang.
Quelle: Zusammengestellt nach unveröffentlichten Berechnungen des IAB zum Job Turnover.

Ziehen wir ein Fazit: In NRW haben wir einen Bedeutungsgewinn vor allem der Klein- und kleineren Mittelbetriebe zu verzeichnen. Verursacht wird dieser Trend zum Teil durch den Strukturwandel hin zur Dienstleistungsgesellschaft. Jedoch gewinnen auch innerhalb des produzierenden Gewerbes Kleinst- und kleinere Mittelbetriebe. Diese neue "Größe der Kleinen" reicht aber nicht aus, um hieraus Hoffnungen für die Lösung der aktuellen und zukünftigen Beschäftigungsprobleme zu erwarten. Klein- und Mittelbetriebe können allenfalls einen notwendigen, aber keinen hinreichenden Beitrag zur Lösung der Ungleichgewichte auf dem Arbeitsmarkt leisten. Insbesondere die Beschäftigungswirkungen von Unternehmensneugründungen sind bei weitem nicht so stark wie vielfach

vermutet (vgl. Weitzel 1986a, 1986b). Zu warnen ist schließlich vor der allzu
schnellen Zuschreibung einer wesentlich stärkeren Innovationsfähigkeit von
Klein- und Mittelbetrieben (vgl. Gielow/Kuntze 1987). Die Förderung von
industriellen Klein- und Mittelbetrieben ist damit ein wichtiger Ansatzpunkt der
Strukturpolitik (vgl. Hjern/Hull 1983), sie reicht aber zur Lösung der Strukturprobleme nicht aus.

2.4.   Berufliche Bildung

Das Qualifikationspotential und die Innovationskraft einer Region hängen
unmittelbar zusammen (vgl. Dedering 1988, Derenbach 1982, 1983 und 1984
oder Garlichs 1983). Zur Einführung und Anpassung neuer Technologien sowie
zur Durchsetzung von Innovationen sind bestimmte Qualifikationen des Managements und der Arbeitnehmer unverzichtbar. Kann das regionale Aus- und
Weiterbildungssystem diese Qualifikationen nicht oder nur unzureichend vermitteln, so werden wichtige Chancen der technologischen Modernisierung der
ansässigen Wirtschaft vertan. Fehlende Qualifikationen auf der Arbeitnehmersei-
te sind demnach Restriktionen für Innovation und Technikeinsatz. Darüber
hinaus ist Qualifikation nicht nur eine conditio sine qua non für die volle Ausnutzung der vorhandenen betrieblichen Anlagen, sondern selbst ein innovatives
Potential. Die in der Aus- und Weiterbildung gewonnenen Kenntnisse und
Fertigkeiten werden von den Arbeitnehmern auf ihren Arbeitsplatz übertragen
und können dadurch Auslöser wichtiger betrieblicher Neuerungen sein.
Eigentlich könnte vermutet werden, daß den beruflichen Kompetenzen der
Erwerbstätigen schon immer eine herausragende Stellung in der Raumordnungs-
und Regionalpolitik zugeschrieben worden wäre. Dem ist aber nicht so. Der
regionale Bestand an beruflicher Qualifikation wurde zwar seit jeher als eine
notwendige Rahmenbedingung wirtschaftlicher Entwicklung aufgeführt, zumeist
aber nicht weiter problematisiert (vgl. dazu Derenbach 1984: 79).
Die zunächst überraschende Ausblendung der beruflichen Kompetenzen ergibt
sich durch die historisch tradierte Konzentration der Regionalwissenschaft auf
zwei andere raumwirksame Kategorien; sie untersucht schwerpunktmäßig die
Folgen räumlicher Distanz und später den Stellenwert der Realkapitalströme.
Von daher konzentriert sich die Raumordnungs- und Regionalpolitik darauf, die
Benachteiligung bestimmter Regionen durch Verkehrskonzepte ("Anbindungs-
strategien") oder durch zusätzliche Investitionsanreize zu überwinden. Erst in
jüngerer Zeit wird der Faktor "berufliche Kompetenz" als ein wichtiger Ansatzpunkt regionaler Strukturpolitik thematisiert.

Im Rahmen einer Betriebsbefragung hat das Institut Arbeit und Technik versucht zu ermitteln, wie groß der zukünftige Bedarf an Qualifikationen in den Unternehmen des Verarbeitenden Gewerbes Nordrhein-Westfalens sein wird und wie die Betriebe versuchen, ihre Mitarbeiter duch Qualifizierungsmaßnahmen zu befähigen, sich auf neue betriebliche Anforderungen einzustellen. Hinsichtlich der Weiterbildungsaktivitäten ergab sich nach Betriebsgrößenklassen bzw. Wirtschaftszweigen im Jahr 1990 folgendes Bild:

Abb. 10: Häufigkeiten von Weiterbildungsaktivitäten nach ausgewählten Betriebsgrößenklassen bzw. Wirtschaftszweigen 1990

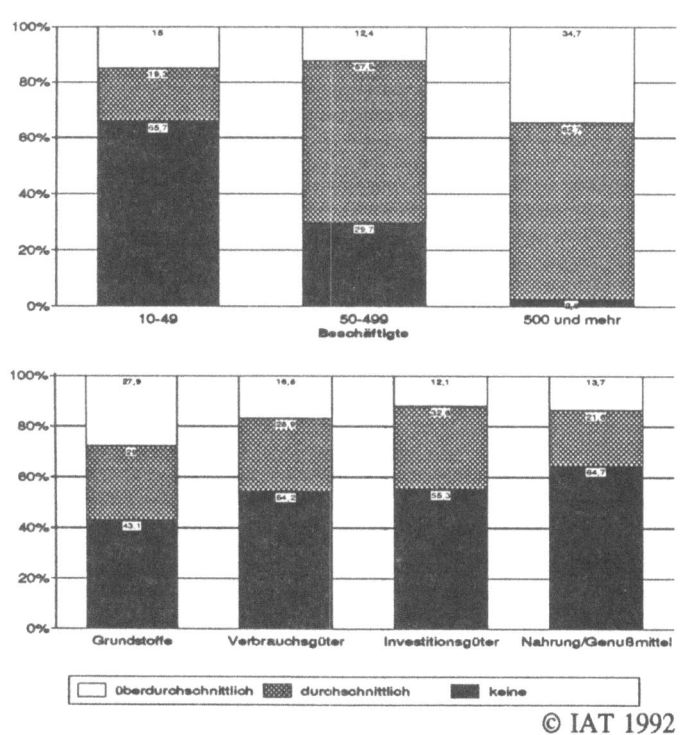

© IAT 1992

Anmerk.: In Prozent; vgl. Tab. 9A im Anhang.
Quelle: Bislang unveröffentlichte Daten aus der IAT-Umfrage "Marktstrategien, Produkt- und Verfahrensinnovationen im Verarbeitenden Gewerbe NRWs 1990".

Aufgrund der enttäuschenden Erfahrungen mit den nur realkapitalbezogenen Förderstrategien setzt sich die Einsicht durch, daß nur solche regionalpolitischen Strategien langfristig Aussicht auf Erfolg haben können, die auf eine Kombination von betrieblichen Realkapitalmitteln und der im Betrieb zum Einsatz kommenden Qualifikationen setzen. Die regionalwirtschaftlichen Strategien müssen demnach auf ein ausgewogenes Verhältnis der Faktoreinsätze abzielen. Im Hinblick auf die sogenannten "neuen Technologien" auf Basis der Mikroelektronik wird der Qualifikationsbedarf besonders deutlich.

Der Einsatz neuer Technologien wirkt sich auf die Arbeitsinhalte und die Arbeitsorganisation im Produktions- und im Dienstleistungsbereich aus. Dadurch verändern sich die Anforderungen an die berufliche Qualifikation der Erwerbstätigen. Dieser Sachverhalt ist unumstritten. Die Prognosen über den zukünftigen Qualifikationsbedarf jedoch sind bislang eher widersprüchlich. Die einen vermuten eine Dequalifizierung der Arbeitnehmer, andere vertreten Thesen einer zunehmenden Polarisierung in unqualifizierte und hochqualifizierte Tätigkeiten, und wieder andere gehen von einem generellen Trend zur Höherqualifizierung bei gleichzeitigem Wegfall geringqualifizierter Tätigkeiten aus (vgl. Kern/-Schumann 1984). Im allgemeinen werden heute steigende Anforderungen an die Qualifikation sowie erhebliche Umqualifizierungen erwartet (vgl. Klauder 1986).

Die bislang vorliegenden empirischen Untersuchungen und empirisch fundierte Prognosen der zukünftigen Arbeitslandschaft (vgl. Rothkirch/Weidig 1985) zwingen zu dem Schluß, daß sich die Tätigkeits- und Qualifikationsprofile in den nächsten Jahren erheblich ändern werden. Die berufliche Bildung muß sich dabei den veränderten Qualifikationsanforderungen anpassen. Und die Raumordnungs- und Regionalpolitik hat darauf zu achten, daß nicht durch regionale Qualifikationsengpässe bestehende regionale Disparitäten zementiert oder neue erzeugt werden.

Der wachsende Anteil der Mikroelektronik in Produkt und Fertigung, die Erfordernisse der Produktionssteuerung, der breite Einsatz der Bürokommunikation - all dies erfordert zusätzliches fachliches Wissen nicht nur für Spezialisten, sondern auf mittlere und lange Sicht für die ganze Belegschaft. Insbesondere bereitet das Defizit an Kenntnissen in der Informationsverarbeitung vielen Betrieben für die Zukunft Sorge. Die "Fabrik der Zukunft" basiert auf neuen Generationen von Produktionstechnologien, rechnergestützten Informationssystemen und rechnergeführten Fertigungsprozessen (Brödner 1985). Die erfolgreiche Anwendung neuer Technologien und eine hohe Verfügbarkeit technischer Einrichtungen und Anlagen hängen in entscheidender Weise davon ab, ob genügend qualifiziertes Personal in allen Bereichen des Unternehmens zur Verfügung steht, das in der Lage ist, diese Produktionstechniken nicht nur anzuwenden, sondern die modernen Arbeitssysteme mit eigenem kreativen

Potential zu gestalten. An die Stelle von routinemäßiger Maschinenbedienung sind schon heute immer mehr planende, steuernde und kontrollierende Funktionen getreten. Technologischer Wandel hat also ohne einen breiten Schub an Qualifizierung keine Chance. Der Einsatz von Industrierobotern, EDV-gestützten Steuerungstechniken, EDV-geführter Lagerhaltungssysteme und erst recht die computerintegrierte Fertigung (CIM) und andere Neuentwicklungen setzen ein "High-Tech-Niveau" auch bei den Mitarbeitern voraus. Hohe Investitionen in Humankapital gelten daher in der wirtschaftspolitischen Diskussion als wichtige Indikatoren für die Zukunftsaussichten von Betrieben, Branchen und Regionen. Inner- und außerhalb NRWs hört man nicht selten negative Einschätzungen über das Qualifikationsniveau der Arbeitskräfte in diesem Land; dabei wird die Situation im Ruhrgebiet als besonders schlecht eingeschätzt.

Der Blick auf die Ausbildungsquoten erlaubt erste Rückschlüsse über das quantitative Ausbildungsengagement von Betrieben in verschiedenen Regionen. Im intraregionalen Vergleich NRWs zeigt sich, daß das Ruhrgebiet bei diesem Indikator sogar etwas besser abschneidet als das Land NRW im Durchschnitt. Dies mag auch damit zusammenhängen, daß die Ausbildungsquote in den Montanbetrieben traditionell relativ hoch ist; in den Zeiten des 'überbordenden' "Lehrstellenmangels" wurde hier vielfach über den eigenen Bedarf hinaus ausgebildet, jedoch nicht immer ausreichend zukunftsorientiert.

Generell läßt sich in NRW beim Ausbildungsengagement ein Land-Stadt-Gefälle ausmachen; so liegt die Ausbildungsquote der kreisfreien Städte - also ausnahmslos großer Zentren - deutlich unter der der Kreise. Interessant ist in diesem Zusammenhang, daß die Städte im Ruhrgebiet hier einen stärkeren Ausbildungsbeitrag leisten als die sonstigen Ballungszentren in NRW. Mit Abstand Spitzenreiter beim Ausbildungsengagement ist der Regierungsbezirk Münster. Dies ist darauf zurückzuführen, daß sich einige eher ländlich geprägte Kreise besonders stark in der Ausbildung engagieren - so liegen die Ausbildungsquoten im Kreis Coesfeld 12 Prozent oder im Kreis Borken bei 11,7 Prozent - und die zum Regierungsbezirk Münster zählenden Städte und Kreise des Ruhrgebiets (Bottrop, Gelsenkirchen, Recklinghausen) ebenfalls noch über dem durchschnittlichen Ausbildungsengagement in NRW liegen.

**Tab. 7: Zahl der Auszubildenden und Ausbildungsquoten
Ende Juni 1989**

	Zahl der Auszubildenden	Ausbildungsquote
RB Düsseldorf	132.901	7,2
RB Köln	97.891	7,5
RB Münster	70.487	10,0
RB Detmold	52.246	8,2
RB Arnsberg	96.987	8,1
NRW insgesamt	450.512	7,9
davon: kreisfreie Städte	211.808	7,3
Kreis	238.704	8,6
Ruhrgebiet	119.713	8,2

Anmerk.:   Ausbildungsquote als Anteil der Auszubildenden (in Prozent) an der Gesamtzahl der
             sozialversicherungspflichtig Beschäftigten.
Quelle: LDS-NRW 1990a: 58ff, eigene Berechnungen.

In den letzten Jahren konnte im Kampf gegen die "Lehrstellenlücke" viel
dadurch erreicht werden, daß die Ausweitung von 'Lehrstellen' ausgerechnet in
solchen Berufen überdurchschnittlich war, denen für die Zukunft nicht die
günstigsten Arbeitsmarktchancen beigemessen werden. Vor diesem Hintergrund
ist es denn auch nicht verwunderlich, daß in solchen Berufsgruppen das Risiko,
nach Ende der Lehre arbeitslos zu werden, überdurchschnittlich hoch ist. Tabelle
8 vergleicht die Verhältnisse in zwei Berufsbereichen und in drei Arbeitsämtern
NRWs miteinander. Die Metallberufe stehen dabei für relativ zukunftsträchtige
Berufe - vor allem, wenn die Auszubildenden nach den Vorgaben der neugere-
gelten Ausbildungsordnungen ausgebildet werden; die Ernährungsberufe sollen
hier diejenigen Bereiche vertreten, in denen die Gefahr, arbeitslos zu werden

oder keine ausbildungsadäquate Beschäftigung zu finden, besonders hoch ist[10].

Tab. 8: Die Bedeutung ausgewählter Berufsbereiche in ausgewählten Regionen des Landes NRW 1989

Anteil[1] und A/N-Relation[2]	Ruhrgebiet	D[3]	PB[4]	NRW
Anteil Metallberufe	19,80	15,50	23,90	14,20
A/N-Relation	1,20	1,76	1,51	1,46
Anteil Ernährungsberufe	4,80	4,30	6,40	2,60
A/N-Relation	1,52	2,20	1,82	2,20
Anteil Organisations-, Verwaltungs-, Bürober.	15,10	18,30	15,00	22,80
A/N Relation	0,64	1,10	0,50	0,69
Übrige Dienstleistungsberufe	3,10	4,00	2,20	7,20
A/N-Relation	0,35	0,86	0,29	0,49
Insgesamt A/N-Relation	0,90	1,38	0,86	1,05

Anmerk.:   [1]Berechnet als Anteil der im jeweiligen Berufsbereich gemeldeten Ausbildungstellen an der Zahl der insgesamt gemeldeten Ausbildungsstellen.
[2]Berechnet als Anteil der gemeldeten Ausbildungsstellen an der Zahl der gemeldeten Bewerber.
[3]Arbeitsamtbezirk Düsseldorf.
[4]Arbeitsamtsbezirk Paderborn.
Bezugsgrößen: Gemeldete Ausbildungsstellen und Bewerber 1989; das Ruhrgebiet umfaßt hier die Arbeitsämter Bochum, Dortmund, Duisburg, Essen, Gelsenkirchen, Hamm und Recklinghausen.

Quellen: MWMT/KuMi/MAGS-NRW. 1990: 31ff.; MWMT 1990; eigene Berechnungen.

---

[10] In beiden Berufsbereichen gelten diese Trendaussagen natürlich nicht für alle dort vertretenen Berufe. Im Metallbereich etwa haben KFZ-Instandsetzer sehr schlechte Perspektiven, Werkzeugmechaniker demgegenüber außerordentlich gute. Im Ernährungsbereich stehen die 'rosigen' Prognosen der (allerdings quantitativ eher bedeutungslosen) Fachkraft für Lebensmitteltechnik den 'düsteren' Chancen für Bäcker und Fleischer gegenüber.

Es zeigt sich, daß die Ernährungsberufe im Raum Paderborn - einer ländlich geprägten und sehr ausbildungsintensiven Region (Kreis Paderborn: Ausbildungsquote 1989: 10,4 Prozent, vgl. LDS 1990a, eigene Berechnungen.) - tatsächlich eine überdurchschnittliche Rolle spielen, während sie dort, wo offensichtlich ausreichend Ausbildungsplätze (auch und gerade in den 'heißbegehrten' Organisations-, Verwaltungs- und Büroberufen) zur Verfügung stehen (so im Arbeitsamtbezirk Düsseldorf), eine vergleichsweise bescheidene Rolle spielen. Diese Daten stützen mithin den Verdacht, daß insbesondere im ländlichen Raum in solchen Berufen, denen keine besonders guten Zukunftschancen attestiert werden, unter den Bedingungen eines Überangebots an Ausbildungsinteressenten überdurchschnittlich stark ausgebildet wird. Hierauf kann mithin ein Teil der relativ günstigen Ausbildungsquoten in den eher ländlich geprägten Teilregionen NRWs zurückgeführt werden. Dies allein jedoch erklärt die hohen Ausbildungsleistungen in diesen Gebieten nicht. Im Paderborner Raum schlägt des weiteren auch noch ein überdurchschnittliches Engagement bei den (modernen) Metallberufen zu Buche. Mithin beruhen die hohen Ausbildungsquoten im ländlichen Raum sowohl auf positiven - verstärktes Engagement bei zukunftsträchtigen Berufen - wie auf negativen - überdurchschnittlich viele Auszubildende in Berufen mit Arbeitsmarktproblemen - Entwicklungstrends.

Ein bemerkenswertes Ergebnis des Vergleichs der Bedeutung ausgewählter Berufsgruppen in verschiedenen Teilregionen NRWs ist ferner, daß das Ruhrgebiet, d.h. eine "Hochburg" der Metallwirtschaft, bei den Metallberufen 1987 nur unterdurchschnittlich viele Ausbildungsplätze zur Verfügung gestellt hat. Die im Auftrag der IG-Metall und der Hans-Böckler-Stiftung erstellte Studie über "Strukturwandel und Beschäftigungsperspektiven der Metallindustrie an der Ruhr" (GEWOS/GfAH/WSI 1988) stellt fest, daß der Gesamtanteil qualifizierter Facharbeiter an allen Metallarbeitskräften in den Städten Duisburg, Essen, Oberhausen, Bochum zwar durchweg höher liegt als im Durchschnitt der Bundesrepublik, jedoch verlief die Entwicklung in den letzten Jahren in den meisten Berufsgruppen negativer als in NRW ohne das Ruhrgebiet. So sank bspw. die Zahl der Mechaniker im Maschinenbau und der Elektroindustrie im Ruhrgebiet von 1978 nach 1986 um 5,1 Prozent, während sie im übrigen NRW um 2,6 Prozent anstieg.

Darüber hinaus besteht - und dies ist ebenfalls ein Ergebnis der bereits angesprochenen Studie von GEWOS/GfAH/WSI (1988) - ein ernstes Problem bei der Ausbildung in der Metallindustrie darin, daß aus gewachsenen Strukturen heraus an dem für die Zukunft absehbaren Bedarf vorbei ausgebildet wird. So stehen vor allem für grobmechanische Fertigungs- und Montagearbeiten sowie für die Wartung und Instandhaltung ausreichend qualifizierte Arbeitskräfte zur Verfügung; geht es jedoch um feinmechanische oder um elektronische Arbeiten, sind Qualifikationsengpässe unvermeidlich. In Duisburg und in Bochum wurden bspw. 1986 keine Werkzeugmacher ausgebildet! Die Schwäche des Ruhrgebietes bei der Ausbildung in den Metallberufen geht aber keineswegs ausschließlich auf fehlende Angebote der Betriebe zurück, sondern hat auch etwas mit den Berufswünschen der jungen Menschen zu tun. Insgesamt gab es 1989 nämlich einen Angebotsüberhang von 1.065 Stellenangeboten, bzw. die Zahl der Ausbildungsstellen liegt fast 20 Prozent (bzw. 10 Prozentpunkte bezogen auf jeweilige Basis: gemeldete Ausbildungsplätze/gemeldete Bewerber) über der der Stellenbewerber. Auf fehlende Ausbildungsplätze im Berufsfeld Metall treffen wir in Gelsenkirchen und Hamm; ein Überangebot ist in Bochum, Dortmund, Duisburg, Essen und Recklinghausen zu verzeichnen. Offensichtlich stoßen die Metallberufe im Ruhrgebiet bei jungen Menschen nicht mehr auf ausreichendes Interesse, trotz der vergleichsweise günstigen Berufsaussichten. Eine weitere und rein quantitativ gesehen sogar viel bedeutsamere Schwäche des Ruhrgebiets liegt bei den Organisations-, Verwaltungs- und Büroberufen. Dieser Berufsbereich wird an Ruhr, Emscher und Lippe unterdurchschnittlich angeboten, und nur für knapp zwei Drittel der Bewerber stehen Ausbildungsplätze zur Verfügung.

In den letzten Jahren stand die quantitative Frage, d.h. die Bereitstellung von möglichst vielen Ausbildungsplätzen im Vordergrund der berufsbildungspolitischen Diskussion. Derzeit wird sowohl von den Gewerkschaften wie auch von Arbeitgebern und Berufsbildungsexperten verstärkt auf die Notwendigkeit verwiesen, die Qualität der Ausbildung anzuheben. Qualitative Fragen finden ihren Niederschlag bei der Überarbeitung bzw. Neugestaltung von Ausbildungsordnungen, bei der Einrichtung und Durchsetzung neuer Berufsbilder, beim Vollzug der regulierenden Vorgaben für die schulische und betriebliche Ausbildung. Darüber hinaus rückt mehr und mehr in den Vordergrund, über Berufsausbildung soziale Qualifikationen zu stärken, um so bei den Fachkräften die Voraussetzungen für ein stärkeres Engagement bei der Arbeitsgestaltung zu schaffen.

Der gegenwärtig wohl wichtigste Ansatzpunkt für eine 'Qualitätsoffensive' in der Berufsbildung liegt aber bei der Umsetzung der in den letzten Jahren verabschiedeten neuen Ausbildungsordnungen. Wichtig sind vor allem die Neuordnungen in den industriellen Metall- und Elektroberufen; hier konnten nach jahrelangen Auseinandersetzungen zwischen IG Metall, Gesamtmetall und den Kammern neue, ambitionierte Ausbildungskonzepte verabschiedet werden. Die von der Neuordnung betroffenen Bereiche machen im Lande NRW rund ein Drittel aller Ausbildungsverhältnisse aus. "Die Neuordnung der Metall- und Elektroberufe ist ... mehr als eine Aktualisierung bestehender Ausbildungsordnungen durch Fortschreibung. Die neuen Ausbildungsziele, Strukturen und inhaltlichen Anforderungen sind geeignet, die Berufsausbildung im dualen

System aus ihren bisherigen traditionellen Bindungen zu lösen und dieses Ausbildungssystem für die komplexen Anforderungen aus Technik, Wirtschaft, Umwelt und Gesellschaft der künftigen Jahre auszurichten. Die bisherige schwerpunktmäßige Bestimmung des Ausbildungsgeschehens durch Werkstoffe, Fertigkeiten und Kenntnisse wird zum Teil ersetzt durch mikroelektronisch und informationstechnologisch bedingte Verfahren... Die ... zu erwerbenden Teilqualifikationen sollen sich zusammenfügen zu umfassenden Qualifikationen, die neben der beruflich fachlichen Fähigkeit auch die Fähigkeit zur verantwortlichen Mitgestaltung von Arbeit, Technik und Umwelt in der Gesellschaft einschließt" (MWMT/KuMi-NRW 1988: 81f.).

Während die Großunternehmen dieser Branche relativ zügig beginnen, ihre Ausbildungskapazitäten auf die neuen Anforderungen einzustellen, ist derzeit noch völlig offen, wie die Klein- und Mittelbetriebe mit dieser Herausforderung fertig werden können. Mittel- und langfristig wird hier wohl kein Weg daran vorbeigehen, daß überbetriebliche Ausbildungswerkstätten oder Ausbildungsverbunde verschiedener Unternehmen ein größeres Gewicht bekommen. Nur auf diese Weise ist sicherzustellen, daß alle Auszubildenden auf den von der Ausbildungsordnung verlangten Gebieten hinreichend qualifiziert werden.

Wie weitgehend die neuen Ausbildungsordnungen für die Metall- und Elektroberufe in NRW und in seinen einzelnen Teilregionen bereits implementiert sind und welche Umsetzungsschwierigkeiten auftauchen, darüber liegen derzeit noch keine aussagekräftigen Untersuchungen vor. Hier liegt sicherlich ein Forschungsfeld, das in den nächsten Jahren intensiver bearbeitet werden müßte.

Im Zuge des Kapazitätsabbaus in der Stahlindustrie im Ruhrgebiet wurden auf Initiative der IG-Metall und zahlreicher Betriebsräte in Oberhausen, Hattingen und in Duisburg sogenannte Qualifizierungszentren geschaffen, die die Ausbildungseinrichtungen von Stahlunternehmen an diesen Orten fortführen und Impulse für Innovationen geben wollen. Solche Einrichtungen bieten möglicherweise gute Ansatzpunkte, um Auftragsmaßnahmen für Dritte durchzuführen und auch solche Betriebe zu entlasten bzw. zu unterstützen, die qualifizierte Fachkräfte benötigen, aber selbst nicht ausbilden bzw. die Anforderungen der Neuordnung nicht erfüllen können. Zusammen mit den überbetrieblichen Ausbildungszentren der Wirtschaft (vor allem des Handwerks) und anderen nichtbetrieblichen Ausbildungseinrichtungen (z.B. Berufsförderungszentrum Essen, BFZ) könnten die genannten neuen Qualifizierungszentren einen wichtigen Ansatzpunkt bieten, den Strukturwandel in NRW humankapitalzentriert und sozialverträglich voranzutreiben. Ob diese Vermutungen zutreffen, bedarf freilich einer näheren Untersuchung.

2.5. 'Das Ende der Massenproduktion'?

Viele Wirtschafts- und Sozialwissenschaftler sehen einen Zusammenhang zwischen den angesprochenen Strukturbrüchen in der Raumentwicklung und dem Innovationsverlauf, der seinerseits in Anlehnung an Kondratieff oder Schumpeter als zyklenhaft verlaufend beschrieben wird. Sogenannte Basisinnovationen sind nach solchen Analysen die Ursache der strukturellen Änderungen in der regionalen Entwicklungsdynamik. Folgt man bspw. Rothwell/Zegveld (1985), dann befinden wir uns derzeit in einer Übergangsphase zwischen zwei Kondratieff-Zyklen.

Ein anderer, nicht minder erklärungsstarker Ansatz für die theoretische Aufarbeitung raumstruktureller Verschiebungen macht eine Transformation der "fordistischen" Gesellschaft aus (vgl. Hirsch/Roth 1986). "Fordismus" steht dabei für eine, sich nunmehr ihrem Ende nähernde, historische Epoche kapitalistischer Entwicklung, die durch eine tayloristisch organisierte Massenproduktion und die zugehörige Massennachfrage gekennzeichnet ist. Das System einer ständig weiter getriebenen Arbeitsteilung und Arbeitszerlegung und des Massenkonsums wird ergänzt und flankiert durch einen Ausbau des bürokratisch organisierten Sozialstaates.

Seit Mitte der siebziger Jahre nun nähert sich das fordistische Modell seinem Ende (vgl. Piore/Sabel 1985). Ein Grund für den "Abgesang" des fordistischen Modells liegt - neben den Sättigungserscheinungen für Massenprodukte - bei den neuen Technologien. Durch sie werden flexible Produktionskonzepte möglich, die dem tayloristischen Produktionskonzept diametral entgegenstehen und diesem dennoch wirtschaftlich überlegen sind. Inzwischen werden neue Technologien in die verschiedensten Produktionsverfahren und Produkte eingeführt und damit zugleich die Betriebe und Märkte reorganisiert. Im Zuge dieser Umgestaltung erlebt die industrielle Produktion eine breite Requalifikation ihrer Arbeitnehmer bei gleichzeitiger Ausgliederung der weniger qualifizierten Arbeitskräfte (vgl. Kern/Schumann 1984 und die Beiträge dazu in Malsch/Seltz (Hrsg.) 1988). Mit den "neuen Produktionskonzepten" eng verknüpft sind neue Managementstrategien, die auf eine Reduktion der sogenannten "toten Kosten" abzielen (z.B. "Just-in-time"-Produktion). Ziel dieser neuen Managementstrategien ist eine zeitliche Synchronisierung der Produktion über mehrere (Markt-)Stufen hinweg, um die Kosten der Zwischenlagerung zu minimieren. Darüber hinaus soll eine direkte Anbindung des Material- und Produktionsflusses an die sich ständig ändernden Anforderungen des Marktes erreicht werden.

Kernpunkt dieser Strategie ist die "flexible Spezialisierung". Dies meint nicht nur eine Produktstrategie, die sich - ausgehend von bestimmten Produktlinien - um die Nutzung, Rekombination und Weiterentwicklung vorhandener Technologien und Qualifikationen bemüht, um gegebene Produktivitätsreserven zu nutzen, sondern "flexible Spezialisierung" zielt auch darauf, Unternehmen und zwischenbetriebliche Kooperationssysteme als Lernsysteme zu modellieren, die sich schnell an gewandelte Anforderungen anpassen können. Es versteht sich von selbst, daß das Erreichen dieser Ziele nur mit hochqualifizierten und hochmotivierten Belegschaften möglich ist. Gleichzeitig bedeutet "flexible Spezialisierung" im zwischenbetrieblichen Zusammenhang eine neue Qualität der Kooperation, weil die gemeinsame Anpassung an neue Herausforderungen besser mit Kooperation als mit Hierachie bewerkstelligt werden kann.

Unternehmen - und mit ihnen die sie umgebenden Städte und Regionen - reagieren völlig unterschiedlich auf die beschriebenen Veränderungen in und Anforderungen aus ihrer Umwelt. Theoretisch lassen sich die zur Verfügung stehenden Reaktionsmöglichkeiten durch die Unterscheidung von De-, Re- und Neo-Industrialisierung separieren und systematisieren: De-Industrialisierung bezeichnet den Sachverhalt, daß einzelne Unternehmen oder sogar ganze Branchen Teile ihrer Produktion wegen mangelnder Rentabilität in Peripherieregionen oder ins Ausland verlagern oder einstellen, was für die 'alten' Standorte die genannten Probleme verursacht. Re-Industrialisierung steht für die Versuche von Politik und Wirtschaft, den Prozeß der De-Industrialisierung durch staatliche Subventionierung und Modernisierung der Produktionsanlagen zu stoppen. Neo-Industrialisierung hingegen bezeichnet den Durchbruch neuer ("flexibler) Produktionskonzepte, die Abkehr von der Massenproduktion, und die damit verbundene Requalifizierung der Arbeit. Es handelt sich dabei um ein neues Modell der Produktion, das eher in der Tradition handwerklicher Produktionsweisen als in Tradition einer tayloristisch organisierten Produktion steht (ausführlich hierzu Piore/Sabel 1985). In der Praxis trifft man freilich nie auf Regionen, die eindeutig von nur einem dieser drei Trends geprägt sind; vielmehr ist mit wechselseitigen Überlagerungen zu rechnen.

Im Ruhrgebiet überwiegen bislang De- und Re-Industrialisierungsprozesse. Aufgrund der veränderten nationalen und internationalen Angebots- und Nachfragestrukturen schrumpfen verschiedene Wirtschaftsbereiche (insbesondere der Montan-Komplex). Politik und Wirtschaft versuchen diesen Trend durch Re-Industrialisierung - also durch die Gewährung von Subventionen bei gleichzeitiger Modernisierung der Produktionsanlagen - zu stoppen oder zumindest in "sozialverträglichen" Grenzen zu halten. In anderen Regionen innerhalb und außerhalb des Landes NRW findet demgegenüber zumindest ansatzweise eine Neo-Industrialisierung statt (vgl. Grabher 1988).

Eine solche Beobachtung führt zwangsläufig zu der Frage, warum "Neo-Industrialisierung" vornehmlich außerhalb der traditionellen Industriestandorte, nicht aber in gleicher Weise im Ruhrgebiet einsetzt. Aufschlußreich und überlegenswert ist in diesem Zusammenhang eine These von P. Hall (1985), derzufolge sich neue industrielle Entwicklungen nicht oder erst verspätet an alten Industriestandorten ausbilden können. Hall begründet diese These mit dem von ihm so benannten "Upas-Baum-Effekt": Der im Südpazifik wachsende Upas-Baum hat ein derart breites und dichtes Laubwerk, daß in seinem Schatten alle anderen Pflanzen eingehen. Die örtliche Regeneration wird dadurch gestört. Übertragen auf die aktuellen Probleme des Ruhrgebiets besagt diese Metapher, daß regional dominante Wirtschaftssektoren die Wirtschaftsstruktur einer Region derart prägen können, daß nach dem Ablauf des Lebenszyklus der jeweiligen Produkte (hier bspw. Stahl und Kohle) die gesamte Region in den wirtschaftlichen Niedergang mitgerissen wird und eine Revitalisierung nur sehr schwer gelingt.

Die Politik der Re-Industrialisierung zeitigt allerdings inzwischen gewisse Teilerfolge (vgl z.B. Hamm/Wienert 1990). Angesichts der langen Industriegeschichte des Ruhrgebiets ist es zwar heute durchaus berechtigt, von einer 'alten Industrieregion' zu sprechen, nur darf dieser Begriff nicht dahingehend mißverstanden oder gar mißbraucht werden, die Ruhrwirtschaft mit einer rückständigen Industrie gleichzusetzen. Die Bergbau- und Stahlunternehmen bspw. gehören heute aufgrund der (mit öffentlichen Mitteln unterstützten) Kraftanstrengungen zur technologischen Modernisierung zu den produktivsten Unternehmen ihrer Branchen. Sofern aber die technologische Aufrüstung der von Nachfrageschwächen bedrohten Sektoren nur dazu führt, daß die Betriebe mit neuen Produktionsverfahren Produkte herstellen, für die der Markt schrumpft, dann ist es um die Zukunftsaussichten dieser Betriebe und der betroffenen Regionen schlecht bestellt. Grundsätzlich ist davon auszugehen, daß eine konsequente Politik der Re-Industrialisierung den regionalen Problemdruck bestenfalls mindert, jedoch nicht zu einer befriedigenden Problemlösung führen kann.

Für die offensive Gestaltung des Strukturwandels ist daher weitaus interessanter, ob und wie Neo-Industrialisierungsprozesse in NRW ablaufen, und welche Hindernisse und Hemmnisse dabei zu verzeichnen sind. Wenden wir uns also den innovativen Entwicklungsprozessen der nordrhein-westfälischen Wirtschaft zu, die in Richtung auf eine Neo-Industrialisierung weisen. Dabei konzentrieren wir uns auf industrielle "Problemsektoren" in den Problemregionen und lassen die vergleichbaren Entwicklungen in den übrigen Regionen des Landes oder in anderen Wirtschaftsbereichen, insbesondere im Dienstleistungssektor, außer Betracht.

3. **Unternehmensstrategien: Erste Ansätze zur "flexiblen Spezialisierung" und zu "neuen Unternehmensnetzwerken"**

Die wirtschaftliche Situation einer Region wird weitgehend durch die gesamt- und weltwirtschaftlichen Bewegungen bestimmt. So trifft das Land NRW mit seinen hohen Grundstoff- und Produktionsgüteranteilen jede Abschwächung der allgemeinen Wachstumsdynamik überdurchschnittlich. Nach Einschätzung des Wirtschaftsministeriums des Landes kann beispielsweise in der Grundstoff- industrie erst bei einem Realwachstum von ca. 3 Prozent die Produktion gehalten werden (MWMT 1987: 8). Damit sind auch die Möglichkeiten der Wirtschaft, die regionale Entwicklung zu beeinflussen, begrenzt. Gerade für das Land NRW und das Ruhrgebiet gilt, daß eine Stagnation der gesamt- und weltwirtschaftlichen Aktivität sehr schnell negativ auf die Situation im Land und in der Region durchschlägt. Die Unternehmen können aber auf veränderte Rahmendaten in gewissen Grenzen reagieren und unter Nutzung ihrer spezifischen Stärken ihre spezifischen Schwächen kompensieren.

Die regionale Dominanz des Montankomplexes konnte in den letzten Dekaden zurückgeführt werden. In den 50er Jahren gehörten noch ca. 80 Prozent der Ruhrgebietswirtschaft direkt oder indirekt (als Zulieferer) zu den Montansektoren, heute sind es nur ca. 30 Prozent (vgl. Jochimsen 1987). Der Anteil der Montanbeschäftigten an allen Industriebeschäftigten sank von 66 (1950) auf 41,1 Prozent (1986). Neuere empirische Untersuchungen zeigen auch eine abnehmende Verflechtung zwischen den Montansektoren und ihren Vorleistungslieferanten, die sich zumindest teilweise neue Märkte erschließen (vgl. Lehner u.a. 1988).

In NRW - und hier insbesondere im Ruhrgebiet - vollzieht sich seit der ersten Bergbaukrise ein Strukturwandel enormen Ausmaßes. Er äußert sich, wenngleich verhalten, in Richtung eines Bedeutungsgewinns des tertiären Sektors. Aber auch im industriellen Bereich tut sich etwas, das durchaus in Zusammenhang zu bringen ist mit dem, was unter Neo-Industrialisierung verstanden wird. Bislang fehlt jedoch noch eine systematische Bestandsaufnahme darüber, was im Hinblick auf die neuen Produktionskonzepte in NRW passiert. Im folgenden werden aber dennoch einige Entwicklungstrends skizziert, die sich in diesem Sinne interpretieren lassen. Ziel dabei ist, nicht nur aufzuzeigen, daß es "flexible Spezialisierung" und "neue Unternehmensnetzwerke" auch in NRW gibt; angestrebt wird auch, weitere Forschungen zu den Entwicklungstendenzen auf diesen Gebieten anzuregen.

*Im Rahmen einer Betriebsbefragung hat das Institut Arbeit und Technik
versucht zu ermitteln, ob die Unternehmen des Verarbeitenden Gewerbes
Nordrhein-Westfalens in der Lage sind, bei der Produktion flexibel auf
spezielle Kundenwünsche einzugehen. Hinsichtlich einer solchen Kundenorientierung ergab sich in der Grundstoff-, der Verbrauchs- und Investitionsgüterindustrie sowie im Nahrungs- und Genußmittelsektor im Jahr 1990
folgendes Bild:*

Abb. 11: Kundenorientierung bei der Produktion nach ausgewählten Wirtschaftszweigen 1990

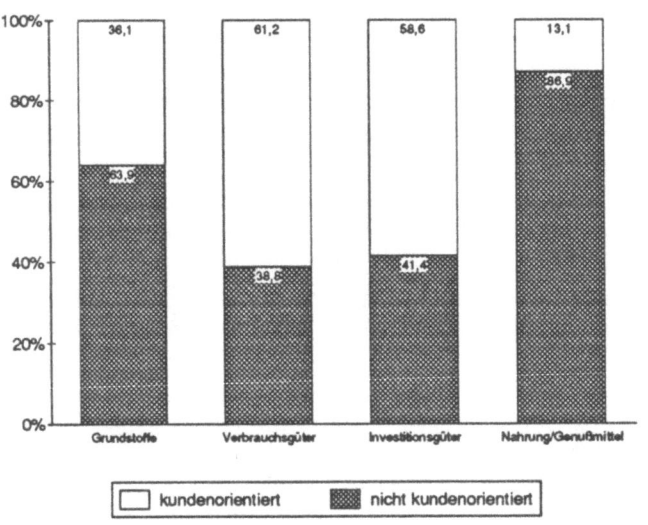

© IAT 1992

Anmerk.:   Kundenorientierung wurde hier durch zwei Merkmale beschrieben: 1. Die Produk-
           tion erfolgt gemäß einer von Kunden gewünschten Spezifikation bzw. als Produkt-
           variante, die von Kunden gewünschten Änderungen erfüllt. 2. Die Produktion
           erfolgt aufgrund einzelner, eng begrenzter Aufträge oder Rahmenaufträge anstatt
           für einen anonymen Markt; vgl. Tab. 10A im Anhang.

Quelle: Bislang unveröffentlichte Daten aus der IAT-Umfrage "Marktstrategien, Produkt-
           und Verfahrensinnovationen im Verarbeitenden Gewerbe NRWs 1990". Zu den
           Merkmalen vgl. auch Hennig/Pekruhl 1991: 4.

3.1. Stahlindustrie und Anlagenbau

Die Stahlindustrie des Reviers hat sich trotz widriger Rahmenbedingungen noch erstaunlich gut gehalten. Durch Produktdiversifizierung ist es vielen Unternehmen gelungen, sich trotz des schrumpfenden Gesamtmarktes durch eine Konzentration auf rentable Spezialprodukte zu stabilisieren. Mit Hilfe der Nutzung vorhandenen Know-Hows für neue Aufgaben, d.h. durch eine Neukombination und Weiterentwicklung vorhandener Ressourcen, gelang auch der Aufbau neuer Produktlinien. High-Tech ist die neue Zauberformel der altgedienten Stahlunternehmen. Sie präsentieren sich als hochmoderne Technologieproduzenten: Telekommunikation, Sensorik, Opto- und Mikroelektronik, Informationstechnik und neue Systeme zur Fabrikautomation sollen die Zukunft der Unternehmen absichern. "Aufgrund der Nachfrageeinbrüche und dem Vordringen der Niedriglohnländer reduzierten die großen Stahlunternehmen des Ruhrgebiets den Geschäftsbereich 'Stahl' zugunsten neuer Produktfelder mit deutlich höherem Wertschöpfungsanteil. Die strategische Umorientierung der ehemaligen Stahlunternehmen auf neue Märkte wird vor allem aus der Entwicklung des Umsatzanteils des Geschäftsbereichs 'Verarbeitung' ablesbar. So erhöhte allein Thyssen - größtes unter den ehemaligen Stahlunternehmen - den Umsatzanteil des Geschäftsbereiches 'Verarbeitung' zwischen 1970 und 1986 von 4,2 auf 23,7 Prozent. Im selben Zeitraum wurde der Geschäftsbereich 'Stahl' von 60,3 auf 35,9 Prozent heruntergefahren" (Grabher 1988a: 30).

An erster Stelle ist hier der Großanlagenbau zu nennen, der sich aus den (zunächst firmeninternen) Reparaturdiensten der Montanunternehmen entwickelte. Vor allem wegen dieses historischen Hintergrundes hat er auch bis heute einen gewichtigen Schwerpunkt in NRW; zum Teil kommt in den Namen etlicher Firmen des Anlagebaus sogar noch zum Ausdruck, daß sie ihre Keimzelle im Montansektor hatten (z.B. Thyssen Engineering, Klöckner Industrieanlagen, Krupp Industrietechnik). Mittlerweile haben etwa die Hälfte aller namhaften Hersteller- und Handelsfirmen dieses Wirtschafszweiges ihren Sitz in NRW, fast ein Drittel sogar im Ruhrgebiet (GEWOS/GfAH/WSI 1988: 117ff.).

Ein Spezifikum des Großanlagenbaus ist, daß erfolgreiches Operieren auf den einschlägigen Märkten nicht nur aus dem eigenständigen Bau entsprechender Einrichtungen besteht, sondern auch eine breite Palette an Zusatzleistungen erfordert, nicht zuletzt in den Bereichen Planung, Finanzierung, Logistik, Schulung, Service. Gerade dies bringt es mit sich, daß zwischenbetrieblich zusammengearbeitet werden muß. "Anders als Kohle und Stahl, die möglichst viele Funktionen in Eigenregie übernahmen, hat der Anlagenbau angesichts seiner vielfältigen Produktionspalette die Delegation produktiver Aufgaben an externe Betriebe fast zu einer Kunst entwickelt" (Pförtner 1987: 19, zit. nach Grabher

1988a: 16). Die Großunternehmen konzentrieren sich dabei "auf die Rolle des 'General Contractors', der die Leistungen von Spezialisten zu einem kundenspezifischen System kombiniert" (Grabher 1988a: 34) und: "Aufgrund der hohen Flexibilitätsanforderungen - als Konsequenz der kundenspezifischen Einzelfertigung - sind ausgeprägte Abhängigkeitsbeziehungen zwischen den Projektpartnern kontraproduktiv" (ders.: 36).

Die Umorientierung bei den Stahlunternehmen in Richtung Anlagenbau und in Richtung Kooperation mit Klein- und Mittelbetrieben begann z.t. bereits in den frühen 70er Jahren. Zwar profitierten von diesen Entwicklungen in starkem - aus Sicht des Ruhrgebiets: überstarkem - Maße auch solche Regionen außerhalb der Montangebiete, die nicht klassische Stahlstandorte waren, jedoch lösten sie auch in NRW positive Neuorientierungen aus. Die geschilderten Anpassungsprozesse aus dem Stahlbereich verdeutlichen, daß auch das Ruhrgebiet bereits auf eine relativ ausgeprägte Tradition bei der kreativen Entwicklung von Ansätzen zur Bewältigung struktureller Herausforderungen durch offensive industrielle Strategien zurückblicken kann.

Eine allzu euphorische Betrachtung der Umwandlung der großen Stahlunternehmen ist indes noch nicht gerechtfertigt. Es ist zwar nicht zu bestreiten, daß die Manager der großen Konzerne allesamt zur technologischen Mobilmachung treiben. Der aktuelle Stahlboom verführt jedoch zu recht simplen Methoden der Produktkonversion. Kritische Stimmen diagnostizieren einen regelrechten Kaufrausch der Großunternehmen: Wo immer ein technologieintensiver Klein- oder Mittelbetrieb zum Verkauf stehe, meldeten sich die Aquisiteure als zahlungskräftige Interessenten, ohne daß eine schlüssige Strategie oder ein überzeugendes Gesamtkonzept erkennbar sei (vgl. highTech 7/1989: 46ff.). Das "bunt zusammengewürfelte Techno-Sammelsurium" lasse "Synergieeffekte auf breiter Front vermissen" (ebd., S. 49). Hinzu kommen die Zweifel an den Qualitäten des Top- und des Middle-Managements der Stahlkonzerne. "Das Management von Tonnen und Massen, alimentiert durch Staatssubventionen, fällt vielen dieser Führungskräfte aus alten Tagen immer noch leichter, als sich auf schnellebige Technologiebranchen und hektische Innovationssprünge einzustellen" (ebd.). Von daher besteht dringender Forschungs- und ggf. Handlungsbedarf im Hinblick auf die Reorganisation der Stahlunternehmen, deren Diversifizierungspolitik letztlich nur dann erfolgreich sein wird, wenn die Unternehmensorganisation, die Führungsstile, die Qualifikationsstruktur etc. den neuen Anforderungen einer High-Tech-Branche angepaßt werden.

3.2. Umweltschutzindustrie

NRW ist ohne Zweifel ein Zentrum der deutschen Umweltschutzindustrie geworden. Insbesondere für den bereits angesprochenen Anlagenbau werden hier beachtliche Innovationschancen und Wachstumspotentiale verortet (siehe z.B. GEWOS/GfAH/WSI 1988; Heinze/Hilbert/Voelzkow 1987). Mehr als 600 Unternehmen aus NRW sind auf diesem Sektor überregional tätig und beschäftigten bereits Mitte der 80er Jahre etwa 100.000 Arbeitskräfte. Allerdings liegt der Schwerpunkt noch bei Anlagen und Verfahren, mit denen bereits entstandene Schadstoffemissionen bzw. Umweltprobleme nachträglich beseitigt werden ("end-of-pipe-technologies"); zu kurz kommen demgegenüber Techniken des vorsorgenden, in die Produktionsanlagen bereits integrierten Umweltschutzes.

Ähnlich - vielleicht sogar noch stärker - wie der traditionelle Anlagenbau ist die Produktion anspruchsvoller Umwelttechnik auf die Zusammenarbeit mehrerer Betriebe aus verschiedenen Wirtschaftszweigen angewiesen. Experten verweisen in diesem Zusamenhang auf Kooperationsperspektiven zwischen dem Maschinen- und Anlagenbau, der chemischen Verfahrenstechnik, der Mikroelektronik, der Meß- und Regeltechnik sowie der Biotechnologie. Zwar ist NRW bereits heute das Bundesland mit der stärksten Umweltschutzindustrie, jedoch steckt die Entwicklung dieses Wirtschaftszweiges erst in den Anfängen.

Es ist keineswegs zufällig, daß NRW und auch das Ruhrgebiet in Sachen Umwelttechnik relativ stark sind. Zum einen bringt der Anlagenbau sowohl von der technischen Seite wie von den arbeitsorganisatorischen Routinen (Projektarbeit und überbetriebliche Zusammenarbeit) gute Voraussetzungen dafür mit. Zum anderen fällt ins Gewicht, daß große Teile NRWs in besonders starkem Maße mit Umweltproblemen zu kämpfen haben. "Viele der heute vorhandenen Anbieter von Umwelttechnik im Revier haben sich im Kontext mit den Umweltproblemen des montanindustriellen Komplexes entwickelt und - im Zuge des raschen Wachstums dieses Marktes infolge neuer Emissionsstandards und öffentlicher Förderprogramme - den Sprung auch in neue Aufgabenfelder und andere Regionen geschafft. Dabei kam ihnen zugute, daß Umwelttechnologien in aller Regel keine Technologien 'von der Stange' sind, die in großen Serien hergestellt werden, sondern zumeist 'maßgeschneiderte' Problemlösungen, die den unmittelbaren Kontakt zwischen Hersteller und Anwender voraussetzen" (GEWOS/GfAH/WSI 1988: 123).

Generell werden die Zukunftsaussichten der Umweltschutzindustrie positiv eingeschätzt. Aus dem gewerkschaftlichen Bereich wird angeregt, diese Branchen durch staatliche Aufträge weiter abzusichern und auszubauen. Mindestens genau so wichtig scheint, die vielfältigen Ansätze und Ressourcen einzelner Betriebe durch neue Wege der zwischenbetrieblichen Kooperation zu stärken und auf solche Technologien auszurichten, die im Zweifelsfall auch ohne staatlichen Flankenschutz am Markt reüssieren können.

3.3. Montanzulieferer

Die Verflechtung großer Teile der Ruhrgebietswirtschaft mit dem Montanbereich ist ein empirisch vielfach belegter Tatbestand, der häufig als Ursache für die vermeintliche technologische und innovatorische Rückständigkeit des Reviers genannt wird. Diesem vorschnellen Rückschluß gegenüber meldet jedoch eine im Auftrag der Ruhrkohle AG (RAG) von Lehner u.a. (1988) erstellte Studie erhebliche Vorbehalte an. Sie zeigt auf, daß in der Zulieferindustrie für den Steinkohlebergbau auch Innovationspotentiale anzutreffen sind. Bislang ist es etwa 38,4 Prozent der Bergbauzulieferer gelungen, Know-How auf dem Gebiet des Bergbaus auf Nicht-Bergbau-Märkten zu nutzen, und immerhin 26,2 Prozent haben bereits aus ursprünglichen Bergbauprodukten neue Produkte entwickelt. Überdurchschnittlich gut ist dies solchen Firmen gelungen, die der chemischen Industrie, der Elektroindustrie und dem Maschinenbau zuzurechnen sind.

Obwohl bislang fast 40 Prozent der Bergbau-Zulief-Unternehmen bereits mehr oder weniger auf Nicht-Bergbau-Märkten reüssieren konnten, sieht allerdings lediglich knapp ein Drittel (genau: 32,9 Prozent) für die Zukunft konkrete Chancen zur Erschließung neuer Absatzmärkte. Wirtschaftspolitisch wird es deshalb darauf ankommen, diese offensichtlich übertrieben resignative Haltung gegenüber neuen Produktlinien und Marktchancen aufzubrechen. Über ihre eingespielten Verflechtungen mit den Zulieferern könnte die Ruhrkohle AG möglicherweise motivierend wirken.

Im politischen Raum wird u.a. darüber debattiert, die RAG um die Unternehmensbereiche Entwicklung, Erprobung und Verkauf neuer Technologien des regenerativen Energiebereichs, der umweltverträglichen Kohlenutzung (z.B. über Wirbelschichtfeuerung) und der Energieeinsparung zu ergänzen. In eine gezielte Kooperation auf diesen Feldern könnten sicherlich auch zahlreiche Bergbau-Zulieferer Know-How einbringen - und aus ihr für die Zukunft profitieren. Bei zwischenbetrieblichen Kooperationen auf den genannten Gebieten könnte die RAG als "General Contractor" tätig werden, der für die Werbung, Planung, Finanzierung, Abwicklung und Koordination zuständig ist und so genau jene Bereiche abdeckt, bei denen Klein- und Mittelbetriebe besondere Schwierigkeiten, d.h. Wettbewerbsnachteile haben.

4. Politikstrategien

Die sozio-ökonomische Entwicklung eines Bundeslandes oder einer Region wird zwar in beachtlichem Maße durch globale Strukturverschiebungen bestimmt, gleichwohl haben die Länder und Regionen einen gewissen Handlungsspielraum, um auf die gesamt- und weltwirtschaftlichen Entwicklungstendenzen zu reagieren. Strukturwandel wird erlitten, er wird aber auch bewältigt.

Wie unsere Analyse gezeigt hat, haben sich die einzelnen Teilregionen in NRW in ganz unterschiedliche Richtungen entwickelt. Weder die Gegenüberstellung Stadt/Land noch die angesichts der Datenlage vorschnelle These vom Süd-Nord-Gefälle erfassen die differenzierte regionale Entwicklungsdynamik angemessen. Die feststellbare Uneinheitlichkeit der regionalen Entwicklungsdynamik erfordert eine differenzierte Politik. Die Verwendung der öffentlichen Fördermittel muß aus Effektivitäts- und Effizienzgründen den regionalspezifischen Entwicklungsengpässen und Entwicklungspotentialen Rechnung tragen. Die zentralen politischen Instanzen sollten sich daher an den regionalen Besonderheiten der Teilräume ausrichten und die Regionen selbst aktivieren. Inhaltlich bedeutet dies eine Differenzierung der Fördertatbestände, verfahrensmäßig eine zentral gestützte Politik dezentraler Eigenentwicklung. Dies betrifft vor allem Politikfelder, die je nach Schwerpunktsetzung unter die Begriffe "innovationsorientierte Raumordnungs- und Regionalpolitik" oder "regionale Innovationspolitik" subsumiert werden könnten.

Eine solche polyzentrische Erneuerung des Landes erfordert eine spezifische Gestaltung und Ausformung der Bundes- und Landesprogramme, mit deren Hilfe der Strukturwandel forciert, die Regionen im Umbruch bei der Neuorientierung unterstützt und unvermeidbare regionale Krisen abgefangen werden sollen. Eine Politik der Re-Industrialisierung, die in NRW bis Ende der 70er Jahre dominierte, ist angesichts der Heterogenität des Landes nicht mehr ausreichend. Allzu lange waren die politischen und wirtschaftlichen Entscheidungsträger davon überzeugt, durch eine technologieorientierte Förderung des Montankomplexes die Strukturprobleme des Landes überwinden zu können. Typische Beispiele für eine solche Politik der Re-Industrialisierung sind

* das "Technologieprogramm Bergbau", das die Modernisierung des nordrheinwestfälischen Bergbaus fördern soll; das Programm bezweckt eine Verbesserung der Produkte, eine Reduzierung der Kosten, eine bessere Ausnutzung der Lagerstätten, eine Verringerung der Umweltbelastungen und einen erhöhten Unfall- und Gesundheitsschutz für die Bergleute.
* das "Technologieprogramm Stahl", das die Wettbewerbsstellung der nordrhein-westfälischen Stahlindustrie durch eine gezielte Förderung des Einsatzes

neuer Technologien verbessern helfen soll. Dabei soll vor allem der Energie-
und Rohstoffverbrauch in der Stahlindustrie minimiert und zugleich die
Qualität der Produkte erhöht werden.
* das "Technologieprogramm Energie", das der Förderung energietechnischer
  Innovationen dient; insbesondere geht es dabei um eine Verbesserung der
  Kohleveredelungsverfahren, die dann einen erhöhten Absatz der Steinkohle auf
  verschiedenen Märkten (Wärme- und Kraftgewinnung, Chemie) ermöglichen
  soll.

Angesichts des wirtschaftspolitischen Stellenwertes der Sektoren Bergbau,
Stahl und Energie ist durchaus nachvollziehbar, daß die wirtschaftlichen und
politischen Kräfte im Lande immer wieder auf eine Subventionierung und
Modernisierung des Montankomplexes gesetzt haben. Überspitzt formuliert: In
den Köpfen der "Funktionseliten" hatte sich die aus heutiger Sicht irrige Annahme festgesetzt, das Land NRW, reduziert auf die alten Industriehochburgen
im Ruhrgebiet, habe so etwas wie einen "natürlichen Produktionsauftrag". Noch
heute findet sich die Vorstellung, das Land NRW sei das Energiezentrum der
Nation und das müsse auch so bleiben, obwohl die betreffenden Branchen aller
Voraussicht nach unter weiterem Anpassungsdruck geraten werden (vgl. Beinhauer 1988). Seit nunmehr immerhin mehr als 30 Jahren hängt der Montankomplex
als vermeintlicher Garant wirtschaftlicher Prosperität am Tropf staatlicher
Subventionen und Förderprogramme. Und stets wurden die eingesetzten öffentlichen Mittel mit dem Standardargument gerechtfertigt, es gelte eine temporäre
Talsohle zu überbrücken; sobald die Talsohle überwunden sei, werde das Land
NRW aufgrund der Wirtschaftskraft der am Leben erhaltenen und modernisier-
ten Montanunternehmen der Ruhrwirtschaft neue Aufschwünge erleben.
Erst ab Mitte der 70er Jahre konnte sich in der Wirtschaftspolitik in NRW die
innovationsorientierte Position langsam durchsetzen. Die wirtschaftliche Zukunft
des Landes erfordere eine breiter angelegte Förderpolitik, die sich auf neue
Produkte und Verfahren konzentriert und sich nicht mehr nur auf den Erhalt und
die Modernisierung der traditionellen Branchen, also eine Förderung der Problemsektoren in den Problemregionen, beschränkt. In der Politik wurde, wenn
auch nur begrenzt, von Re-Industrialisierung auf Neo-Industrialisierung umge-
schaltet. Und auch die wirtschaftlichen Eliten konnten sich diesem Wandlungs-
prozeß nicht länger verschließen, wenngleich konkrete betriebliche Schritte zur
Umstrukturierung erst seit Anfang der 80er Jahre zu beobachten sind. Die
Landesregierung NRW konzentriert sich in ihrer Förderpolitik nicht mehr nur
auf die Montanbranchen, sondern bezieht andere Wirtschaftsbereiche verstärkt
mit ein und unterstützt den Auf- und Ausbau innovationsfördernder Infrastrukturen. Diese Hinwendung zu einer Politik der Neo-Industrialisierung zeigt sich

zunächst am "Aktionsprogramm Ruhr (APR)" der Landesregierung NRW, das der gezielten Förderung von Forschungs- und Entwicklungsarbeiten diente. Mit diesem und nachfolgenden Programmen sollte der Strukturwandel im Ruhrgebiet forciert werden. Basisindustrien sollten gestärkt und zugleich die Diversifizierung der Monostrukturen beschleunigt werden.

Die Öffnung der Strukturpolitik gegenüber zukunftsträchtigen Technologien zeigt sich auch an dem "Technologieprogramm Wirtschaft". Ziel des "Technologieprogramms Wirtschaft" ist die Modernisierung kleiner und mittlerer Unternehmen sowie die Förderung von Unternehmensgründungen auf der Basis neuer Technologien. Dabei beschränkt sich das Programm nicht nur auf eine projektbezogene Förderung von Produkt- und Prozeßinnovationen, sondern unterstützt auch verschiedene Institutionen des Wissens- und Technologietransfers und der Innovationsberatung. So sind beispielsweise die Technologiezentren, die von verschiedenen Kommunen in Kooperation mit anderen lokalen und regionalen Akteuren betrieben werden, in die Förderung einbezogen; die in der Gründungs- und Aufbauphase eines Technologiezentrums anfallenden Kosten werden zum Teil durch das Technologieprogramm des Landes abgedeckt.

Ein Programmpaket jüngeren Datums ist die "Nordrhein-Westfalen-Initiative Zukunftstechnologien". Wie das Technologieprogramm Wirtschaft richtet es sich in erster Linie an kleinere und mittlere Unternehmen, konzentriert sich aber auf ausgewählte Technologiebereiche. Dieses Programm umfaßt acht Felder, die nach Einschätzung der Ministerialverwaltung (vgl. Schöde 1986: 226) für den Strukturwandel in NRW von besonderer Bedeutung sind:

- Umwelttechnologien,
- Energietechnologien,
- Mikroelektronik,
- Meß- und Regeltechnik,
- IuK-Technologien,
- Biotechnologien,
- Humanisierungstechnologien und
- Werkstofftechnologien.

Das mit 400 Mio. DM ausgestattete Programm setzt auf die aktive Beteiligung der Industrie und ihrer Vertretungsorgane, der Gewerkschaften und der Wissenschaft. Aus diesem Grunde sind für alle acht genannten Technologiefelder Fachausschüsse eingerichtet worden, die "je zur Hälfte ... mit Fachvertretern aus der Industrie, der Gewerkschaft und der Wissenschaft und mit Spezialisten aus der Verwaltung" (Schöde 1986: 226f.) besetzt sind. Die Fachausschüsse sollen die eingehenden Anträge auf Förderung prüfen und bewerten. "Wir halten ein solches Verfahren mit klaren Vorgaben, ohne staatliche Detailwut für den vernünftigen Weg, bestehende und oft drängende Probleme im Rahmen unserer ordnungs- und mittelstandspolitischen Linie zu lösen" (ebd.).

Auch das Programm "Zukunftstechnologien" fördert Institutionen regionaler Technikförderung. So erhalten bspw. die Hochschulen aus diesem Programm Zuwendungen für ihre Transferstellen. Durch die flächendeckende Einrichtung von hochschuleigenen Wissens- und Technologietransferstellen wird letztlich ein Prozeß fortgeführt und abgerundet, der mit "Öffnung der Hochschulen für ihr Umland" umschrieben werden könnte. Das Paradestück des Programms "Zukunftstechnologien" ist das "Zentrum für Innovation und Technik NRW" (ZENIT) in Mülheim an der Ruhr, das innovationsfördernde Transferprozesse organisieren soll. Die ZENIT GmbH versteht sich als "Stabsstelle Technik" und wendet sich insbesondere an produzierende Klein- und Mittelbetriebe, die technische Innovationsprobleme lösen wollen.

Infolge des in verschiedenen Fachressorts vollzogenen Strategiewechsels von herkömmlichen zentralstaatlichen Programmmustern hin zu regional eingebundenen und getragenen Förderungsformen entsteht so flächendeckend ein Netzwerk unterschiedlicher Trägereinrichtungen, die gewissermaßen 'im Auftrag der öffentlichen Hand' einen engen Kontakt zu den Unternehmen und Unternehmensgründern sowie zum Management und zu den Arbeitnehmern aufbauen sollen, um über diesen Kontakt Innovation und Qualifikation zu fördern. Die Landesprogramme schaffen also neue Infrastrukturen und sind zugleich auf die Leistungsfähigkeit dieser Infrastrukturen angewiesen.

Wirtschaftsnahe Institutionen wie bspw. die Kammern, aber auch andere Interessenorganisationen wie bspw. die Gewerkschaften werden aufgefordert, ihrem jeweiligen Klientel den Zugang zu dem Potential der universitären und außeruniversitären Forschung zu erschließen. Gleichzeitig sollen die Transferstellen und Weiterbildungseinrichtungen der Forschungseinrichtungen ihr Angebot auf den artikulierten Bedarf der Praxis ausrichten. Die Kooperation der nachfrage- und angebotsorientierten Institutionen regionaler Wirtschaftsförderung wird durch die landesweit arbeitenden Transferagenturen wie beispielsweise das Zentrum für Innovation und Technik in NRW (ZENIT GmbH) oder die Landesgruppe des Rationalisierungskuratoriums der Deutschen Wirtschaft (RKW) ergänzt.

So wird bspw. allein in Ostwestfalen-Lippe Technologietransfer und Innovationsberatung von mehr als 15 verschiedenen Institutionen angeboten (vgl. Klönne/Borowczak/Voelzkow 1991). Zu nennen sind

* die verschiedenen Wirtschaftsförderungsämter oder -gesellschaften der Kreise und Städte, die sich zumindest teilweise (z.B. Stadt Bielefeld und Stadt Pader-

born, Kreis Lippe und Kreis Minden-Lübecke) als "Makler" für Technologie-transfer und Innovationsberatung ausweisen; teilweise verfügen die Wirt-schaftsförderungsämter oder -gesellschaften über spezialisiertes Personal für diesen Aufgabenbereich;
* die Technologie- und Umweltberatung der Industrie- und Handelskammern Ostwestfalen zu Bielefeld und Lippe zu Detmold; allein in der Bielefelder Industrie- und Handelskammer arbeiten fünf Mitarbeiter in der Technologie-beratung;
* die Technologieberatung der Handwerkskammer Ostwestfalen-Lippe zu Biele-feld;
* die seit 1987 in Bielefeld ansässige Technologieberatungsstelle des DGB;
* die Transferstellen der vier Hochschulen der Region (Universität Bielefeld, Universität - GHS - Paderborn, Fachhochschule Bielefeld und Fachhochschule Lippe);
* die Patentschriftenauslegestelle der Stadtbibliothek Bielefeld, die zu einem "Patent- und Innovations-Centrum" (PIC) ausgebaut wird.

Diese Institutionen beschäftigen mehr als 30 Mitarbeiter im Bereich der Technologieförderung. Fast alle genannten Institutionen arbeiten als "angebots-orientierte Makler", d.h. die Transfermitarbeiter und Innovationsberater beraten nicht selbst in technischen Fragen, sondern vermitteln Spezialisten, die bei der Lösung konkreter technischer Probleme helfen können. Teilweise führen sie interessierte Firmen auch nur an finanzielle Förderinstrumente des Landes oder des Bundes heran, sind also weniger "Technologieberater" als vielmehr "Förder-mittelberater".

Die Förderung von regionalen Infrastrukturen zur Unterstützung des Struktur-wandels soll die institutionellen Grundlagen für eine Dezentralisierung der regionalen Strukturpolitik verbessern. Die einzelnen Regionen des Landes mit ihren jeweils spezifischen Entwicklungshemmnissen und -potentialen sollen ihre eigenen Antworten auf den Umbruch in der Regionalentwicklung suchen und - mit Unterstützung von Bund, Land und EG - ihren individuellen Weg finden.

Unternehmen und die regionalen Gebietskörperschaften (Städte und Gemein-den, Kreise und Regierungsbezirke) konnten bislang mit den übergeordneten politischen Ebenen - d.h. Bund und Land - in der Form zusammenarbeiten, daß sie als Adressaten oder Vollzugsträger der dort verfaßten politischen Programme wirkten. Typisch waren und sind etwa Programme, die einzelnen Akteuren auf der dezentralen Ebene - seien es nun Gebietskörperschaften, Kammern und Verbände oder Unternehmen selbst - für den Fall finanzielle Unterstützung (in Form von direkten Subventionen oder Steuererleichterungen) zusagen, daß diese sich so verhalten, wie es seitens der zentralen Ebene für sinnvoll gehalten wird.

Ein Beispiel hierfür sind etwa Maßnahmen, die Klein- und Mittelbetrieben unter der Voraussetzung staatliche Gelder in Aussicht stellen, daß sie zusätzliches Personal für Forschung und Entwicklung einstellen.

Derartig ausgestaltete Programme funktionieren nach einer etatistischen Logik. Die zentrale Ebene beschließt, und auf der dezentralen Ebene bleibt den Akteuren nur die Wahlmöglichkeit, sich auf die von oben gesetzten Vorgaben und Bedingungen einzulassen oder nicht. Diesem Politiktypus gegenüber ist in den letzten Jahren verstärkt Kritik angemeldet worden. Zwar kann kaum bestritten werden, daß etatistisch ausgerichtete Politik auch in Bereichen, die für die wirtschaftliche Entwicklung relevant sind, partiell erfolgreich war, doch wird immer wieder negativ angemerkt, sie löse auch Mitnahmeeffekte aus. Denn auch solche Akteure, die eigentlich gar keine Unterstützung benötigen, aber gleichwohl die Voraussetzungen für eine Förderung erfüllen, können in der Regel nicht von der Partizipation ausgeschlossen werden. Darüber hinaus verschenkt etatistische Politik die Chance, daß die dezentrale Ebene ihre in aller Regel bessere Problemkenntnis und "Ortsnähe" offensiv und fruchtbringend in den politischen Prozeß einbringt. Statt auf eine optimale Problemlösung hinzuarbeiten, wird sie sich unter den Bedingungen einer etatistischen Politik darum sorgen, wie man am meisten von den "oben" zu verteilenden Geldern abbekommt - oder kurzgesagt: An die Stelle von "Problem Solving" tritt "Subventions Hunting."

Für die einzelnen Teilregionen eines Landes ist in aller Regel nicht nur ein Bundes- oder Landesprogramm, sondern ein Bündel vielfältiger Konzepte und Maßnahmen relevant. Zu nennen sind hier etwa die Raumordnungspolitik, die Technikförderung, die Verkehrspolitik, die Arbeitsmarktpolitik oder die Berufsbildungspolitik. Ein weiteres Problem etatistischer Politik im Hinblick auf die Regionalförderung besteht nun darin, diese unterschiedlichen Teilpolitiken bezüglich der jeweils spezifischen regionalen Erfordernisse abzustimmen. In aller Regel entwickeln sich die einzelnen Politikbereiche, ohne auf die Heterogenität der Bedingungen in und zwischen den einzelnen Teilregionen ausreichend Rücksicht nehmen zu können. Und erst recht kommt die Abstimmung der verschiedenen Politikbereiche im Hinblick auf die Besonderheiten und die Vielfalt von Regionen zu kurz.

Einer differenzierten Politik gegenüber der dezentralen Ebene stehen mithin Informations- und Kompetenzprobleme der zentralen Ebene einerseits und mangelnde Konzertierungsmöglichkeiten zwischen den verschiedenen Politikbereichen und Politikebenen andererseits entgegen. In der wissenschaftlichen Debatte um die Regional-, Wirtschafts- und Technologiepolitik wurden in den letzten Jahren deshalb Antworten auf die angesprochenen Probleme gesucht. Als Eckpunkte einer möglichen Strategie schälen sich dabei folgende Anforderungen an eine neue Wirtschafts-, Regional- und Strukturpolitik heraus (dazu ausführlich Voelzkow 1990 und die dort angebene Literatur):

(1) Das Ziel muß eine 'ganzheitliche' Politik sein, die durch eine problembezogene Analyse der regionalen Situation und durch eine entsprechend regionalspezifische Formulierung und Umsetzung von Erneuerungskonzepten höhere Wirkungsgrade erzielt. Gefordert ist damit eine politikfeldübergreifende Verdichtung verschiedener Maßnahmen.

(2) Eine solche Integration verschiedener Politikfelder und die Verdichtung vielfältiger Maßnahmen zu einem gezielten Erneuerungskonzept ist nur durch eine aktive Beteiligung der regionalen Ebene zu leisten. Die Regionalpolitik ist also insbesondere im Hinblick auf die Formulierung des Handlungsbedarfs und die Umsetzung der Initiativen dezentral anzulegen, um nicht wie bisher monokausalen Sichtweisen und schematischen Maßnahmen zu folgen. Eine dezentral organisierte Regionalpolitik setzt auf die Sachkenntnis und das Handlungspotential der regionalen und lokalen Akteure, die in Eigenverantwortung neue Koordinierungs- und Kooperationsformen für eine sich selbst tragende Entwicklung ihrer Region finden sollen.

(3) Eine derart regionalisierte Politik will damit auch den regionalen Dialog und Konsens fördern.

Solchen Anforderungen zu entsprechen versucht die nordrhein-westfälische Landesregierung, indem sie folgende Ziele für ihre regionale Strukturpolitik formuliert: "Das Land hat eine stärkere Zusammenarbeit mit den regionalen Ebenen eingeleitet. Dadurch soll die Wirtschafts- und Strukturpolitik auf regionaler Ebene gestärkt werden, ohne die Standortkonkurrenz zu verschärfen. Im Rahmen der Wirtschafts- und Strukturpolitik unterstützt das Land die lokale Ebene organisatorisch und finanziell und versetzt sie in die Lage, eigene Entwicklungschancen aufzuspüren und selbstverantwortlich zu nutzen. Daraus soll sich eine Arbeitsteilung entwickeln, bei der das Land seine Politik aus der Sicht der Landesentwicklung bestimmt, die lokale Ebene entsprechend ihren Bedürfnissen und ihren Zielen, Elemente aus diesem Angebot auswählt, kombiniert und ergänzt. Im Idealfall erfüllen die lokalen Programme und Maßnahmen drei Kriterien:
- Sie bauen auf der vorhandenen Wirtschaftsstruktur auf,
- tragen zur Lösung regionaler Probleme und Befriedigung regionaler Bedürfnisse bei, und
- sie stärken die internationale Wettbewerbsfähigkeit" (NRW 1987: 15).

Am Beispiel der "Zukunftsinitiative Montanregionen" (ZIM) wird dieser
ambitionierte Versuch, die lokalen und regionalen Akteure für eine konzertierte
Aktion zur Förderung des Strukturwandels zu mobilisieren, besonders deutlich.
Dieses Programm hat mehrere Schwerpunkte, vor allem die Innovationsförde-
rung (in den Montanregionen sollen u.a. verstärkt Fördermittel für Technologiezentren und die Forschungsinfrastruktur eingesetzt werden), die Qualifikations-
förderung (die Stahlunternehmen erhalten z.b. Zuschüsse des Landes für die
Erhaltung der sachlichen und personellen Kapazitäten für die Aus- und Weiterbildung) und die Wirtschaftsförderung. In unserem Zusammenhang aber ist vor
allem das Procedere der Abwicklung der ZIM bemerkenswert: Die Landesregierung setzt auf die Initiative vor Ort. "Nach Auffassung der Landesregierung
bedarf es in den einzelnen Montanregionen spezifischer, auf die besonderen
Probleme und Chancen der jeweiligen Region ausgerichteter, örtlicher oder
regionaler 'Aktionsprogramme'. Die Programme sollen unter Einbeziehung und
Nutzung der Eigeninitiative und des Sachverstandes der örtlichen und regionalen
Träger der Wirtschaft einschließlich der Stahlunternehmen selber entwickelt und
ausgeführt werden" (Rau 1987: 6). Die Landesregierung wünsche sich "Gemein-
schaftsinitiativen", für die noch "Organisationsformen" zu finden seien, die auf
bereits "vorhandene Formen zurückgreifen" (ebd.).

Was die Landesregierung damit offensichtlich im Auge hat, ist eine prozedurale Steuerung für eine möglichst regional angepaßte Verwendung der von ihr
bereitgestellten öffentlichen Mittel. Sie stellt das Geld zur Verfügung, und auf
der regionalen oder örtlichen Ebene ist in einem Dialog der verschiedenen
Regionalakteure zu klären, was mit dem Geld gemacht werden soll, wobei
insbesondere jene Regionen profitieren, die auf der Grundlage einer Analyse der
regionalen Schwächen und Stärken ein plausibles Entwicklungskonzept vorlegen
können.

Nach ersten Erfahrungen mit der Zukunftsinitiative Montanregionen, die nach
Einschätzung der Landesregierung positiv einzustufen sind, ist der prozedurale
Ansatz dieses Förderprogramms inzwischen zu einer generellen Leitlinie der
nordrhein-westfälischen regionalen Strukturpolitik erhoben worden. Nunmehr
beschränkt sich die Förderung von regionalen Initiativen nicht mehr auf die
Montanregionen, sondern umfaßt als "Zukunftsinitiative der Regionen in Nordrhein-Westfalen" das gesamte Land.

5. Forschungsbedarf

Es wäre nun vermessen, wollte man diesen Beitrag, der eine erste Annäherung an die Probleme des Strukturwandels und der Strukturpolitik in NRW darstellt, mit einer vollständigen Übersicht über den anstehenden Forschungsbedarf abschließen. Ein solches Unterfangen würde eine detailliertere Aufarbeitung des Forschungsstandes in den angeschnitteten Themenkomplexen voraussetzen. Wir beschränken uns daher auf eine generelle These zum künftigen Forschungsbedarf und zwei konkrete Forschungsfragen, die eher aus der aktuellen Diskussion als aus einer systematischen Analyse des Forschungsstandes in den einzelnen Fragenkomplexen erwachsen.

Die generelle These bezieht sich auf eine Diskrepanz zwischen verfügbaren Daten und theoretischen Aussagen über sozio-ökonomische Entwicklungsverläufe von Einzelregionen. Es scheint so zu sein, daß eine Vielzahl von Institutionen, von den statistischen Ämtern über zahlreiche Hochschulinstitute bis hin zu verschiedenen sonstigen Forschungseinrichtungen eifrig "Datenberge" zusammenstellen, daß aber große Unklarheit darüber herrscht, wie diese Daten zu interpretieren sind. So erscheinen bspw. Angaben über die Entwicklung einzelner Betriebsgrößenklassen mal als berichtenswertes Phänomen und an anderer Stelle als erklärende Variable für ein anderes Phänomen, beispielsweise regionale Arbeitsmarktbilanzen. Was jedoch bislang offensichtlich fehlt, ist eine theoriegeleitete Analyse der Interdependenzen verschiedener regionaler Indikatoren. Die Forschung müßte sich demnach darauf konzentrieren, die Determinanten regionaler Entwicklung in ihren wechselseitigen Wirkungszusammenhängen zu klären. Unsere erste konkrete Forschungsfrage knüpft an diese allgemeine Zielvorgabe an.

5.1. Neue Technologien als Determinanten regionaler Entwicklung

Für die Analyse regionaler Entwicklungsverläufe ist zu klären, welche räumlichen Wirkungen der Einsatz neuer Technologien hervorruft. Diese Frage wird erst seit kurzem zum Gegenstand der (sozialwissenschaftlichen) Forschung (vgl. Treuner 1987). Eine solche Fragestellung liegt jedoch auf der Hand. Die Diffusion einer neuen Basistechnologie erzeugt immer auch gesamtgesellschaftliche Umwälzungsprozesse. Damit verbunden sind stets auch Veränderungen in der räumlichen Struktur. So brachte bekanntermaßen die erste industrielle Revolution einen enormen Schub zur Verstädterung bei gleichzeitiger Landflucht. Es ist daher unmittelbar plausibel, auch den neuen Technologien raumwirksame Struktureffekte zuzuschreiben. Insbesondere ihre "distanzüberwindenden Eigen-

schaften" (Henckel/Nopper/Rauch 1984: 17) stärken die Vermutung, daß sie
auch eine räumliche Reorganisation auslösen. Zumindest nimmt die Bedeutung
der Distanz, also der Stellenwert der räumlichen Entfernung zwischen verschiedenen Standorten, als Kriterium räumlicher Entwicklung infolge der Diffusion
neuer Technologien ab. Die "Konvergenz von Zeit und Raum bei der Informa-
tionsübertragung schafft völlig neue Handlungsfreiheiten" (ebd.), insbesondere
auch bei der Standortwahl von Betrieben.

Einige Autoren (vgl. z.B. Junne 1985) vermuten, daß die absehbaren Fort-
schritte in der Informations- und Kommunikationstechnik die Dezentralisierung
von Industrieproduktion und Dienstleistung voranbringen werden. Die neuen
Informations- und Kommunikationstechniken erlauben demnach eine Reorganisation der internationalen und regionalen Arbeitsteilung. In Verbindung mit
neuen Logistik-Systemen tragen sie dazu bei, die bislang vorherrschenden
räumlichen Muster der Produktionsallokation aufzubrechen.

Bis heute liegen erst wenige Studien vor, die die Zusammenhänge zwischen
den neuen technischen Möglichkeiten und der sinkenden Bedeutung der räumlichen Distanz einerseits und den Verschiebungen in der räumlichen Verteilung
von Bevölkerung und wirtschaftlicher Aktivität andererseits erhellen. Zu nennen
sind zwei Studien des Deutschen Instituts für Urbanistik. In der ersten Studie
von Henckel/Nopper/Rauch (1984) werden die räumlichen Effekte der Informationstechnologie untersucht, wobei unter den Begriff 'Informationstechnologie' die Techniken der Büroautomation, der Datenverarbeitung und der Telekommunikation subsumiert werden. Auf der Grundlage von Fallstudien in vier
Städten (Köln, Frankfurt, Stuttgart und München), die ihren empirischen Gehalt
durch zahlreiche Expertengespräche gewinnen, kommen die Autoren in ihren
Modellrechnungen zu dem Ergebnis, daß "die Informationstechnologie ... nicht
selbst Verursacher räumlicher Entwicklungen (ist), sie ... jedoch vorhandene
Trends (verstärkt)". Sie stehen damit im Gegensatz zu der mitunter vertretenen
These, wonach sich durch die IuK-Technologien zwangsläufig ein Trend zur
räumlichen Dezentralisierung ergeben soll. "Informationstechnologie wirkt im
Prinzip räumlich ambivalent. Angesichts hauptsächlich nach außen gerichteter
Bewegungen von Einwohnern und Beschäftigten überwiegt daher ihre räumlich
dezentralisierende Wirkung. Dort, wo sie auf Zentralisierungserscheinungen
trifft, befördert sie auch diese" (S. 8).

Ein Ausgleich des Stadt-Land-Gefälles durch die neuen Informationstechnologien - so ein weiterer Befund der Studie - wird in absehbarer Zeit nicht eintreten, wohl aber eine gewisse Umverteilung innerhalb der Verdichtungsregio-
nen. Die Autoren gehen davon aus, daß die Kernstädte gegenüber ihrem unmittelbaren Umland an Bedeutung verlieren werden. Darüber hinaus trägt die
Informationstechnologie zum Süd-Nord-Gefälle in der Bundesrepublik bei.

In der zweiten Studie untersuchen Grabow/Henckel (1986) "die räumlichen Verteilungsmuster und die Veränderungstendenzen von Unternehmen, Betrieben, Umsätzen oder Produktionswerten im Bereich der Informationstechnologie" (S. 1), wobei der Bereich der Informationstechnologie sehr weit gefaßt wird (so werden bspw. Roboter einbezogen). Weil keine eindeutigen Datengrundlagen vorhanden sind, die über alle wichtigen Teilaspekte Auskunft geben könnten, sehen sich die Autoren gezwungen, eine Vielzahl unterschiedlicher Datenquellen, von der amtlichen Statistik bis hin zu Ausstellerverzeichnissen und Firmenberichten, auszuwerten und "mosaikartig" (S. 2) zu einem Gesamtbild zusammenzufügen. Die recht differenzierte Untersuchung erbringt, ohne daß wir an dieser Stelle auf Details eingehen können, folgende Ergebnisse:

* Die Unternehmen im Bereich der Informationstechnik (einschließlich der zugehörigen Dienstleistungsunternehmen) konzentrieren sich auf die günstig strukturierten Verdichtungsräume.
* Im Stadt-Umland-Bereich sind gewisse Tendenzen zur Dezentralisierung ausmachbar.
* Trotz der ausgeprägt starken Position der süddeutschen Verdichtungsräume erweist sich das Land NRW als noch relativ "technologiestark"; dies zumindest im Gegensatz zu den technologieschwachen Bundesländern Niedersachsen, Rheinland-Pfalz, Saarland, Schleswig-Holstein und Bremen.
* Die Daten zu den Veränderungsbewegungen stützen die Hypothese, wonach die süddeutschen Räume gegenüber den übrigen Regionen gewinnen. Auch eine Auswertung der Stellenangebote in überregionalen Zeitungen ergibt ein Süd-Nord-Gefälle. Die Nachfrage nach technologienahen Berufsgruppen (EDV, Forschung und Entwicklung) ist in den süddeutschen Verdichtungsräumen besonders hoch.

Mit den beiden genannten Studien hat das Deutsche Institut für Urbanistik Neuland betreten. Die Ergebnisse sind ebenso wie das methodische Instrumentarium als ein erster Einstieg in die Forschung über den Zusammenhang von Technologieentwicklung und Raumstruktur zu werten. Weitere Forschungsprojekte müssen folgen. Gerade für das Land NRW dürfte dabei die Frage zentral sein, ob und über welche Vermittlungsschritte der Einsatz neuer Technologien zu einer räumlichen Reorganisation der wirtschaftlichen Aktivität beiträgt.

5.2.   Strategien regionaler Erneuerung

5.2.1.   Innovation durch Unternehmenskooperation

Bei einer Auswertung des spärlich vorhandenen Wissens über die betrieblichen Ansätze zu einer Neo-Industrialisierung durch eine "flexiblen Spezialisierung" zeigt sich, daß neuen Varianten der (partnerschaftlichen) zwischenbetrieblichen Kooperation neben den Beziehungen über "Markt" und "Hierarchie" eine zentrale Bedeutung zukommt. Die Unternehmen müssen im Interesse ihrer Wettbewerbsfähigkeit lernen, mit anderen Unternehmen zusammenzuarbeiten. Dabei sind zum einen (a) neue Kooperationsformen zwischen Klein- und Mittelbetrieben angesprochen, die geeignet sein können, die betriebsgrößenspezifischen Nachteile im Vergleich zu konkurrierenden Großbetrieben auszugleichen, zum anderen (b) neue Kooperationsformen zwischen kleineren Unternehmen und Großunternehmen.

Ad a) So zwingt beispielsweise die Entwicklung des Maschinenbaus die Unternehmen zur Kooperation. Dies gilt insbesondere für die Unternehmen des Werkzeugmaschinenbaus, deren Erzeugnisse immer mehr in flexible Fertigungssysteme integriert werden. Die Erfahrungen zeigen, daß die Kunden der Branche "Lösungen aus einer Hand" bevorzugen. Es erweist sich dabei als vorteilhaft, wenn nicht nur das Produkt des Werkzeugmaschinenbaus, sondern auch die Elektronik und die Software vom gleichen Unternehmen oder einem als solchen bekannten Unternehmensverbund geliefert werden. Da die kleineren und mittleren Werkzeugmaschinenanbieter in aller Regel nicht allein in der Lage sind, die informationstechnische Hard- und Software mitzuliefern, müssen sie im Interesse ihrer Konkurrenzfähigkeit und Selbständigkeit mit Elektronikfirmen und Systemanbietern kooperieren. Die Fähigkeit dazu wird zu einem Wettbewerbsparameter von Betrieben und auch von Regionen.

Ad b) Die wissenschaftlichen Analysen konzentrierten sich bislang auf die spezifischen Schwächen und Stärken einzelner Unternehmensgrößenkategorien, ohne sich mit den Interdependenzen zwischen den einzelnen Unternehmensgrößen zu befassen. Forschungsbedarf besteht daher im Hinblick auf die (neuen) Muster der zwischenunternehmerischen Arbeitsteilung, wobei - bezogen auf das Ruhrgebiet - vor allem die Kombination der komparativen Stärken von Groß- und Kleinunternehmen von Interesse sein dürfte.

Im Rahmen einer Betriebsbefragung hat das Institut Arbeit und Technik versucht zu ermitteln, ob und in welchen Unternehmensbereichen des Verarbeitenden Gewerbes Nordrhein-Westfalens zwischenbetriebliche Kooperationen existieren. Hinsichtlich der Forschungs- und Entwicklungsaktivitäten, des Marketings, des Vertriebs und des Exports ergab sich nach Betriebsgrößenklassen bzw. Wirtschaftszweigen im Jahr 1990 folgendes Bild:

Abb. 12: Ausgewählte Kooperationsformen nach Betriebsgrößenklassen bzw. Wirtschaftszweigen 1990

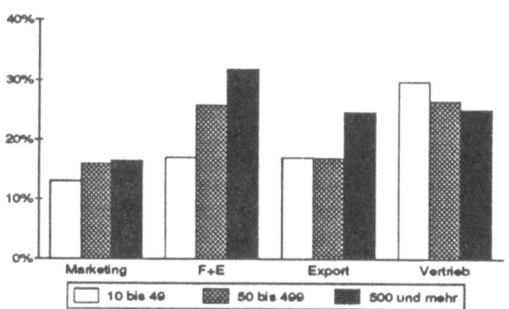

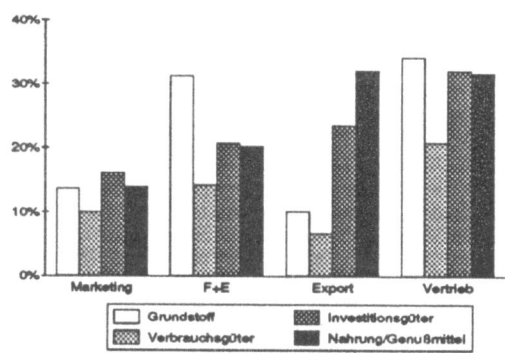

© IAT 1992

Anmerk.: In Prozent; vgl. Tab. 11A im Anhang.

Quelle: Bislang unveröffentlichte Daten aus der IAT-Umfrage "Marktstrategien, Produkt- und Verfahrensinnovationen im Verarbeitenden Gewerbe NRWs 1990".

5.2.2. Zentrale Politik dezentraler Eigenentwicklung - Evaluation einer neuen regionalen Strukturpolitik

In der Diskussion über mögliche institutionelle Reformen des politisch-administrativen Systems haben derzeit Dezentralisierungsansätze Konjunktur: Angesagt ist eine 'Erneuerung der Politik von unten' (vgl. Hesse (Hrsg.) 1986). Im Mittelpunkt der Analysen stehen die Problemverarbeitungs- und die Innovationskapazitäten kommunaler oder regionaler Politik. Die lokalen und regionalen Akteure gelten als die Hoffnungsträger einer effektiveren und effizienteren Politik. In zahlreichen Untersuchungen stehen die Möglichkeiten dezentraler Politikgestaltung im Mittelpunkt[11] . Die aktuelle Literatur wird dabei von Arbeiten beherrscht, die gerade die dezentrale Ebene - und hier insbesondere die Kommunen - für ein Test- und Mobilisierungsfeld einer innovativen Politik halten, wobei sich Autoren hervortun, die über neo-keynesianistische, ökologische oder sozialökologische Alternativen zur vorherrschenden Wettbewerbs-, Weltmarktkonkurrenz- und Modernisierungslogik nachdenken. Aber auch in politisch anders ausgerichteten Veröffentlichungen findet sich die Forderung nach einer Dezentralisierung der Politik, die zumeist mit der These begründet wird, dadurch ergebe sich eine problem- und adressatennähere Ausformung des Staatshandelns (vgl. z.B. Biedenkopf 1985 oder Späth 1985). Während die Gestaltungsspielräume der dezentralen Ebene noch vor einer Dekade eher unterschätzt wurden, werden sie derzeit - so bemängeln kritische Stimmen (vgl. Hesse 1986) - eher überschätzt. Angesichts der widersprüchlichen Beurteilung dessen, was lokale und regionale Akteure an Politikgestaltung zu Wege bringen können, besteht ein Bedarf an detaillierter und empirisch fundierter Analyse.

Angesichts der regionalen Niveau- und Strukturunterschiede in der Arbeitslosigkeit, die durch die herkömmlichen Instrumente der Beschäftigungs- und Arbeitsmarktpolitik nicht verhindert werden konnten, wird beispielsweise in diesem Politikbereich eine Regionalisierung der Instrumente und Ressourcen erwogen (vgl. z.B. Hurler/Pfaff (Hrsg.) 1985, Maier/Wollmann (Hrsg.) 1986 oder die Studie von Maier 1988). In dieser Diskussion über eine regionalisierte Beschäftigungs- und Arbeitsmarktpolitik geht es darum, die jeweils zur Anwendung kommenden Instrumente so zu gestalten, daß ihre Anpassung an die

---

[11] Vgl. z.B. für die Wirtschaftspolitik die Studie von Naßmacher (1987), für die Technologiepolitik den Sammelband von Hucke/Wollmann (Hrsg.) 1988, für die Umweltpolitik Heinze/-Hilbert/Voelzkow (1987) oder die Beiträge in Hucke/Überhorst (Hrsg.) (1983), für die Sozialpolitik die Sammelbände von Blanke/Evers/Wollmann (Hrsg.) 1986 und Krüger/Pankoke (Hrsg.) (1985) sowie Heinze/Olk/Hilbert 1988.

Besonderheiten der jeweiligen Arbeitsmärkte möglich wird. Dadurch sollen Effektivität und Effizienz der eingesetzten Mittel gesteigert werden. Von besonderem Interesse ist dabei die Flankierung der innovationsorientierten Regionalpolitik durch eine regional angepaßte "Qualifizierungsoffensive".

Die nordrhein-westfälische Landesregierung versucht in jüngerer Zeit, die lokalen und regionalen Akteure für den Strukturwandel und die Strukturpolitik zu mobilisieren. Die neue Politik setzt auf Innovation und Qualifikation. Um einen aktiven staatlichen Beitrag zur Erhöhung des regionalen Innovations- und Qualifikationspotentials leisten zu können, unterstützt das Land diverse Organisationen, die "vor Ort" einen direkten Zugang zu den Unternehmen und deren Mitarbeitern erschließen sollen. Daneben gründen auch die Gemeinden und Kreise sowie andere Institutionen der lokalen oder regionalen Ebene (wie beispielsweise die Kammern oder Forschungsstätten) innovations- und qualifikationsfördernde Einrichtungen. Eine erste Grobstruktur des breiten Spektrums wird erkennbar, wenn zwischen der Angebots- und Nachfrageseite unterschieden wird. Zum einen differenzieren die Hochschulen, die Fachhochschulen und die öffentlich geförderten Forschungsinstitute als Anbieter von Technologie- und Wissenschaftsleistungen spezielle Transfer-, Beratungs- oder Weiterbildungseinrichtungen aus. Zum anderen bieten komplementär hierzu Akteure der Nachfrageseite diverse Leistungen in diesem Bereich an.

Die Organisationen und Organisationseinheiten stehen natürlich nicht beziehungslos in der Landschaft, sondern treten untereinander in Kontakt, tauschen ihre Erfahrungen aus, grenzen ihre Zuständigkeitsfelder ("Domänen") voneinander ab, konkurrieren mitunter um Betriebe etc. Häufig kommt es auch, so steht zu vermuten, zur Kooperation verschiedener Organisationen. Es sollte daher untersucht werden, ob und inwieweit sich die in räumlicher Nähe stehenden Organisationen zu einem regionalen Netzwerk zusammenfügen. Im Endergebnis könnten sich - so die Hypothese - "Technologieregionen" bilden, Regionen also, die über die Vernetzung der Organisationen regionaler Technikförderung zu einer infrastrukturellen Einheit oder zu einem "System" zusammenwachsen. Solche Regionalsysteme sind es, die einer näheren Bewertung unterzogen werden sollten.

Eine Untersuchung der Arbeits- und Kooperationsformen von Institutionen regionaler Technikförderung wäre auch hilfreich im Hinblick auf eine Evaluation der 'Zukunftsinitiative für die Regionen in Nordrhein-Westfalen' (ZIN). Denn ob diese in ihrer prozeduralen Ausformung neuen Instrumente der regionalen Strukturpolitik zu den erhofften Resultaten führen, kann beim gegenwärtigen Stand noch nicht abschließend beurteilt werden.

Die nordrhein-westfälische Landesregierung hat mit der ZIN den ambitionierten Versuch gestartet, die lokalen und regionalen Akteure für eine gezielte

Förderung des Strukturwandels in den Regionen des Landes zu mobilisieren. Die ZIN kann als eine politische Innovation angesehen werden, die auf eine stärkere regionale Eigenverantwortung und Eigenentwicklung hinaus will. Prozedurale Steuerungsmechanismen sollen eine möglichst regional angepaßte Verwendung der vom Land und anderen Institutionen bereitgestellten öffentlichen Mittel gewährleisten.

Diese vom Land vorgesehene Politik der regionalen Eigenentwicklung will "unten", also in den ZIN-Regionen, neue Kooperationsformen erzeugen, die nicht nur eine Verbesserung der inner-administrativen Abstimmung, sondern auch eine Einbeziehung organisierter Interessen in Gremien "funktionaler Repräsentation", ganz im Sinne einer "konzertierten Aktion" für die Regionen, vorsehen.

Für die in der "Zukunftsinitiative" vorgesehene Regionalisierung sprechen zweifellos die enttäuschenden Erfahrungen mit der herkömmlichen Struktur- und Regionalpolitik. Im "etatistischen" Alleingang kann eine Landesregierung eines großen Flächenlandes wie Nordrhein-Westfalen angesichts der äußerst komplexen Regionalentwicklung kaum noch eine den regionalen Gegebenheiten angepaßte, differenzierte und zugleich umfassend angelegte Politik formulieren und umsetzen. Solange die Politikfragmentierung und Kompetenzzersplitterung die allseits gewünschte "ganzheitliche" Problembearbeitung erschweren, scheint eine Verbesserung der Situation nur über eine Aktivierung der regionalen Ebene und eine wirksame Kooperation der verschiedenen lokalen und regionalen Handlungsträger ("inszenierter Korporatismus") bei der Ausgestaltung der regionalen Förderung erreichbar zu sein.

Eine neue Förderpolitik, die das Gewicht der unteren Ebenen des föderativen Systems erhöhen will, setzt allerdings handlungs- und entscheidungsfähige Regionen voraus. Es ist zu untersuchen, ob die regionalen Einheiten den Anforderungen einer dezentralisierten Strukturpolitik intern, d.h. im Zusammenspiel der relevanten Akteure einer Region, und extern, d.h. im Zusammenspiel mit anderen Regionen und in ihrem Verhältnis zu übergeordneten politischen Ebenen, genügen (können).

Da bislang keine wissenschaftliche Aufarbeitung der Implementation dieser "neuen", konsensorientierten Regionalpolitik vorliegt, sollte genauer geklärt werden, ob und inwieweit die anvisierte Mobilisierung der Regionen durch die "neue" Landespolitik tatsächlich erreicht wird, welche Probleme dabei auftauchen, und wie diese ggfls. überwunden werden könnten. Damit ist eine Reihe von Forschungsfragen angesprochen:

Bislang sind im Rahmen der ZIN-Runden 14 (1989) bzw. 15 (1990) Regionen abgegrenzt worden, die sich mehr oder minder als Handlungseinheiten formiert haben. Die meisten Regierungsbezirke (Arnsberg, Düsseldorf, Köln und

Münster) haben sich dabei in mindestens zwei und höchstens fünf Regionen untergliedert. In den Grenzverläufen folgen die Regionen zumeist den Kammerbezirken und nicht wirtschaftsstrukturellen Gegebenheiten. Da die Bildung von Regionen auch künftig variabel gehandhabt werden soll, wäre zu prüfen, ob die bisherigen Grenzverläufe beibehalten oder im Hinblick auf die wirtschaftsstrukturellen Differenzierungsprozesse verändert werden sollen.

Bei einer inhaltlich dezentralisierten Politik müssen die lokalen und regionalen Instanzen aus dem Universum aller denkbaren Förderinstrumente einen regionsspezifischen Mix zusammenstellen. Das wiederum erfordert zunächst eine differenzierte Analyse der Situation. Es kann nicht ohne weiteres unterstellt werden, daß die dezentralen Institutionen tatsächlich über die vermuteten Informationen verfügen. Vielmehr ist auch möglich, daß selbst die regionalen Akteure zu wenig über die spezifische Situation ihres räumlichen Zuständigkeitsbereichs wissen, um den Anforderungen einer endogenen Entwicklungsstrategie genügen zu können. Deshalb sollte im Rahmen einer Evaluation erhoben werden, anhand welcher Informationsquellen die Analysen der Stärken und Schwächen der Regionen in den Regionalkonferenzen erstellt werden und inwieweit die überall angefertigten Entwicklungskonzeptionen die Informationsbasis verbessern.

Es ist bislang noch offen, ob und inwieweit das Handlungspotential der regionalen Akteure ausreicht, über ihre bisherige Funktion als "Implementationsgehilfen" zentralstaatlicher Programme hinauszuwachsen und selbst gestalterisch regionale Entwicklungsstrategien zu formulieren und vor allem umzusetzen. Dabei ist zunächst davon auszugehen, daß sich die institutionellen Infrastrukturen der Regionen nicht mehr nur darauf beschränken können, möglichst viele Fördermittel aus den bereitgestellten Fördertöpfen abzurufen, sondern sie müssen selbst festlegen, was nach welchen Kriterien in welcher Weise gefördert werden soll. Überspitzt formuliert könnte man sagen, daß den bislang in die Rolle eines Antragstellers zurückgestuften lokalen und regionalen Instanzen im Rahmen von ZIN gewisse Leitstellenfunktionen zuwachsen. In dieser neuen Rolle müssen die lokalen und regionalen Institutionen privilegierende und diskriminierende Entscheidungen treffen. Zwar operiert auch die bisherige regionale Wirtschaftsförderung mit einem selektiven Instrumentarium, aber die lokalen und regionalen Institutionen haben die Festlegung der Fördertatbestände primär nicht allein zu verantworten. Regionalisierung wird also vermutlich die möglichen Konfliktanlässe erhöhen und gleichzeitig der dezentralen Ebene die Bewältigung dieser Konflikte übertragen, wobei offen ist, ob und wie ihre Institutionen diesen zusätzlichen Belastungen gewachsen sind.

Bislang ist noch nicht hinreichend geklärt, ob die durch ZIN stimulierte Kooperation von kommunalen Instanzen und weiteren regionalen Akteuren tatsächlich im Vergleich zu anderen Politikvarianten immer die "besseren Lösungen" gewährleistet. Deshalb ist näher zu untersuchen, ob in den neuen Gremien auf regionaler Ebene (den sogenannten "Regionalkonferenzen") tatsächlich ein Konsens über ein der jeweiligen regionalspezifischen Situation angemessenes Förderprogramm erreicht wird oder ob die verabschiedeten Projektvorhaben nur eine Auflistung darstellen, deren zusammenhanglose Reihenfolge die Machtpotentiale der organisierten Interessen und nicht den Handlungsbedarf der Region widerspiegeln.

Sofern jedoch das in den Landes- und auch EG-Programmen angelegte Konsensprinzip tatsächlich greift und nur einvernehmliche Projekte aus den Regionen heraus an die Landesregierung übermittelt werden, könnte der Vorwurf kommen, daß das Korporatismus-Modell einem Ausschlußmodell gleichkommt. Wenn der "inszenierte Korporatismus" nur konsensfähige Projekte hervorbringen sollte, ginge dies zu Lasten von innovativen Ideen, die zwar möglicherweise für die Regionen wegweisend sein könnten, aber keine allseitige Zustimmung finden.

Vom konzeptionellen Ansatz her kann sich der in der ZIN angelegte "inszenierte Korporatismus" zugute halten, daß sich die Artikulations- und Durchsetzungschancen der vergleichsweise wenig organisations- und konfliktfähigen Interessen in der Strukturpolitik mit diesem Konzept erhöhen lassen. Sofern die im vertikalen Gefüge übergeordneten Institutionen die Vergabe von Fördermitteln an einen vorausgegangenen Diskurs und Konsens auf der regionalen Ebene binden, gewinnen jene Interessen, die bislang weitgehend ignoriert wurden, über das Beteiligungsgebot eine (etwas) bessere Verhandlungsposition. Mit dem neuen Modus der kooperativen Regionalpolitik werden beispielsweise gleichzeitig neue Handlungsmöglichkeiten einer gewerkschaftlichen Mitwirkung an der Strukturpolitik eröffnet. Von daher entspricht die Förderphilosophie möglicherweise einem partizipatorischen Demokratieverständnis in besonderer Weise. Bei der Evaluation der ZIN sind entsprechend die Partizipationsmuster zu rekonstruieren. Deshalb sollte auch geklärt werden, nach welchen Kriterien über die Zusammensetzung der Regionalkonferenzen und der vorbereitenden Ausschüsse entschieden wurde.

Mit der Eröffnung von Partizipationschancen muß nicht unbedingt auch ein höherer Grad an Interessenberücksichtigung verbunden sein. In der konzeptionellen Anlage der ZIN ist zwar vorgesehen, daß in den regionalen Entwicklungskonzepten neben ökonomischen Aspekten auch die sozialen, kulturellen und ökologischen Interessen berücksichtigt werden sollen, offen ist aber, ob und inwieweit dies in den laufenden Diskussions- und Entscheidungsprozessen auf regionaler Ebene tatsächlich geschieht.

Ein wichtiges Ziel der ZIN liegt in der Förderung von Klein- und Mittelbetrieben durch den Aufbau einer adressatengerechten Infrastruktur für Innovationsberatung, Technologietransfer, Kooperation und Qualifizierung. Bislang ist aber noch offen, ob und inwieweit die Hinwendung zu Klein- und Mittelbetrieben, die in der bisherigen Förderung durch Wirtschafts- und Technologieprogramme vielfach benachteiligt worden sind, gelungen ist. Vor allem die anvisierte Verknüpfung von Technologietransfer und Innovationsberatung einerseits und die Qualifizierung von Management und Arbeitnehmerschaft andererseits sowie die eingeleiteten Maßnahmen zur Herstellung von Kooperationsstrukturen (beispielsweise in Form von Technologiezentren und Weiterbildungsverbünden) sollten im einzelnen erfaßt und im Hinblick auf die Inanspruchnahme durch Klein- und Mittelbetriebe untersucht werden.

Darüber hinaus wäre zu prüfen, ob und inwieweit dieser neue Förderansatz zur Überwindung regionaler Disparitäten infolge von Unterschieden in der Kooperationsintensität selbst neue Disparitäten erzeugt. Nicht alle Regionen sind gleichermaßen dialog- und konsensfähig, und wo - aus welchen (klärungsbedürftigen!) Gründen auch immer - die Verhaltenserwartung der Landesregierung nicht aufgeht und der regionalpolitische Diskurs und die Einigung auf der lokalen/regionalen Ebene nicht zustandekommen, könnte bei einer konsequenten Anwendung des ZIN-Politikmodells eine Benachteiligung von Regionen entstehen, die möglicherweise in besonderem Maße auf eine Förderung angewiesen sind.

Dem Anspruch nach sollen alle struktur- und technologiepolitischen Förderprogramme, soweit sie in Nordrhein-Westfalen zum Einsatz kommen, unter das Dach der "Zukunftsinitiative" zusammengeführt und nach dem neuen prozeduralen Muster abgewickelt werden. Damit werden auch Mittel der Gemeinschaftsaufgabe "Verbesserung der regionalen Wirtschaftsstruktur", die ergänzenden regionalen Wirtschaftsförderungsprogramme des Landes Nordrhein-Westfalen, die verschiedenen regionalen Gemeinschaftsprogramme der EG, die aufgestockten und ebenfalls nach Subsidiaritätsgesichtspunkten prozedural neugefaßten Strukturfonds der EG, die Technologieförderungsprogramme des Landes Nordrhein-Westfalen, verschiedene Programme der Förderung von Aus- und Weiterbildung etc. in die Politik der Aktivierung der Regionen einbezogen. Die Regionalisierung der Strukturpolitik und die damit verbundene Auflage, Regionale Entwicklungskonzepte (REK) zu erstellen, ist von daher weniger als ein neues Landesprogramm mit eigenen Finanzmitteln anzusehen, sondern mehr als ein neues Verfahren der Zuteilung strukturpolitischer Fördermittel, das die Koordination in vertikaler Hinsicht (interministerielle Koordination) als auch in vertikaler Hinsicht (Koordination strukturpolitischer Maßnahmen von Kommunen, Region, Land, Bund und EG) verbessern soll. Zu überprüfen wäre, in

welchen Politikfeldern die erwünschte Koordination und ressortspezifische Abstimmung gelingt und ob es auch zu einer Vernetzung, z.B. zwischen der
Wirtschafts- und Beschäftigungspolitik oder der Arbeitsmarkt- und Umweltpolitik kommt. Dabei sind zwei Aspekte zu unterscheiden: Zum einen wäre zu
untersuchen, ob durch die prozeduralen Vorgaben des Landes die Zusammen-
führung verschiedener Politikfelder auf der regionalen Ebene verbessert wird.
Zum anderen wäre zu analysieren, ob die möglicherweise auf regionaler Ebene
erzeugte Politikintegration, die in den Entwicklungskonzepten deutlich werden
müßte, auf die Landesebene durchschlägt und dort zu einem neuen Bedarf an
Abstimmung zwischen den Fachressorts führt, der sodann die Politikintegration
auf Landesebene verbessern könnte.

Wesentliches Kennzeichen des neuen Politikansatzes soll eine dezentral
organisierte und integriert angelegte regionale Entwicklungspolitik sein. Dabei
wird unterstellt, daß die Probleme und Problemzusammenhänge auf der regionalen Ebene deutlich erkannt und solche Lösungsstrategien erfolgversprechend auf
den Weg gebracht werden, die von der regionalen Bevölkerung auch bejaht und
mitgetragen werden. Gleichzeitig aber wird gefordert und als realisierbar unterstellt, daß die einzelne Region ihre eigene Entwicklungsstrategie mit den Entwicklungsstrategien anderer Regionen in einer Weise abstimmt, die ein Null-
summenspiel, bei dem eine Region nur auf Kosten einer anderen gewinnt,
verhindert. Dies macht eine Koordinierung zwischen den Regionen erforderlich,
die nur über eine enge Kooperation oder aber mit Hilfe einer übergelagerten
Zentralinstanz, die in "aufgeklärter Willkür" Prioritäten festlegt, erreicht werden
könnte; hier ist offen und weiter zu klären, wie das Spannungsverhältnis zwischen regionaler Autonomie und interregionaler Koordination institutionell
bewältigt wird und in Zukunft bewältigt werden sollte.

Bekanntlich ist das ZIN-Konzept auf gewisse Widerstände auf der regionalen Ebene gestoßen. Zumindest sind in einigen Regierungsbezirken und Kommunen Vorbehalte gegen die Beteiligung gesellschaftlicher Organisationen und
den (vermeintlichen?) "Zwang zum Konsens" formuliert worden, die von der
Opposition des Landtages aufgegriffen wurden. Die Kritik an der von der
Landesregierung gewählten Verfahrenskette in der regionalen Strukturpolitik
bezieht sich dabei auch auf eine Schwachstelle, die letztlich alle korporatisti-
schen Strukturen - trotz ihrer pragmatischen Vorteilhaftigkeit im Einzelfall -
kennzeichnet: es mangelt an einem soliden demokratietheoretischen Fundament.
In einer Begleitforschung sind solche Fragen aufgegriffen worden.

Mitte 1992 sind die vorläufigen Ergebnisse einer "Prozessualen Begleitforschung der Regionalisierung der Strukturpolitik in Nordrhein-Westfalen" dem
Minister für Wirtschaft, Mittelstand und Technologie vorgestellt worden. An

dieser Studie haben verschiedene Forschungsgruppen aus Nordrhein-Westfalen mitgewirkt, unter anderem auch die Autoren dieses Buches.

Es zeigt auch, daß die Regionalisierung nach anfänglichen Schwierigkeiten von den Regionen aufgegriffen und pragmatisch umgesetzt wurde. Im Hinblick auf die von der Landesregierung angestrebten zukunftsweisenden Innovationsimpulse scheint jedoch eine stärkere und koordinierte Unterstützung durch die Landesebene unerläßlich.

Im Hinblick auf die Stabilität des Modells ist offen, ob die feststellbaren Ausprägungen der lokalen und regionalen Kooperation auch dann Bestand haben, wenn die Strukturvorgaben "von oben", d.h. vor allem die "Prämien" für die Kooperation in Form von Finanzzuweisungen, wegfallen. Ob die durch prozedurale Vorgaben erzeugte Kooperation in den Regionen auch dann noch trägt, wenn die Landesregierung angesichts knapper werdender Mittel zwar zur Fortsetzung des regionalen Diskurses aufruft, aber keine für die Regionen lukrativen Antragsrunden mehr veranstalten kann, wird sich in Nordrhein-Westfalen dann zeigen, wenn die Förderkulisse deutlich eingeschränkt wird. Ein Forschungsvorhaben sollte die Stabilitätsbedingungen der neuen Kooperationsformen im Dialog mit den relevanten Akteuren aufarbeiten.

TEIL B:

Entwicklung und Perspektiven des Dienstleistungssektors in Nordrhein-Westfalen

0. Einführung

Die vorliegende Untersuchung knüpft an die vorausgegangenen Darstellungen zur industriellen Entwicklung an und ergänzt diese um eine Analyse der Entwicklungen und Perspektiven des Dienstleistungssektors. Dabei konzentrieren wir uns auf den Realitätsgehalt der Tertiärisierungsstrategie als einem denkbaren Politikansatz zur Revitalisierung "alter" Industrieregionen in NRW. Die Tertiärisierungsstrategie schreibt dem Dienstleistungssektor die Rolle des beschäftigungspolitischen Hoffnungsträgers zu. Die unvermeidbaren Schrumpfungs- und Stagnationsprozesse in den industriellen Kernsektoren werden als Faktum hingenommen und Auswege aus der daraus resultierenden Beschäftigungskrise bei den Dienstleistungen und einer Ausweitung ihres Beschäftigungspotentials gesucht.

Unser Interesse gilt also dem möglichen Beitrag einer gezielten Beschäftigungsförderung im Dienstleistungssektor zur Beseitigung oder zumindest Minderung der in altindustriellen Regionen überdurchschnittlichen Arbeitslosigkeit. Ausgangspunkt ist dabei die Hypothese, daß eine konsequente Politik der Ausweitung des Dienstleistungssektors insofern vielversprechend erscheint, als sie nicht gegen, sondern mit dem allgemein feststellbaren Strukturwandel vorzugehen hätte.

In einem ersten Schritt werden die Argumentationsfiguren der Drei-Sektoren-Hypothese und die wichtigsten Einwände gegen die zentrale Annahme, der Dienstleistungssektor wachse im Zuge der wirtschaftlichen Entwicklung zwangsläufig und unaufhaltsam an, skizziert (Kapitel 2). In einem zweiten Schritt werden die methodischen Probleme einer empirischen Erfassung des Strukturwandels hin zu den Dienstleistungen angesprochen (Kapitel 3). Als Einstieg in den empirischen Verlauf der Tertiärisierung wird daran anschließend in Kapitel 4 anhand eines internationalen Vergleichs gezeigt, welches Gewicht unterschiedliche Rahmenbedingungen für das Wachstum des Dienstleistungssektors haben. Im fünften Kapitel wird die Entwicklung des Dienstleistungssektors in der Bundesrepublik, differenziert nach verschiedenen Teilsektoren, dargestellt. Im sechsten Kapitel wird dann die Wachstumsdynamik des nordrhein-westfälischen

Dienstleistungssektors angesprochen und mit den Entwicklungen in anderen Bundesländern und in der Bundesrepublik insgesamt verglichen. Ergänzt wird diese Analyse des nordrhein-westfälischen Dienstleistungssektors um eine Aufarbeitung der intra-regionalen Entwicklungsunterschiede in den Regierungsbezirken des Landes. Den Abschluß bilden in Kapitel 6 einige Schlußfolgerungen aus der Analyse, die sich auf den Realitätsgehalt einer Tertiärisierungsstrategie beziehen.

1. Auf dem Weg in die Dienstleistungsgesellschaft? Zum Pro und Contra in der Diskussion

1.1. Die "Verheißungen" der Dienstleistungsgesellschaft und ihre Begründung

Die These, daß wir uns in den westlichen Ländern auf dem Weg in eine Dienstleistungsgesellschaft befänden, gehört schon seit einigen Jahren zum Standardrepertoire eines jeden sozialwissenschaflich "aufgeklärten" Bürgers. Im Kern besagt diese These, daß Industriegesellschaften bei Erreichen eines bestimmten Industrialisierungsgrades mit ihrem bisherigen Entwicklungsverlauf brechen und fortan ihre Wachstums- und Beschäftigungsgewinne weniger im industriellen als vielmehr im tertiären Sektor realisieren.

Die Ankündigung der Dienstleistungsgesellschaft verheißt eine rosige Zukunft. Die in Aussicht gestellten Produktivitätsfortschritte in der Warenproduktion werden demnach eine allgemeine Erhöhung des Wohlstandes herbeiführen. Die Einkommenssteigerungen erlauben es der Bevölkerung, ihren vielfältigen Interessen, Hobbys und Konsumpräferenzen zu folgen. Der Anteil, der für die unverzichtbaren Notwendigkeiten des Lebens ausgegeben werden muß, verliert gegenüber dem wachsenden Anteil an Einkommensbestandteilen, die für Güter des gehobenen Bedarfs und für den "unstillbaren Hunger" nach Dienstleistungen (Fourastié 1954, S. 271ff.) verwendet werden können, an Bedeutung.

In den relativ globalen "Verheißungen" der Theoretiker der Dienstleistungsgesellschaft werden darüber hinaus zumeist positive Assoziationen hinsichtlich der Qualität der Dienstleistungsarbeit geweckt, die besagen, daß die "postindustrielle Gesellschaft"[1] im wesentlichen durch den Vorrang qualifizierter Dienstleistungsberufe (z.B. in den Bereichen Forschung und Verwaltung, Erziehung, Bildung und Gesundheit) geprägt sein wird. "Die nachindustrielle Gesellschaft schließlich beruht auf Dienstleistungen, ist also ein Spiel zwischen Personen. In ihr zählt weniger Muskelkraft oder Energie als Information. Die wichtigste Figur ist der Akademiker, der auf Grund seiner Ausbildung und Schulung die zunehmend benötigten Fähigkeiten mitbringt. Bemißt sich der Lebensstandard der Industriegesellschaft nach der Quantität der Güter, so bemißt sich die Lebensqualität der nachindustriellen Gesellschaft nach den Dienstleistungen und An-

---

[1] Zum Begriff der post-industriellen Gesellschaft vgl. vor allem Bell (1975) und Touraine (1971), die zu den neueren Theoretikern der Dienstleistungsgesellschaft zählen. Bell vermutete die stärksten Beschäftigungsgewinne in den Wirtschaftsbereichen Gesundheit, Bildung, Forschung und Staat.

nehmlichkeiten - Gesundheits- und Bildungswesen, Erholung und Künste -, die nun jedem wünschenswert und erreichbar scheinen" (Bell 1975, S. 134f.).

Die Attraktivität der These von der Dienstleistungsgesellschaft erwächst aber nicht nur aus der humanen Qualität der Arbeit, sondern vor allem aus der mit ihr verknüpften Hoffnung auf Vollbeschäftigung. Der expandierende Dienstleistungssektor soll sowohl ein Aufnahmebecken für die in anderen Sektoren der Volkswirtschaft (zunächst die Landwirtschaft, dann die Industrie) nicht mehr benötigten als auch die neu in das Beschäftigungssystem eintretenden Erwerbstätigen werden. Gerade diese Verheißung ist angesichts der bestehenden "Arbeitslosigkeit in der Dienstleistungsgesellschaft" (Mutz 1987) immer wieder Anlaß für kontroverse Diskussionen (vgl. z.B. die Beiträge von Baethge/Oberbeck 1985, Scharpf 1986 und Wegner 1985).

Folgt man nun den "Verheißungen" der Theoretiker der Dienstleistungsgesellschaft, so liegt die Zukunft der Arbeit immer mehr im tertiären Sektor, wobei vor dem Hintergrund des sozialen Wandels gerade im Ruhrgebiet folgende Aussage von Bell aufschlußreich ist: "Im 19. und Anfang des 20. Jahrhunderts richtete sich die Stärke einer Nation nach ihrer industriellen Kapazität, deren Hauptindikator die Stahlerzeugung bildete. So galt der Umstand, daß die deutsche Stahlproduktion die britische überflügelt hatte, noch vor dem Ersten Weltkrieg als Maßstab für Deutschlands Stärke. Seit dem Zweiten Weltkrieg dagegen richtet sich Potential und Stärke eines Landes nach seiner wissenschaftlichen Kapazität, d.h. an die Stelle des Stahls als Maßstab für die Stärke der Mächte sind Forschung und Entwicklung getreten" (1975, S. 118).

Basis der theoretischen Überlegungen zur Entwicklung des Dienstleistungssektors und die Verschiebung der Erwerbstätigenstruktur ist die Aufteilung der Wirtschaft in drei Sektoren (vgl. Fisher 1939 und Clark 1957):

1.   Primärer Sektor (Land- und Forstwirtschaft, Fischerei),
2.   Sekundärer Sektor (industrielle Produktion, Baugewerbe, Bergbau, Energiewirtschaft),
3.   Tertiärer Sektor (Handel, Banken und Versicherungen, Verkehr, Informationswesen, personenbezogene Dienstleistungen, staatliche Dienste, unternehmensbezogene Dienstleistungen etc.).

Nach der klassischen Drei-Sektoren-Hypothese findet in jeder Volkswirtschaft eine in drei Phasen gegliederte, strukturierte Entwicklung statt. Der überwiegende Teil der Erwerbsbevölkerung ist dieser Entwicklungslogik zufolge zunächst in der Landwirtschaft, dann in der Industrie und schließlich im Dienstleistungssektor beschäftigt. Die Beschäftigungsverluste im primären und sekundären Sektor werden demnach durch Beschäftigungsgewinne im tertiären Sektor weitgehend kompensiert (vgl. dazu den bekannten "Klassiker" der Drei-Sektoren-Hypothese Fourastié 1954 sowie Fuchs 1968 und Wolfe 1955 oder zusammenfassend Goergens 1975, S. 66ff.).

So prognostizierte beispielsweise Fourastié (1954: 137), freilich ohne sich auf einzelne Entwicklungsstadien und Zeitpunkte festzulegen, für das Produktionsvolumen der drei Wirtschaftssektoren wie für die Beschäftigungsstruktur, daß

* der Anteil des primären Sektors, der zu Beginn des Industrialisierungsprozesses noch bei 70-80 Prozent lag, auf ca. 10 Prozent absinken und sich dann auf diesem Niveau stabilisieren werde,
* der sekundäre Sektor seinen anfänglichen Anteil von 10 Prozent auf ca. 35-40 Prozent steigern werde, um schließlich wieder auf ca. 10 Prozent abzufallen;
* der tertiäre Sektor im Verlauf der wirtschaftlichen Entwicklung kontinuierlich an Gewicht gewinnen und schließlich einen Anteil von 80 Prozent gewinnen werde.

Die klassische Drei-Sektoren-Hypothese stützt sich, was die Nachfrageseite betrifft, gemeinhin auf eine Erweiterung des Engelschen Gesetzes, wonach mit steigendem Einkommen der Anteil der Ausgaben für Güter des gehobenen Bedarfs gegenüber dem Anteil der Ausgaben für die Grundversorgung (Nahrung, Kleidung, Wohnung) zunimmt. Da die oberen Einkommensgruppen in einem überdurchschnittlichen Maße Dienstleistungen nachfragen, könne mit einer gewissen Plausibilität vermutet werden, daß mit einer Erhöhung der Durchschnittseinkommen auch die Nachfrage nach Dienstleistungen ansteigen wird. Im Mittelpunkt stehen dabei haushalts- bzw. konsumbezogene Dienstleistungen, Dienstleistungen also, die sich an den Endnachfrager richten. Gleichzeitig wird im Hinblick auf die Angebotsseite konstatiert, daß die Produktivitätszuwächse im Dienstleistungssektor gegenüber denen im industriellen Bereich zurückbleiben. Beide Faktoren zusammen bewirken im Zeitablauf eine absolute und relative Beschäftigungsexpansion des Dienstleistungssektors.

Die Grundstruktur der Drei-Sektoren-Hypothese macht deutlich, daß die Theoretiker der Dienstleistungsgesellschaft nicht von einem quasi automatischen Entindustrialisierungsprozeß ausgehen. Weder in der Industrie noch in der Landwirtschaft muß es aus ihrer Sicht zu einem Rückgang der Produktion kommen. Vielmehr hegen sie die Erwartung, daß die landwirtschaftliche und industrielle Produktion nach Erreichen gewisser Sättigungsgrenzen auf hohem Niveau verharrt. Der Weg in die Dienstleistungsgesellschaft läuft damit nicht über einen Ausstieg aus der Agrar- und Industrieproduktion, sondern über eine Erhöhung der Produktivität in diesen beiden Sektoren. So gesehen sinkt - z.B. auch nach Ansicht von Fourastié - die Bedeutung des industriellen Sektors nur relativ. "Zwar schrumpft die Beschäftigtenzahl in der Industrie stark, ihr Produktionsvolumen jedoch nimmt aufgrund des Produktivitätswachstums weiterhin zu. Insofern sei keine Gesellschaft industrieller als die nachindustrielle" (Dietz 1988, S. 118).

1.2. Die Gegenargumente

Die Argumentationsfiguren der Theoretiker der Dienstleistungs- oder Informationsgesellschaft sind freilich nicht ohne Widerspruch geblieben. Die Einwände richten sich vor allem gegen den unterstellten Automatismus einer Expansion des Konsums marktvermittelter Dienstleistungen durch die Endverbraucher bzw. Haushalte sowie gegen die unterstellte Produktivitätsschwäche der Dienstleistungen[2].

So wird der skizzierten Drei-Sektoren-Hypothese entgegengehalten, daß sie trotz des geringeren Produktivitätsanstiegs bei den Dienstleistungen davon ausgeht, daß im sekundären und im tertiären Sektor in etwa die gleichen Löhne gezahlt werden. Wenn dem so wäre, dann müßte im Zuge der wirtschaftlichen Entwicklung der relative Preis für Dienstleistungen erheblich zunehmen ("Kostenkrankheit" der Dienstleistungen, vgl. dazu Baumol 1967, 1969). Bei in etwa gleichen Stundenlöhnen und zurückbleibenden Produktivitätsfortschritten müßten die relativen Preise für die Dienstleistungen den Preisen für Industriegüter immer weiter davonlaufen. Ungeachtet dieser Verschiebungen in der Preisrelation unterstellt die Drei-Sektoren-Hypothese, daß die Ausweitung des Nachfragevolumens für den Dienstleistungssektor ungemindert anhalten wird. Damit wird implizit vermutet, daß die Einkommenselastizität deutlich höher liegt als die Preiselastizität. Nur dann, wenn die sektoral differierende Preisentwicklung nicht auf die Nachfrageentwicklung durchschlüge, wäre mit einem anhaltenden Wachstum des Dienstleistungssektors zu rechnen. Davon kann aber realistischerweise nicht ausgegangen werden.

Diese Zweifel hinsichtlich des Wachstumspotentials des Dienstleistungssektors werden noch verstärkt, wenn die Alternativen für eine Inanspruchnahme marktlich vermittelter Dienstleistungen beachtet werden. Die privaten Haushalte

---

[2] Die Haltbarkeit der hier nur knapp skizzierten Drei-Sektoren-Hypothese und ihrer zentralen Annahmen ist in zahlreichen theoretischen und empirischen Analysen in Frage gestellt worden; vgl. dazu beispielsweise Dähne (1974), Rasmussen (1977), Hönekopp/Ullmann (1980), Oppenländer (1981), Haller (1982), Völker (1984). Ein Überblick bietet Gerstenberger (1987).

können den immer weiter steigenden Preisen für marktlich vermittelte Dienstleistungen nämlich dadurch entgehen, daß sie ihren Bedarf an Dienstleistungen in Eigenproduktion decken.

Gershuny (1979, 1981, 1984) hat anhand einer Analyse der Ausgabenentwicklung englischer Haushalte eine Verhaltensänderung aufzeigen können, die gegen die These einer kontinuierlichen Steigerung der Nachfrage nach haushaltsbezogenen Dienstleistungen spricht. Die formell produzierten Dienstleistungen für Endverbraucher werden dieser Beobachtung zufolge durch "informelle" Eigenarbeit der Haushalte, die dabei industriell erzeugte Haushaltsgüter verwenden können, verdrängt. Mit Hilfe von Autos, Waschmaschinen, Spülmaschinen, Staubsaugern, Telefonen, Fernsehgeräten, Video-Geräten etc. versorgen sich die Haushalte in Eigenproduktion mit den gewünschten Dienstleistungen, beispielsweise Transport, Reinigung, Kommunikation oder Unterhaltung. Die Ausweitung der Haushaltsproduktion und ihrer Technisierung kommt wiederum den Herstellern der entsprechenden Hilfsmittel, also dem sekundären Sektor zugute.

Zumindest Teilbereiche der Dienstleistungsunternehmen reagieren auf diesen Trend zur Selbstversorgung der Haushalte, indem sie gewisse Dienstleistungsbestandteile ihrer Leistungen auf den Kunden übertragen und solchermaßen "externalisieren" (Selbstbedienungsformen, beispielsweise im Einzelhandel oder im Gastgewerbe). Auch dadurch wird das vermeintlich unaufhaltsame Wachstum des Dienstleistungssektors abgebremst. Als Alternative zur Dienstleistungsökonomie zeichnet sich nach Ansicht von Gershuny und anderen Autoren die "Self-Service-Economy" ab (vgl. beispielsweise Gershuny/Miles 1981 und Skolka 1976, 1990). Wir werden diese "Gegentrends" zur These des Wachstums des Dienstleistungssektors noch ausführlicher diskutieren.

Ein nennenswertes Wachstum der haushaltsbezogenen Dienstleistungen kann es vor diesem Hintergrund eigentlich nur dann geben, wenn es deutliche Einkommensunterschiede gibt. Zwar kann unterstellt werden, daß Individuen oder Haushalte sich gerne bedienen lassen würden, diese Neigung aber muß man sich leisten können. Sofern bei steigendem Einkommen auch die Einkommen der Dienstleister im gleichen Maße steigen, kann der Einzelne oder der Haushalt nicht mehr Dienstleistungen nachfragen als bisher auch. Nur dann, wenn die Einkommen auseinanderlaufen, das Einkommen des Nachfragenden also schneller steigt als das Einkommen des Leistungsanbietenden, kann der haushaltsbezogene Dienstleistungssektor wie erwartet expandieren. "Die private Nachfrage ist größer, wenn relativ viele Leute mit hohen Einkommen sich in der Lage sehen, niedrig entlohnte Dienstleistende zu beschäftigen" (Scharpf 1987, S. 329; vgl. dazu auch Scharpf 1986). In dieser Perspektive erscheint die Dienstleistungsgesellschaft nicht mehr nur als "große Hoffnung des 20. Jahrhunderts"

(Fourastié 1954), die allen nutzt und keinem schadet, sondern wird zu einem verteilungs- und sozialpolitisch überaus bedenklichen Unterfangen.

Die aufgeführten Gegenargumente zur klassischen Drei-Sektoren-Hypothese deuten bereits an, daß vor allem der Einfluß der Nachfrage der privaten Haushalte nach Dienstleistungen vielfach überschätzt wird. Sofern Dienstleistungsbedarf besteht, muß sich dieser nicht unbedingt in Form eines Marktes für Dienstleistungen mit entsprechenden Anbietern zeigen. Anhand des großen Stellenwertes der informationsbezogenen Dienstleistungen zeigt sich darüber hinaus, daß es vielfach Unternehmen und nicht die Endverbraucher sind, die Dienstleistungen nachfragen und dadurch zum Wachstum des Dienstleistungssektors beitragen. Ebenfalls nicht hinreichend gewürdigt wird in der klassischen Drei-Sektoren-Hypothese, daß Dienstleistungen häufig durch staatliche Institutionen nachgefragt oder angeboten werden.

2. Methodische Probleme

2.1. Drei- oder Vierteilung der Wirtschaft?

Der Trend zur Dienstleistungsökonomie wird allerdings nicht in allen Publikationen als ein festgefügtes Schema betrachtet, die Grenzen zwischen den Sektoren können sich durchaus verändern. Einzelne Autoren propagieren sogar eine Vier-Sektoren-Theorie, wonach sich ein deutlicher Zuwachs an Informationsdienstleistungen zeigt, was zu der These verdichtet wird, wir seien auf dem Weg in die "Informationsgesellschaft" (vgl. beispielsweise Porat 1976, Nora/-Minc 1979, die Beiträge in Sonntag 1983, Dostal 1986 und Otto/Sonntag 1985). Untermauert wird diese Konzeption durch verschiedene Untersuchungen, die einen wachsenden Anteil der "Informationsbeschäftigten" ("solche, die Informationen erzeugen, verarbeiten oder verbreiten und auch solche, die mit der Aufrechterhaltung der Informations-Infrastruktur betraut sind", Otto/Sonntag 1985, S. 90) konstatieren, wobei unter dieser Rubrik sehr viele verschiedene Berufe (wie Buchhalter, Postbedienstete, Soziologen, Lehrer, Computerspezialisten oder Kinodirektoren) subsumiert werden. Die Berufs- und Tätigkeitsstatistiken der westlichen Industrieländer weisen zwar in der Tat für die letzten Dekaden einen Zuwachs an Informationsbeschäftigten aus (vgl. dazu die Angaben von Otto/ Sonntag 1985 sowie die Daten des DIW 1985), umstritten ist aber, ob daraus so weitreichende Schlußfolgerungen (Informationsgesellschaft als neue Gesellschaftsformation) gezogen werden sollten.

Kritiker halten der These, derzeit sei ein Durchbruch der Informationsgesellschaft zu beobachten, entgegen, sie verabsolutiere einzelne dynamische Trends im Dienstleistungssektor und verdichte sie zu einem makrostrukturellen Konzept. In Übereinstimmung mit dieser Kritik betrachten wir deshalb im folgenden den durchaus wichtiger werdenden Bereich der "Informationsarbeiten" als einen Teil des Dienstleistungssektors. "Nur durch die Abstrahierung von der konkreten Bedeutung, die Informationen im Handel, im Baugewerbe, für die Nachrichtenübermittlung etc. haben, kann die Eigenständigkeit des Wertschöpfungsanteils des Informationsbereichs herausgestellt werden. Mit diesem Hinweis soll nicht in Abrede gestellt werden, daß die Informationsverarbeitung, die in einer modernen Gesellschaft individuell und kollektiv bewältigt werden muß, stark gewachsen ist. Es soll auch nicht die steigende Bedeutung der Informationsver- und -bearbeitung geleugnet werden. Es soll aber zu bedenken gegeben werden, ob damit Ansätze zu gesellschaftlicher Transformation begründet werden können" (Schröder et al. 1989, S. 21, vgl. auch Kubicek 1985 und Becker 1986).

2.2. Abgrenzung des Dienstleistungssektors

Ungeachtet solcher Kontroversen, die sich auf die interne Struktur der Dienstleistungen und den gesellschaftlichen Stellenwert einzelner Teile des Sektors beziehen, ist bis heute trotz der langjährigen Forschung in diesem Feld immer noch nicht abschließend geklärt, was eigentlich alles zum Dienstleistungssektor gehört. Die Beantwortung dieser auf den ersten Blick banalen Frage bereitet denn auch bei genauerer Überlegung einige Schwierigkeiten. Schon die Festlegung der Untersuchungseinheit ist nicht einfach. Erfaßt werden könnten bestimmte Arbeitsverrichtungen (Tätigkeiten), Arbeitsplätze, Berufsabschlüsse (Qualifikationsprofile) oder Arbeitsorganisationen, also bestimmte Betriebe und Verwaltungen und ihre jeweiligen Wirtschaftssektoren.

Gemeinhin werden beim Begriff Dienstleistungen eine Reihe von Serviceunternehmen wie bspw. Friseurgeschäfte, Taxi-Unternehmen oder personenbezogene Dienstleistungsunternehmen wie Arztpraxen, Rechtsanwalt- oder Steuerberatungsbüros assoziiert. Als gängige statistische Verfahren zur Überprüfung der Drei-Sektoren-Hypothese werden denn auch in aller Regel die Anteile eines solchermaßen abgegrenzten Dienstleistungssektors am Bruttosozialprodukt oder die Anteile der Beschäftigten dieses Dienstleistungssektors an der Gesamtheit der Erwerbstätigen erhoben und in Zeitreihen aufgeführt.

Diese scheinbar unproblematische Abgrenzung des Dienstleistungssektors nach der Ausrichtung der erfaßten Unternehmen (institutionelle Abgrenzung) wird jedoch durch den Sachverhalt getrübt, daß auch innerhalb der Industrieunternehmen zahlreiche Mitarbeiter in Dienstleistungsberufen tätig sind oder zumindest Dienstleistungsaufgaben erfüllen (funktionelle Abgrenzung).

In jedem Auto, das heute die Werkshallen verläßt, und in jedem Fernseher, der vom Band läuft, steckt ein beträchtliches Volumen "hausinterner" Dienstleistungen, angefangen von der Konstruktion bis hin zum Vertrieb oder der Buchführung. Und eben dieser Anteil an "versteckten" Dienstleistungen wächst nach allgemeiner Einschätzung ständig an. So nimmt auch im Industriesektor der Anteil der "tertiären" Angestelltenberufe gegenüber den Arbeiterberufen beständig zu (vgl. Hönekopp/Ullmann 1980). Weniger als die Hälfte der in der Industrie beschäftigten Arbeitnehmer legen heute noch selbst Hand an das Produkt an. Geht man von einer Aufteilung wirtschaftlicher Aktivität nach Wirtschaftssektoren aus, dann werden die Dienstleistungstätigkeiten, die in einem Industriebetrieb erbracht werden, zum sekundären Sektor gezählt, werden diese gleichen Tätigkeiten jedoch ausgelagert, sind sie Teil des tertiären Sektors. Schon hier zeigen sich erste Unschärfen hinsichtlich der empirischen Überprüfung der Wachstumsthese.

Gleichzeitig wird deutlich, daß das Ausmaß der Tertiärisierung davon abhängt, mit welchem Indikator dieser Prozeß erfaßt wird. Das Wachstum des Dienstleistungssektors fällt mit zunehmender Personennähe deutlicher aus. Bei der nach institutionellen Kriterien erfaßten Beschäftigung ist der Veränderungsprozeß stärker als bei dem Volumen des Outputs; der jeweilige Anteil der Wirtschaftssektoren am Bruttosozialprodukt ändert sich also nicht so schnell wie der jeweilige Anteil an den Beschäftigten. Noch kräftiger als bei den Outputgrößen oder den Beschäftigten aber sind die Strukturverschiebungen in der beruflichen Dimension (vgl. DIW 1986). Um zu einer besseren Beurteilung der Entwicklungsdynamik des Dienstleistungssektors zu kommen, sind also nicht nur wirtschaftsstrukturelle Statistiken, sondern funktionell gegliederte Berufsdaten notwendig. Die dabei entstehenden Differenzen hinsichtlich der Zahl der Dienstleistungsbeschäftigten sind beträchtlich: Während z.B. nach der Drei-Sektoren-Gliederung in den 80er Jahren rd. 50 % der Erwerbstätigen im tertiären Sektor beschäftigt waren, so steigt der Anteil der Dienstleistungs- und Infrastrukturtätigkeiten bei einer Ordnung nach ihren Haupttätigkeiten auf zwei Drittel an (vgl. Hoffmann/Weidig 1986). Dieser höhere Anteil weist auf die angesprochenen Tertiärisierungsprozesse im industriellen Sektor hin (etwa die wachsende Zahl von Angestellten).

Die Differenzierung zwischen institutionellen und funktionellen Analysen der Struktur und Entwicklung des Dienstleistungssektors läßt jedoch ein noch viel schwierigeres Problem ungelöst. Unabhängig davon, ob nun Unternehmen, Berufe oder Tätigkeiten in den Blick genommen werden sollen, ist zu klären, worin das Spezifische der Dienstleistungen liegt. Erst wenn diese Frage geklärt ist, lassen sich Unternehmen, Berufe oder Tätigkeiten als dem Dienstleistungsbereich zugehörig klassifizieren. Bei einer eindeutigen Definition von Dienstleistungen tun sich die Wissenschaftler und Wirtschaftsstatistiker jedoch bis heute schwer.

Verschiedene Definitionsmerkmale und Spezifika der Dienstleistungen sind in der Literatur hin und her gewendet worden, und immer wieder hat sich gezeigt, daß das jeweils gefundene Kriterium entweder nur Teilbereiche der Dienstleistungen richtig erfaßt oder aber nicht mehr für die wünschenswerte Trennschärfe sorgt[3].

---

[3] Auf die vielfältigen Definitions- und Klassifikationsversuche und ihre jeweiligen Schwächen wollen wir nicht im Detail eingehen (vgl. dazu Marshall 1905, Stigler 1956, Fuchs 1968, Berekhoven 1983, Gershuny/Miles 1983, Gross 1983, Berger/Offe 1984, Corsten 1984, 1985a, 1985b, 1988 und zusammenfassend Skolka 1986).

Abgrenzungskriterien wie Immaterialität des Produktes oder prozessualer Charakter der Produktion von Dienstleistungen, das Uno-actu-Prinzip (d.h. die Einheit bzw. Gleichzeitigkeit von Produktion und Konsum), die geringere Steigerungsrate bei der Arbeitsproduktivität, die hohe Arbeitsintensität, die hohe Einkommenselastizität oder die Nicht-Lagerfähigkeit und Nicht-Transportierbarkeit der Dienstleistungen können als allgemein gültige und konsensfähige Definitionsmerkmale nicht befriedigen. Denn die in der Literatur genannten Charakteristika von Dienstleistungen sind letztlich fast alle Negativdefinitionen. Demgegenüber sind positive Bestimmungen, die Dienstleistungen funktional abgrenzen, selten.

Eine theoretisch interessante Ausnahme bildet der Definitionsansatz von Berger/Offe (1984): "Die soziologische Gemeinsamkeit aller Dienstleistungsarbeiten besteht darin, daß sie sämtlich mit der Sicherung, Bewahrung, Verteidigung, Überwachung, Gewährleistung usw. der historischen Verkehrsformen und Funktionsbedingungen einer Gesellschaft und ihrer Teilsysteme zu tun haben. Ihr unterscheidendes Merkmal ist die 'Instandhaltung von etwas'. Diese Instandhaltungsarbeit kann sich sehr wohl auch - ebenso wie bei herstellender Arbeit - auf physische Gegenstände richten. Beispiele für solche 'stofflichen' Dienstleistungen sind Reparatur- und Reinigungsarbeiten, Gesundheitsdienste und technische Entwicklungsarbeiten. Von herstellenden Arbeiten unterscheiden sich diese stofflichen Dienstleistungen aber insofern, als sie zur Wahrung der physisch-technischen Randbedingungen der Produktion und nicht als Produktion inganggesetzt werden, sich auf diese vielmehr reflexiv beziehen" (Berger/Offe 1984, S. 235; vgl. auch Offe 1984).

Ausgehend von dieser funktionalen Definition können die Besonderheiten der Dienstleistungsarbeit besser herausgestellt werden. Die den Dienstleistungen vielfach zugeschriebene geringere Arbeitsproduktivität kann beispielsweise in dieser funktionalen Sicht mit der generellen Ungewißheit über den Bedarf an Dienstleistungen erklärt werden: es ist nicht vorauszusagen, wann die Polizei, ein Arzt oder die Feuerwehr verlangt werden. Dies impliziert sowohl ungewöhnliche Arbeitszeiten für die Beschäftigten als auch eine unvermeidliche "Überkapazität". "Die beschäftigten Personen sind im Dienst, ohne im direkten Sinne zu arbeiten; ihre Aufgabe besteht darin, im Notfalle zu intervenieren, aber es ist besser, wenn sich dieser Notfall gar nicht erst einstellt, und so erfüllen sie ihre Funktion dann am besten, wenn sie nichts zu tun haben. Es handelt sich also nicht um Arbeiten, sondern um Funktionen, in denen die 'Funktionäre' für die Zeit ihrer Anwesenheit bezahlt werden" (Gorz 1989, S. 202).

Die solchermaßen nachvollziehbare Produktivitätsschwäche wird nun aber sofort hinfällig, wenn es gelingt, die scheinbar "in der Natur der Sache" liegenden Restriktionen der Dienstleistungen zu überwinden, d.h. das Uno-actu-Prinzip zu durchbrechen oder die Lager- und Speicherfähigkeit herzustellen. Der technische Fortschritt eröffnet immer wieder neue Möglichkeiten, die Produktion von Dienstleistungen zu "industrialisieren" und dadurch die Arbeitsproduktivität deutlich zu erhöhen. Dies gilt - wenn auch in Grenzen - sogar für personenbezogene Dienstleistungen. Bei den sozialen Dienstleistungen (z.B. der Ärzte oder auch der Lehrer), die traditionell auf die Anwesenheit und aktive Kooperationsbereitschaft der Klienten angewiesen sind, zeigen sich Rationalisierungsmöglichkeiten und damit Produktivitätssteigerungen.

Dies gilt allerdings weniger für "körperbezogene" Pflege- und Betreuungsleistungen, deren Verrichtung weiterhin sehr personalintensiv ist, sondern mehr für "mentale" Dienstleistungen: "Vom Sprachunterricht in der Klasse zum Sprachlabor ohne Lehrer; von der Massenuniversität zur Fernuniversität; vom Konzert zum Radio und zur CD-Platte; von der Theateraufführung über Kino und Fernsehen zur Video-Kassette; vom Plakat über die Zeitungsanzeige zum Bildschirmtext; und schließlich zu den künftigen Möglichkeiten der Breitband-Kommunikationsnetze, mit deren Hilfe jede Art von Informations- und Unterhaltungsangebot für jeden Teilnehmer jederzeit auf Abruf verfügbar gemacht werden kann. Damit also wäre das Uno-actu-Prinzip vollends außer Kraft gesetzt: Durch die Zwischenschaltung eines Speicher-Mediums wird die (bei Massenvorlesung, Konzert und Fußballspiel immer noch erforderliche) gleichzeitige Anwesenheit von Dienstleistungs-Produzenten und Dienstleistungs-Konsumenten am selben Ort und sogar die (bei konventiollen Radio- und Fernsehprogrammen wenigstens nötige) gleichzeitige Aufmerksamkeit der Dienstleistungs-Konsumenten überflüssig. Produzentenzeit und Konsumentenzeit können vollständig entkoppelt werden" (Scharpf 1986, S. 16f.).

Zum Teil sprunghafte Produktivitätsverbesserungen ergeben sich auch durch Veränderungen in den Produktionstechniken, die unmittelbar auf die Arbeitskräftenachfrage im Dienstleistungsbereich durchschlagen: Die neuen Containertechniken erlauben deutliche Rationalisierungsfortschritte im Güterverkehr, die neuen Kühltechniken verändern die Lagerhaltung, das Transportgewerbe und den Einzelhandel, im Gaststättengewerbe ergibt sich ein "Industrialisierungsschub" infolge neuer Küchentechniken, die Medizintechnik reorganisiert das Gesundheitswesen, der Geldautomat ersetzt Mitarbeiter bei den Geldinstituten, das Spielprogramm auf dem Home-Computer oder der Geldautomat in der Spielhölle technisiert das Freizeitgewerbe etc. (vgl. dazu Gershuny 1984, Schmid 1984, Heinze 1987 und Fels 1989).

Bei den genannten verbraucher- und unternehmensbezogenen Dienstleistungen sind also ähnliche Produktivitätssteigerungen wie im industriellen Sektor möglich und verwischen damit die Grenzen zwischen den Sektoren weiter. "Je mehr diese Produktivitätsquellen ausgeschöpft werden, um so mehr kommen auch in diesen Dienstleistungsbereichen industrielle Produktionsverfahren zur Anwendung" (Heinze 1987, S. 7). Oder deutet sich hier gar eine Verschiebung vom Dienstleistungssektor in den industriellen Bereich an? Dem würde aber entgegenstehen, daß die Mitwirkung der Dienstleistungskonsumenten weiterhin notwendig ist. Scheinbar "harte" Merkmale der Definition, wie z.B. das Uno-actu-Prinzip, werden aber durch technologische Entwicklungen (etwa elektronische Kommunikationsnetze) relativiert.

Hieraus kann generell der Schluß gezogen werden, daß eine makro-strukturelle Argumentation im strikten Sinne der Drei-Sektoren-Theorie unterkomplex ist und neuere Verschiebungen in den Beschäftigungssektoren und deren Entwicklungsdynamik nicht hinreichend begreifen kann. Diese Kritik ist auch dahingehend verlängert worden, eine Beantwortung der generellen Frage, ob wir auf dem Weg in die nachindustrielle Dienstleistungsgesellschaft sind, müsse negativ ausfallen. "Wir sind in der Tat auf dem Weg aus einer Dienstleistungsgesellschaft in eine andere. Ein großes Gewicht des Dienstleistungssektors (insbesondere in der Beschäftigung) ist keine neue Erscheinung. Die 'merchant economy' des sechzehnten und siebzehnten Jahrhunderts war eine Dienstleistungswirtschaft mit intensivem internationalem Handel und Güterverkehr und mit fortgeschrittenem internationalem Finanzwesen im damaligen 'modernen' Sektor und mit vielen Hausdienern im damaligen 'traditionellen' Sektor. Während der Industrialisierung wuchs der nicht gerade kleine Dienstleistungssektor ungefähr parallel zum warenproduzierenden Sektor. Ein Grund dafür war die 'Externalisierung' der Dienstleistungen, der andere die zunehmende Komplexität der zwischenmenschlichen und zwischeninstitutionellen Beziehungen. Beide Ursachen können aber auf eine einzige reduziert werden: auf die Intensivierung der Arbeitsteilung... Das wachsende Wissen wurde geordnet, um produktiv genutzt zu werden; Produzenten untereinander und Produzenten und Konsumenten wurden durch Transport- und Finanzdienste verbunden; die städtische Bevölkerung benötigte kommunale Dienste; soziale Dienste übernahmen die traditionellen Aufgaben der ländlichen Großfamilie; juristische und Verwaltungsdienste regelten das tägliche Leben" (Skolka 1988, S. 10f., vgl. dazu auch Lutz 1984).

Prozesse wechselseitiger Durchdringung von industrieller Produktion und Dienstleistungstätigkeiten können exemplarisch anhand von Angestelltentätigkeiten demonstriert werden, die sowohl im industriellen Sektor angewachsen sind als auch oft externalisiert und dann als "produktionsbezogene" Dienstleistungen als Zuwächse im tertiären Sektor verbucht werden. Die immer zentraler werdende Bedeutung von Dienstleistungen wie Entwicklung, Forschung oder Management weist allerdings eher auf eine Modernisierung der Produktion als auf einen generellen Wandel von der Industriegesellschaft zur Dienstleistungsgesellschaft hin.

Angestelltentätigkeiten dürften gerade zukünftig einem verstärkten Rationalisierungsdruck unterworfen sein, weil dort noch "Reserven" liegen. "Bis zum Beginn der achtziger Jahre ist somit festzuhalten, daß der Einsatz neuer Technologien noch nicht zu dramatischen Einbrüchen im Personalbestand geführt hat - dies ist allenfalls für bestimmte Berufsgruppen zu verzeichnen: Bürohilfskräfte (Schreibkräfte, Sekretärinnen usw.), für Rechnungs- und Kassenvorgänge zuständiges Personal... Wir sind davon überzeugt, daß die eigentlichen, quantitativ auf das Beschäftigungsvolumen durchschlagenden Erträge systemischer Rationalisierung erst in den nächsten Jahren und vor allem im nächsten Jahrzehnt anstehen. Erst dann dürfte das Rationalisierungspotential selbst der heute bereits eingesetzten Computersysteme voll zum Tragen kommen" (Baethge/Oberbeck 1985, S. 56, vgl. auch Baethge/Oberbeck 1986, Mutz 1987, S. 267ff. und Littek/Heisig 1986).

Die Besonderheit der Dienstleistungsarbeit fördert betriebliche Rationalisierungsstrategien, um die Kosten zu senken. Hier bieten sich vor allem verschiedene Varianten von Arbeitszeitflexibilisierung an, um den schwankenden Arbeitsanfall besser mit dem Arbeitskräfteangebot abzustimmen. Bekanntgeworden ist die kapazitätsorientierte variable Arbeitszeit, die sich vor allem im Einzelhandel ausgebreitet hat. Ziel dieser Flexibilisierungsstrategie ist es, den Arbeitseinsatz der Teilzeitbeschäftigten (dies sind fast ausschließlich Frauen) möglichst optimal mit der Kundenfrequenz abzustimmen. Auch in anderen Dienstleistungszweigen sind kapazitätsorientierte variable Arbeitszeiten zu beobachten, um die Kosten der "Überkapazitäten" zu senken (vgl. dazu bspw. die Untersuchungen von Engfer 1986 und Berger 1984).

Die verschiedenen Varianten der betrieblichen Arbeitszeitflexibilisierung im Dienstleistungssektor führen nicht nur zur Umwandlung von Vollzeitarbeitsplätzen in Halbtagsarbeit, sondern erlauben eine breite Palette individuell variabler Teilzeitarbeit. Der Arbeitsmarktsektor "Teilzeitbeschäftigung" (und hier vor allem auch die "ungeschützten" Tätigkeiten) sind aufgrund der Flexibilitätsgewinne der Unternehmen in den letzten Jahren stark angestiegen. Demgegenüber stagniert in den letzten Jahren die Zahl der Vollzeitbeschäftigten im Dienstleistungssektor[4]. Die Ausweitung flexibler Arbeitszeitformen im Handel weist exemplarisch darauf hin, daß das Beschäftigungsvolumen nicht in allen Bereichen des Dienstleistungssektors steigt, in manchen sogar schrumpft.

---

[4] Vgl. dazu auch Mutz 1987 und den Beitrag von Hinrichs 1989. Bezeichnenderweise sind gerade im Dienstleistungssektor geringfügige Beschäftigungsverhältnisse besonders häufig vertreten (vgl. dazu die Analyse von Friedrich 1989), was auch im Hinblick auf die soziale Absicherung der betroffenen Arbeitnehmer erhebliche Probleme aufwirft (vgl. z.B. Möller 1988).

Die Probleme einer trennscharfen Abgrenzung des Dienstleistungssektors sind folglich auch bei einer funktionalen Herangehensweise nicht endgültig gelöst. Vielmehr zeigt sich: "Eine genaue Definition der Dienstleistungen ist unmöglich" (Skolka 1986, S. 584). Die der Drei-Sektoren-Hypothese zugrunde liegende Aufteilung der Wirtschaft in drei große Sektoren wird daher auch "als ein nicht nur grobschlächtiges, sondern z.T. auch willkürliches Raster" (Walter 1983, S. 154) kritisiert. Schon allein die "permanenten Prozesse der Auskopplung und Re-Integration, der Trennung und Vereinigung ökonomischer Leistungsvorgänge" (ebd.) lasse das Drei-Sektoren-Modell als nicht tragfähig erscheinen. Aufgrund der anscheinend unvermeidbaren Unschärfen ist sogar schon vorgeschlagen worden, den Begriff der Dienstleistung als sozialstatistische Meßeinheit oder als soziologische Schlüsselkategorie zu den Akten zu legen (vgl. bspw. Pohl 1970). So einfach geht es natürlich nicht. Aber bereits bei einer ersten Annäherung an den Begriff der Dienstleistung wird deutlich, daß es sich um einen äußerst heterogenen Wirtschaftsbereich handelt, der nicht einfach zu fassen ist.

2.3.   Funktionstypen von Dienstleistungen

Um der Heterogenität Rechnung zu tragen, empfiehlt es sich, die Struktur und Entwicklung des Dienstleistungssektors nach einzelnen Teilbranchen differenziert zu betrachten.

Mittlerweile liegen viele Klassifikationen vor, die den Dienstleistungssektor in Teilsektoren untergliedern. Fast alle dieser Klassifikationen tragen dem Sachverhalt Rechnung, daß die Dienstleistungen von unterschiedlichen Anbietergruppen erstellt und von unterschiedlichen Nachfragergruppen in Anspruch genommen werden. Zum Teil werden sie für den unmittelbaren Endverbrauch von Privatpersonen bzw. Haushalten und zum anderen Teil von Betrieben nachgefragt. Deshalb ist es zunächst sinnvoll, zwischen den "intermediären" und den "finalen" Dienstleistungen" zu unterscheiden. Die erstgenannten Dienstleistungen richten sich an andere Unternehmen, die sie als Vorleistungen in der Warenproduktion bzw. in der Erbringung von weiteren Dienstleistungen nutzen. Die "finalen" Dienstleistungen richten sich demgegenüber an den Endverbraucher. Die Anwendung dieser Differenzierung bereitet freilich gewisse Probleme, weil bestimmte Dienstleistungen wie bspw. die der Geldinstitute oder Rechtsanwälte sowohl von Unternehmen als auch von Privatpersonen und -haushalten in Anspruch genommen werden. In solchen Wirtschaftsbereichen erlauben die vorliegenden Statistiken keine Trennung nach finalen und intermediären Dienstleistungen. Deshalb werden beispielsweise die Geldinstitute in der Regel den unternehmensbezogenen Diensten zugeordnet, wohl wissend, daß auch Privatpersonen zur Kundschaft dieser Unternehmen zählen. Die distributiven Dienstleistungen (Handel, Verkehr, Nachrichtenwesen), die sich ebenfalls sowohl an Unternehmen als auch an den Endverbraucher richten, werden in empiririschen Untersuchungen demgegenüber der größeren Klarheit wegen gesondert behandelt (vgl. dazu Stigler 1956, Gershuny/Miles 1983, Berger/Offe 1984, von Einem 1986 und Skolka 1986, S. 587).

Auf der Angebotsseite ist zwischen privaten und öffentlichen Dienstleistungen zu unterscheiden. Dienstleistungen werden demnach entweder von privaten Unternehmen, die ihr Angebot auf den entsprechenden Dienstleistungsmärkten gegen Entgelt feilbieten, oder von öffentlichen Organisationen, deren Leistungen mit Steuern, Beiträgen oder Gebühren finanziert werden, angeboten. Auch diese Unterscheidung läßt sich allerdings nicht immer konsequent durchhalten. In einigen Fällen, deren Gewicht allerdings infolge der "Reprivatisierung" öffentlicher Dienste eher zunehmen dürfte, werden Dienstleistungen von privaten Unternehmen erbracht und direkt oder indirekt (über rechtliche Vorgaben) von der öffentlichen Hand finanziert.

In Anlehnung an diese Grobstruktur von Dienstleistungen wird heute mit "Funktionstypen" von Dienstleistungen gearbeitet. So wird bspw. in der empirischen Forschung zwischen

* intermediären bzw. produktionsnahen Dienstleistungen (Vorleistungen für die Industrie oder andere Dienstleistungsunternehmen, bspw. das Kredit- und Versicherungsgewerbe, wirtschaftliche, rechtliche und technische Unternehmensberatung, Immobilienverwaltung und -pflege, Werbung, Bewachung, Wirtschaftsverbände u.ä.),
* distributiven Dienstleistungen (Handel, Verkehr, Nachrichtenwesen),
* konsumbezogenen Dienstleistungen (Gaststätten und Beherbergung, Unterhaltung, Medien und Kunst, Körperpflege u.ä),
* sozialen Dienstleistungen (Gesundheit, Erziehung, Wissenschaft, Betreuung und Pflege) und
* staatlichen Dienstleistungen (öffentliche Verwaltung, öffentliche Sicherheit und Ordnung).

unterschieden[5].

---

[5] Diese Untergliederung des Dienstleistungssektors wurde bspw. der Untersuchung von (Reissert/Schmid/Jahn 1989), auf die wir uns noch näher beziehen werden, zugrunde gelegt. Andere Analysen des Dienstleistungssektors arbeiten mit ähnlichen Typologien (vgl. bspw. Bade 1985, von Einem 1986).

2.4.   Dienstleistungen in der amtlichen Statistik

Selbst eine solche immer noch recht grobe Auffächerung des Dienstleistungssektors bereitet in der Anwendung, also unter Hinzuziehung der verfügbaren
Statistiken, gewisse Probleme. In der amtlichen Statistik werden die Dienstleistungen nicht in der erforderlichen Tiefenschärfe erfaßt. Die analytische und
statistische Aufarbeitung des Dienstleistungssektors entspricht damit in keiner
Weise der wachsenden Bedeutung dieses Wirtschaftsbereichs (vgl. z.B. Hermann
1988 oder Lützel 1987). "So ist die Diskrepanz zwischen dem Überfluß an
agrarstatistischen Informationen und dem Mangel an Daten über den Dienstleistungsbereich zwar schon Legende, aber immer noch Faktum" (Vogler-Ludwig 1987, S. 66). Die Statistik folgt eher Denkweisen, die Dienstleistungen als
eine Restkategorie sehen und sich auf die Agrar- und Industrieproduktion
konzentrieren.

Die Geringschätzung und mangelnde Aufmerksamkeit gegenüber dem tertiären
Sektor läßt sich vermutlich darauf zurückführen, daß die klassische Nationalökonomie den Dienstleistungen jeglichen produktiven Wert abgesprochen hat.
Noch heute bilden die Dienstleistungen zumeist eine statistische Residualkategorie. So liegt bspw. den Volkswirtschaftlichen Gesamtrechnungen in aller Regel
ein institutioneller Ansatz zur Abgrenzung des Dienstleistungssektors zugrunde,
der alle Wirtschaftsbereiche umfaßt, die nicht dem Produzierenden Gewerbe
oder der Land- und Forstwirtschaft zugeordnet werden können.

Die Datenerhebung ist daher in einem unbefriedigenden Zustand. Um dieses
Defizit zu beheben, sind mittlerweile von den statistischen Stellen verschiedene
Maßnahmen zur Verbesserung des Datenangebotes über Dienstleistungen eingeleitet worden (vgl. z.B. Südfeld 1988 und Treeck 1989). Für die Zukunft ist
damit eine etwas günstigere empirische Basis für Analysen der Struktur und
Entwicklung des Dienstleistungssektors zu erwarten. Zum gegenwärtigen Zeit-
punkt muß aber noch auf die recht grobe, wenig befriedigende Datenlage der
bisherigen Erhebungsmethoden und -klassifikationen zurückgegriffen werden.

3. Die Entwicklung des Dienstleistungssektors im internationalen Vergleich

3.1. Der Befund: Erhebliche Unterschiede im Tertiärisierungsgrad

Ein Blick in die Daten der OECD macht deutlich, daß der Anteil der Dienstleistungen am Bruttoinlandsprodukt heute in den meisten Industrieländern die 50%-Marke mehr oder weniger weit übertrifft und im Einzelfall sogar der 70%-Marke nahekommt. Auch bei den Anteilen an der Beschäftigung haben die Dienstleistungen das größte Gewicht gewonnen (vgl. Tab. 1).

Tab. 1: Erwerbstätigenstruktur im internationalen Vergleich 1970-1989

	Land- und Forstwirtsch. Fischerei			Produzierendes Gewerbe			Dienstleistungen		
	1970	1988	1989	1970	1988	1989	1970	1988	1989
USA	4,5	2,9	2,9	34,4	26,9	26,7	61,1	70,2	70,5
Kanada	7,6	4,5	4,3	30,9	25,6	25,7	61,4	69,8	70,0
G'britannien	3,2	2,3	2,2	44,7	29,8	29,3	52,0	68,0	68,5
Australien	8,0	5,9	5,5	37,0	26,4	26,5	55,0	67,8	68,0
Schweden	8,1	3,8	3,6	38,4	29,5	29,4	53,5	66,6	66,9
Frankreich	13,5	6,8		39,2	30,3		47,2	62,9	
Schweiz	8,6	5,7	5,6	46,0	35,1	35,1	45,4	59,2	59,3
Italien	20,2	9,8	9,3	39,5	32,4	32,4	40,3	57,7	58,2
Japan	17,4	7,9	7,6	35,7	34,1	34,3	46,9	58,0	58,2
BRD (alt)	7,5	4,2	3,7	48,9	40,4	40,9	43,6	55,4	55,4
Österreich	14,5	8,2		42,3	37,7		43,2	54,2	

Quelle: Statistisches Bundesamt 1990 und 1990a; eigene Berechnungen.

Die Tabelle macht zweierlei deutlich: Zum einen kann an dem Trend zur Ausweitung des Dienstleistungssektors kein ernsthafter Zweifel bestehen; zum anderen wird im internationalen Vergleich offensichtlich, daß zwischen den westlichen Industriestaaten in der Tertiärisierung erhebliche Unterschiede bestehen. Aus der Sicht der Bundesrepublik zeigt die Tabelle den überraschenden Sachverhalt, daß der Dienstleistungssektor hierzulande noch vergleichsweise unterentwickelt zu sein scheint (vgl. dazu auch den internationalen Vergleich von Franzmeyer 1983, Sperber 1988 und den Beitrag von Hönekopp/Ullmann 1980).

3.2. Die Erklärung: Einkommensdifferenzierung und Abgabenhöhe

Die unterschiedlichen Tertiärisierungsgrade westlicher Industriestaaten sind mehrfach Gegenstand international vergleichender Analysen geworden (vgl. z.B. Krupp 1986a, Ochel 1987, Ochel/Wegner 1987, Rein 1985, Scharpf 1986 und Wegner 1987). Ein Ergebnis dieser Untersuchungen ist, daß sich in den kontinentaleuropäischen Ländern die intermediären Dienstleistungen besonders dynamisch entwickelt und stark zum Beschäftigungswachstum des Dienstleistungssektors beigetragen haben, während die konsumbezogenen Dienstleistungen nur eine bescheidene Ausweitung erfahren konnten. Deutliche Unterschiede in der Wachstumsdynamik bestehen indes bei den sozialen Dienstleistungen.

Auch bei den intermediären Dienstleistungen hat die Beschäftigung in der Bundesrepublik langsamer zugenommen als in den anderen europäischen Ländern. Dieser Rückstand wird u.a. auf Unterschiede in der Produktivitätsentwicklung sowie auf eine geringere Bereitschaft der Unternehmen im sekundären Sektor, Dienstleistungsfunktionen auszugliedern, zurückgeführt (vgl. Krupp 1986a).

Vor allem der im Vergleich extrem hohe Tertiärisierungsgrad und die damit verbundenen Arbeitsplatzgewinne in den USA sind immer wieder Anlaß für Diskussionsbeiträge, die dem "amerikanischen Beschäftigungswunder" nachgehen und prüfen, ob sich bestimmte wirtschaftspolitische Maßnahmen zur Nachahmung empfehlen. In den USA sind zwischen 1972 und 1987 ca. 30 Mio. Arbeitsplätze geschaffen worden. Auch nach den schwierigen weltwirtschaftlichen Rahmenbedingungen in den Jahren nach 1983 fiel der Zuwachs an Arbeitsplätzen in den USA deutlich höher aus als in den Europäischen Gemeinschaften oder in der Bundesrepublik Deutschland (vgl. Groser 1989). Dieser Sachverhalt wird vielfach der stärkeren Expansion des Dienstleistungssektors zugeschrieben (vgl. z.B. Hof 1984).

Neuere Analysen haben aber ergeben, daß das amerikanische "Beschäftigungswunder" in der Bundesrepublik schon allein aus institutionellen Gründen nicht nachgeahmt werden kann (vgl. z.B. Wegner 1985, 1987, Scharpf 1986, Krupp 1986a, 1986b). Ein großer Teil der in den USA geschaffenen Arbeitsplätze genügt den bundesdeutschen Ansprüchen nicht. Ein Standardargument führt die internationalen Unterschiede auf die deutlich geringere Entlohnung großer Teile der Erwerbstätigen im sozialen Dienstleistungsbereich zurück (vgl. zu der teilweise kritischen Diskussion über das "Beschäftigungswunder USA" Appelbaum/Schettkat 1990, 1990b, Cornetz 1987 ,1989, DIW 1984, Goldberg 1984, Hoffmann 1988, Lovemann/Tilly 1988, Winkler-Büttner 1984, Wohlers 1986, Wohlers/Weinert 1986, Woller/Hochmuth 1989).

Damit ist aber die Frage noch nicht beantwortet, ob es sich bei den Tertiärisierungsunterschieden auch im Vergleich zu anderen westlichen Industrieländern um ein statistisches Artefakt handelt, ob es plausible und hinzunehmende Gründe für den vergleichsweise geringen Tertiärisierungsgrad in der Bundesrepublik gibt, oder ob die Bundesrepublik von den konkurrierenden Ländern in der Entwicklungsdynamik abgehängt worden ist. Mittlerweile gibt es zahlreiche theoretische Analysen und empirische Studien über die deutlichen Tertiärisierungsdiskrepanzen und ihre möglichen Ursachen.

Es soll im Rahmen dieser Studie darauf verzichtet werden, die Diskussion über einen tatsächlichen oder auch nur vermeintlichen Rückstand der Bundesrepublik detailliert nachzuzeichnen. Wir beschränken uns stattdessen auf die Ergebnisse einer Untersuchung von Scharpf (1986), der zwei Variablen herausgearbeitet hat, die den Trend zur Dienstleistungsgesellschaft beschleunigen, abbremsen oder sogar temporär umkehren können: der Grad der jeweiligen, national sehr unterschiedlichen Lohndifferenzierung und die ebenfalls im internationalen Vergleich streuende gesamtwirtschaftliche Abgabenquote. Nach seiner Argumentation zeigt sich am Beispiel der USA, wie eine ausgefächerte Lohndifferenzierung und eine geringe Abgabenquote die Voraussetzungen dafür schaffen, daß sich die privaten Dienstleistungen am Markt behaupten können, also nicht der ansonsten drohenden "Kostenkrankheit" der Dienstleistungen erliegen. Bei steigender gesamtwirtschaftlicher Nachfrage gewinnen diese Dienstleistungen unter "amerikanischen Verhältnissen" deutlich an Gewicht. Auch im umgekehrten Fall, also bei einer geringen Lohndifferenzierung und einer hohen Abgabenquote kann es zu einer deutlichen Zunahme der Dienstleistungen kommen, sofern das Abgabenaufkommen zur Finanzierung oder zumindest Subventionierung der (öffentlichen) Dienstleistungen herangezogen wird. Dies wird von Scharpf am Beispiel der skandinavischen Länder exemplifiziert. Wenn jedoch, wie bei den kontinental-europäischen Ländern, insbesondere der Bundesrepublik, das Aufkommen einer hohen Abgabenquote eher in die Erhöhung von Transfereinkommen und weniger in die Förderung der öffentlichen Dienstleistungen fließt, dann fällt das Wachstum des Dienstleistungssektors vergleichsweise bescheiden aus.

4. Die Entwicklung des Dienstleistungssektors in der Bundesrepublik Deutschland

Im folgenden sollen die Expansion des Dienstleistungssektors und mögliche Gegentrends in bezug auf die Arbeitsmarkteffekte etwas genauer betrachtet werden, wobei die verschiedenen Zweige des tertiären Sektors differenziert zu analysieren sind. Wir konzentrieren uns dabei auf die sozialversicherungspflichtig beschäftigten Arbeitnehmer, gegliedert nach ihrer Zugehörigkeit zu einzelnen Wirtschaftszweigen.

4.1. Ein erster Überblick

Einen ersten Einblick in die Veränderungen der Erwerbsstruktur vermitteln die Ergebnisse der Volkszählung 1987. Der besondere Stellenwert der Volkszählung für das statistische Gesamtsystem liegt bekanntlich in dem Sachverhalt, daß sie als einziges Erhebungsinstrument alle Erwerbstätigen erfaßt und damit wie keine andere Datenquelle einen umfassenden Überblick über die Gesamterwerbstätigkeit der Bevölkerung ermöglicht. Ein weiterer Vorteil liegt in der vergleichsweise tiefen fachlichen und regionalen Untergliederung. Alle anderen statistischen Quellen erheben entweder nur Teilbereiche oder erlauben keine regionale Differenzierung.

Am Volkszählungsstichtag wurden in der Bundesrepublik Deutschland insgesamt 26.907.517 Erwerbstätige registriert. Das sind 1,56 Prozent Erwerbstätige mehr als bei der Volkszählung 1970.

Nur noch 3,2 Prozent (1970: 7,5 Prozent) der Erwerbstätigen sind in der Land- und Forstwirtschaft oder Fischerei tätig. Im Produzierenden Gewerbe arbeiteten 1987 41,8 Prozent (1970: 48,9) der Erwerbstätigen. Den Wirtschaftssektoren Handel, Verkehr und Nachrichten sowie den übrigen Dienstleistungsbereichen wurden insgesamt 55 Prozent (1970: 43,6) der Erwerbstätigen zugeordnet (vgl. Abb. 1).

**Abb. 1: Erwerbstätige nach Wirtschaftsbereichen in der Bundesrepublik
Deutschland 1950-1987**

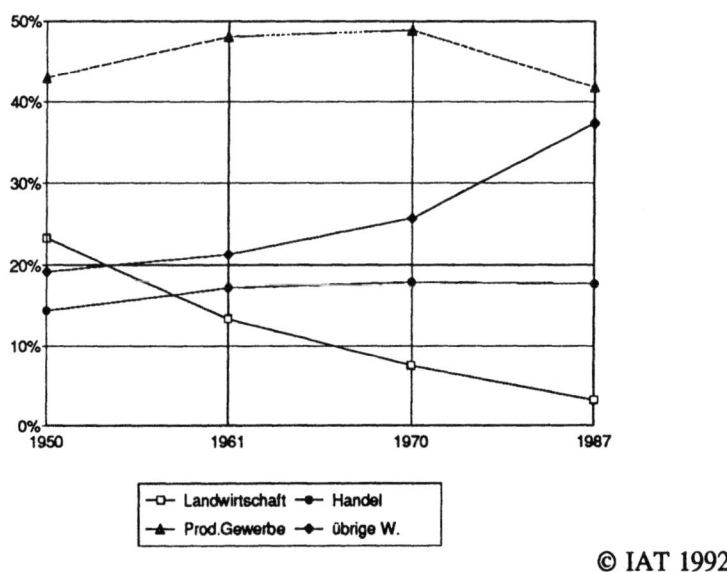

© IAT 1992

Anmerk.:   Ergebnisse der Volkszählungen 1950, 1961, 1970 und 1987 (Volkszählungsergebnis
             1950 einschl. Saarland mit Gebietsstand 14. November 1951), vgl. Tab. 1B im
             Anhang.
Quelle: Breimaier 1989, S. 503.

Tab. 2 zeigt die Dynamik des Strukturwandels in den siebzehn Jahren zwischen den Volkszählungen von 1970 und 1987. In der Landwirtschaft ist die
Zahl der Erwerbstätigen um 56,5 Prozent geschrumpft. Im Produzierenden
Gewerbe haben 13,2 Prozent der Erwerbstätigen ihren Arbeitsplatz verloren. Die
Dienstleistungssektoren Handel, Verkehr und Nachrichten konnten einen marginalen Beschäftigungszuwachs verzeichnen. In den übrigen Dienstleistungsbereichen liegt die Zunahme der Erwerbstätigenzahl mit 47,7 Prozent deutlich höher.

Tab. 2: Teilzeitbeschäftigte[1] nach Geschlecht und Wirtschaftsabteilungen am 25. Mai 1987

Wirtschaftsabteilung	Insgesamt		Frauen	
	Anzahl	Prozent[2]	Anzahl	Prozent[3]
Land- u. Forstwirtschaft, Fischerei	24.501	17,9	13.353	30,5
Energie- u. Wasserversorgung, Bergbau	10.358	2,6	8.759	23,8
Verarbeitendes Gewerbe	588.917	7,1	466.197	20,1
Baugewerbe	95.470	5,2	62.995	31,8
Handel	985.425	24,5	827.432	39,1
Verkehr u. Nachrichtenübermittlung	183.866	11,9	128.194	34,1
Kreditinstitute u. Versicherungsgewerbe	139.606	14,5	121.911	25,9
Dienstleistungen, soweit von Unternehmen und Freien Berufen erbracht	1.445.263	30,2	1.088.882	40,0
Organisationen ohne Erwerbszweck	345.855	29,7	286.561	35,6
Gebietskörperschaften und Sozialversicherung	584.525	15,6	496.179	29,2
Insgesamt	4.403.786	16,3	3.500.463	32,5

Anmerk.: [1]Beschäftigungsfälle.
[2]Anteil an den Beschäftigten insgesamt.
[3]Anteil an den weiblichen Beschäftigten insgesamt.
Quelle: Krüger-Hemmer/Veldhues 1989, S. 430.

Auch aus dem kürzlich vom Statistischen Bundesamt veröffentlichten Vergleich der Ergebnisse der Arbeitsstättenzählung von 1970 und 1987 geht hervor, daß der Dienstleistungsbereich (Dienstleistungen, soweit von Unternehmen und Freien Berufen erbracht) an Bedeutung gewonnen hat. Die Zahl der Arbeitsstätten hat im Bundesgebiet von 1970 bis 1987 insgesamt um 296.000 (13 Prozent) auf 2,581 Millionen zugenommen, im Verarbeitenden Gewerbe und im

Handel gleichzeitig jedoch um 81.000 (18,4 Prozent) bzw. 25.000 (3,4 Prozent) abgenommen. Erheblich erhöht hat sich die Zahl der Arbeitsstätten im Dienstleistungsbereich (Dienstleistungen, soweit von Unternehmen und Freien Berufen erbracht), deren Zahl 1987 mit 859.000 um 282.000 oder 48,9 Prozent deutlich höher lag als siebzehn Jahre zuvor. Auch bei der Zahl der Beschäftigten (bzw. der Beschäftigungsfälle) gab es erhebliche Strukturverschiebungen. Im Verarbeitenden Gewerbe ist ihre Zahl seit Anfang der 70er Jahre um 1,773 Millionen (17,5 Prozent) auf 8,352 Millionen zurückgegangen, während sich die Zahl der Beschäftigten im Dienstleistungssektor von 2,446 auf 4,785 Millionen erhöht und damit fast verdoppelt hat. Während 1970 noch über 40 Prozent der Beschäftigten zum Verarbeitenden Gewerbe zählten, stellte das Verarbeitende Gewerbe 1987 nicht einmal mehr ein Drittel der Beschäftigten.

Anhand der Arbeitsstättenzählung seien hier auch einige Veränderungen in der Struktur der Beschäftigung aufgezeigt, die sich auch anhand der Ergebnisse der Volkszählung oder der Beschäftigtenstatistik nachzeichnen ließen. Der Anteil der Frauen an der Gesamtzahl der Beschäftigten hat von 34,8 Prozent (1970) auf 40,0 Prozent zugenommen. Rund ein Viertel der beschäftigten Frauen war 1987 im Dienstleistungssektor tätig (insgesamt 2,721 Millionen); 1970 lag dieser Anteil noch bei einem Siebtel (1,389 Millionen).

Mit der Zunahme des Anteils der Frauen an der Gesamtzahl der Beschäftigten korrespondiert ein Wachstum der Teilzeitbeschäftigung. Die Zahl der Teilzeitbeschäftigten hat sich zwischen 1970 und 1987 auf 4,404 Millionen verdoppelt. Der Anteil der Teilzeitbeschäftigten an der Gesamtheit aller Beschäftigten ist damit von 7,8 auf 16,3 Prozent gestiegen. Die Zahl der Vollbeschäftigten hat sich demgegenüber seit 1970 kaum erhöht (+0,4 Prozent). In Teilzeit waren 1987 in erster Linie Frauen beschäftigt (79 Prozent aller Teilzeitkräfte). Fast ein Drittel der Teilzeitarbeitsverhältnisse fanden sich im Dienstleistungssektor. Die Zahl der dort gezählten weiblichen Teilzeitbeschäftigten hat sich seit Beginn der 70er Jahre bis 1987 auf 1,089 Millionen erhöht und damit vervierfacht.

Gemeinhin werden die Tertiärisierungspozesse jedoch anhand der Beschäftigtenstatistik dokumentiert, bei der allerdings im Gegensatz zu den Volkszählungen Beamte, Selbständige und mithelfende Familienangehörige nicht berücksichtigt werden. Sie basiert auf den Daten, die im Rahmen des integrierten Meldeverfahrens zur Sozialversicherung (gesetzliche Kranken- und Rentenversicherung) und zur Bundesanstalt für Arbeit (Arbeitslosenversicherung) anfallen. Dieses rechtlich vorgeschriebene Verfahren verlangt von den Arbeitgebern die Meldung sozialversicherungsrelevanter Angaben einschließlich bestimmter wirtschaftlicher und demographischer Informationen. Die Beschäftigtenstatistik vermittelt regelmäßig Informationen über alle sozialversicherungspflichtig beschäftigten Arbeitnehmer.

Wir verzichten hier auf die übliche Wiedergabe der Statistiken, die bspw. in den "Amtlichen Nachrichten der Bundesanstalt für Arbeit" enthalten sind, und beziehen uns stattdessen auf die Ergebnisse aus der "Regionaldatenbank Arbeitsmarkt" am Wissenschaftszentrum Berlin für Sozialforschung, die Reissert/-Schmid/Jahn (1989) im Rahmen ihrer bereits erwähnten Studie vorgelegt haben. Sie präsentieren die Daten der Beschäftigtenstatistik in einer aufbereiteten Form. Hilfreich ist in unserem Zusammenhang vor allem die Zuordnung der verschiedenen Teilbranchen des Dienstleistungssektors zu fünf Funktionstypen: produktionsnahe, distributive, soziale und staatliche Dienstleistungen.

Tab. 3: Beschäftigtenentwicklung in den Funktionstypen des Dienstleistungssektors im Bundesgebiet zwischen 1977 und 1988

	Veränderung der Beschäftigung absolut	Veränderungsrate der Beschäftigung in Prozent
Soziale Dienstleistungen	+ 779.955	+ 42,8
Produktionsnahe Dienstleistungen	+ 547.461	+ 35,8
Konsumbezogene Dienstleistungen	+ 168.959	+ 21,9
Staatliche Dienstleistungen	+ 136.886	+ 10,5
Distributive Dienstleistungen	+ 200.404	+ 5,4

Quelle: Reissert/Schmid/Jahn 1989, S. 46.

Die Auswertung der Beschäftigtenstatistik ergibt, daß die Expansion des Dienstleistungssektors zwischen 1977 und 1988 vor allem von zwei der fünf Teilbereiche getragen worden ist: von den sozialen und den produktionsnahen Dienstleistungen (vgl. dazu auch die detaillierten Übersichten von Reissert/-Schmid/Jahn 1989, S. 144f., und den Beitrag von Becker 1988). Bei den sozialen Dienstleistungen sticht vor allem der Beschäftigungszuwachs im Gesundheits- und Veterinärwesen ins Auge. Aber auch die Wirtschaftszweige "Kinder- und Altenheime u.ä." und "Wohlfahrtsverbände, Parteien" konnten einen deutlichen Zuwachs verbuchen. Bei den produktionsnahen Dienstleistungen fällt neben dem in absoluter Höhe bedeutenden Zuwachs der Beschäftigung im Kredit- und

Versicherungsgewerbe die zunehmend starke Stellung der Rechts- und Wirt-
schaftsberatung sowie der "Sonstigen Dienstleistungen" auf (ebd.).

An dieser Stelle ist noch einmal zu betonen, daß derartige Aussagen über
Wachstumsschübe einzelner Wirtschaftszweige des tertiären Sektors, die auf
Basis der sozialversicherungspflichtig Beschäftigten vorgenommen werden, die
Tätigkeiten in der Grauzone des Arbeitsmarktes und teilweise auch in den
privaten Haushalten systematisch nicht erfassen. Gerade für den Bereich der
konsumbezogenen Dienstleistungen haben branchenspezifische Studien einen
weitaus höheren Anteil an Beschäftigten als in den amtlichen Statistiken festgestellt (vgl. Häußermann et al. 1989, S. 16ff.).

4.2.   Wachstumstrends nach Teilsektoren des Dienstleistungssektors

4.2.1.   Dienstleistungen öffentlicher und privater Organisationen

Eine etwas andere Aufteilung der Wirtschaftssektoren ergibt sich, wenn man
nicht nur die sozialversicherungspflichtig Beschäftigten, sondern alle Erwerbstätigen (also auch Selbständige, Beamte etc.) berücksichtigt. Im Dienstleistungssektor waren dann 1988 54,7 Prozent beschäftigt; auf den Staat (einschließlich
häuslicher Dienste und der privaten Organisationen ohne Erwerbszweck) entfielen rd. 20 Prozent der Beschäftigten. Die Dynamik des Wachstums des tertiären
Sektors zeigt sich - vor allem bei einer etwas längeren Betrachtungsphase -
gerade in diesem Arbeitsmarktsegment; die Zuwachsrate von 43 Prozent zwischen 1970 und 1987 liegt deutlich über der allgemeinen Zunahme von rd. 25
Prozent (vgl. Braczyk et al. 1989).

Die Zahl der im öffentlichen Dienst Tätigen hat besonders in den 60er und
70er Jahren deutlich zugenommen: dies gilt vor allem für die Bildungs-, Ge-
sundheits- und sozialen Dienste. Im Bereich "Bildung und Kultur" waren bspw.
1976 mehr als 40 Prozent der Vollzeitarbeitsplätze der Gebietskörperschaften
angesiedelt; von 1970 bis 1976 gab es eine Zuwachsrate von knapp 38 Prozent.
"Noch beeindruckender sind die Zuwachsraten, wenn man den Zeitraum von
1960 bis 1974 zugrundelegt: Hochschulen (+ 270 Prozent), allgemeine und
berufsbildende Schulen (+ 75 Prozent), sonstiges Bildungswesen und übriger
Kulturbereich (+ 105 Prozent)" (Hegner 1981, 216).

Auch im internationalen Vergleich zeigt sich, daß die sozialen Dienstleistungen im Erziehungs-, Bildungs- und Gesundheitswesen am stärksten zugenommen
haben. Hierbei muß man allerdings feststellen, daß der Beschäftigtenanteil des
sozialen Dienstleistungssektors in der Bundesrepublik sowohl im Vergleich mit
Schweden als auch den USA deutliche Rückstände aufweist. "Nach ersten

Schätzungen waren in Schweden Anfang der 1980er Jahre über 1/4 der Beschäftigten im sozialen Dienstleistungssektor tätig, in den USA immerhin nahezu 18 Prozent, wogegen es in der Bundesrepublik nur knapp 11 Prozent waren. Und auch die Verteilung der Erwerbstätigen nach Berufen zeigt, daß in den Vereinigten Staaten nicht nur der tertiäre Berufsbereich insgesamt einen größeren Beschäftigtenanteil im Vergleich zur Bundesrepublik aufweist. Mit fast 12 Prozent übten dort 1981 auch deutlich mehr Erwerbstätige einen Beruf der sozialen Dienstleistungen aus" (Riede et al. 1988, 2f.; vgl. auch Rein 1985, Krupp 1986b, 1987 und Scharpf 1986).

Ohne an dieser Stelle die doch beträchtlichen Unterschiede z.B. mit den USA aufzugreifen, kann vermutet werden, daß dieser Bereich zukünftig ein Potential für zusätzliche Beschäftigung in der Bundesrepublik darstellen könnte. Große Hoffnungen sollte man allerdings hinsichtlich des "Rückstandes" der Bundesrepublik nicht hegen, denn die Dynamik der Ausdehnung staatlicher, kommunaler und gemeinnütziger Institutionen in den Bereichen Krankenhäuser, Schulen, Universitäten etc. hat sich bereits in den 80er Jahren aufgrund der restriktiver gewordenen Personalpolitik abgeschwächt.

Dies heißt nicht, daß die Zahl der Erwerbstätigen in diesem Sektor wieder sinkt, vielmehr hat sie von 1979 bis 1984 weiter zugenommen, allerdings unter veränderten Bedingungen. Es zeichnet sich eine Strategie der "Staatsentlastung" und "Reprivatisierung" und damit eine Verlagerung der bislang staatlich/kommunal erbrachten Dienstleistungen auf gemeinnützige und private Träger ab. Eine Analyse der Beschäftigtenstatistik ergibt, "daß die Gesundheits-, Bildungs- und sozialen Dienstleistungen in den Jahren 1979-1984 bei den gemeinnützigen Trägern das schnellste Beschäftigtenwachstum erlebten, gefolgt von den privaten Trägern und deutlich vor den staatlich/kommunalen Institutionen. Mit Ausnahme der Krankenhäuser ist das Entwicklungsmuster durchgehend von dieser Entwicklung geprägt" (von Einem 1986, 39; vgl. auch Berger/Offe 1984).

Die Beschäftigungsexpansion des Staatssektors hat sich in den 80er Jahren nicht nur aufgrund der "Finanzkrise", sondern auch durch die Dominanz konservativ-liberaler Regierungspolitik verlangsamt. Deutlich wird dies anhand der jahresdurchschnittlichen Veränderungen: Gab es zwischen 1971 und 1980 noch einen Zuwachs von 2,6 Prozent, reduzierte sich dieser auf 1,4 Prozent zwischen 1971 und 1987 (nach Angaben der Deutschen Bundesbank 1988, 41). Betrachtet man nur den prozentualen Anteil der beim Staat Beschäftigten, dann stellt sich heraus, daß er in den Jahren 1985 bis 1988 konstant bei 16,1 Prozent liegt.

Eine ähnliche Konstanz ist auch in anderen Dienstleistungssparten (nimmt man einmal die unternehmensbezogenen Dienstleistungen und die freien Berufe heraus), z.B. bei den Kreditinstituten und Versicherungen, festzustellen. Da auch im verarbeitenden Gewerbe und der Landwirtschaft in den letzten 5 bis 10

Jahren keine gravierenden Beschäftigungsumschichtungen mehr stattfanden,
scheinen sich die Verheißungen hinsichtlich einer fast unbegrenzten Aufnahme-
kapazität des Dienstleistungssektors nur partiell erfüllt zu haben. Die gegen-
wärtige Sektorenaufteilung der Wirtschaft in der Bundesrepublik scheint heute
keine dramatische Entwicklungsdynamik mehr zu haben.

Neue Arbeitsplätze dürften aber weiterhin fast durchweg allein in Zweigen des
tertiären Sektors geschaffen werden, etwa in den bereits genannten unterneh-
mens- und haushaltsbezogenen Dienstleistungen. Ein überdurchschnittliches
Beschäftigungswachstum konnten bereits in den letzten Jahren die in der offiziellen Statistik unter der Residualkategorie "Sonstige Dienstleistungen" zusam-
mengefaßten Tätigkeitsbereiche vorweisen. Die Zuwachsrate liegt hier im
Zeitraum von 1970 bis 1987 bei 40 Prozent, wobei noch einmal darauf hinzu-
weisen ist, daß in diesem Bereich aufgrund der kleinbetrieblichen Struktur, der
Vielzahl freier Berufe, mithelfender Familienangehöriger etc. eine große Unüber-
sichtlichkeit herrscht und deshalb mit einer hohen Dunkelziffer nicht registrierter
Jobs gerechnet werden muß.

Diese Informalisierung und Flexibilisierung der Erwerbstätigkeit in diesem
Wirtschaftssektor ist verbunden mit einer hohen Fluktuation der Unternehmen.
Nicht umsonst entfallen rd. 80 Prozent der Unternehmensneugründungen auf den
Dienstleistungssektor, allerdings sind neben den hohen Zugangsquoten auch die
nicht unbeträchtlichen Abgangsquoten zu bedenken (vgl. dazu Bögenhold 1987,
Tengler/Dahremöller 1987 und Tengler/Hennicke 1987), was aber dennoch
insgesamt zu einem deutlichen Beschäftigungswachstum geführt hat. Im einzelnen zählen zu dieser "Residualkategorie" die bereits angesprochenen Branchen
des Gastgewerbes, persönlicher Dienstleistungen (z.B. Wäschereien), des Frei-
zeitbereichs etc.

4.2.2. Produktionsnahe Dienstleistungen

Unter der Rubrik der Sonstigen Dienstleistungen werden aber auch die produktionsbezogenen Dienstleistungen aufgeführt, die überdurchschnittlich angestiegen sind und 1987 mit rd. 1 Mio. Beschäftigten bereits die größte Teilgruppe
darstellen. Deshalb wird in neueren Argumentationsmustern als Erklärung für
den relativen Bedeutungsgewinn des Dienstleistungssektors auf die veränderten
Wettbewerbsbedingungen im industriellen Sektor verwiesen. Die Industrieunternehmen sind demnach dazu gezwungen, immer hochwertigere Produkte anzubie-
ten: "Im Zuge der technischen Entwicklung und der weltweiten Arbeitsteilung
kommt es im Rahmen der industriellen Produktion zu einer stetigen Erhöhung
des Anteils 'tertiärer Funktionen'. Forschung, Entwicklung, Marktforschung,

Werbung, Finanzierung, Transport, Versicherung, Management, Organisation, Arbeitsvorbereitung, Rechnungswesen usw. werden immer wichtiger gegenüber der eigentlichen Herstellung von Produkten" (Scharpf 1986, S. 7; vgl. dazu auch Bade 1987 und Albach 1989).

Allein im Bereich der Unternehmsberatung arbeiten mittlerweile mehr Erwerbstätige als in der Stahlindustrie. "In ihr verzeichnete die Gruppe der Unternehmerhilfsdienste die höchste Wachstumsrate. Bemerkenswert ist daran vor allem der gleichbleibend hohe Arbeiteranteil und der steigende Anteil von Männern. Auch die beschäftigungspolitisch bedeutsamen Dienste Rechts- und Unternehmensberatung sowie Architektur- und Ingenieurbüros, also qualifizierte unternehmensbezogene Beratungsdienste, legten deutlich zu... Der Zuwachs an sozialversicherungspflichtig Beschäftigten in der Hauptgruppe produktionsbezogene Dienstleistungen speist sich aus zwei Quellen:

- Verlagerung von Dienstleistungsfunktionen aus den beiden anderen Sektoren (Substitution, Externalisierung), aber auch Verlagerungen innerhalb des Dienstleistungssektors (z.B. durch Privatisierung im staatlichen Sektor);
- Intensivierung und Spezialisierung des Dienstleistungsangebotes als Reaktion auf steigende Unsicherheit und Komplexität" (Braczyk et al. 1989, S. 390 ff.).

Aber auch die Ausweitung der unternehmensbezogenen Dienstleistungen ist freilich begrenzt. Berger/Offe (1984) haben deutlich gemacht, daß derartige Tertiärisierungsprozesse der industriellen Produktion dann und nur dann eintreten können, wenn dadurch die Produktivität des Industriessektors erhöht wird. Was die Beschäftigungspotentiale der unternehmensbezogenen Dienstleistungen betrifft, muß daher davon ausgegangen werden, daß sie unmittelbar an die Entwicklung des sekundären Sektors angebunden bleibt (vgl. dazu auch Rasmussen 1977 und Haller 1982). Und "da Dienstleistungen dieser Art dazu dienen, die Leistungsfähigkeit des industriellen Kernsystems zu erhalten und zu verbessern, sind sie eher diesem als einem 'Dienstleistungssektor' zuzuordnen" (Schröder et al. 1989, S. 24)[6].

Würde man diesem Vorschlag folgen und die Beschäftigten der Industrie und die Beschäftigten der produktionsbezogenen Dienstleistungen in einer gemeinsamen Kategorie der fertigungsbezogenen Beschäftigten zusammenführen, so

---

[6] Vgl. dazu auch den Beitrag von Hack (1987), der anhand der vermeintlichen "Dienstleistungsmetropole Frankfurt" aufzeigt, daß die dort zahlreich vertretenen Anbieter unternehmensbezogener Dienstleistungen (z.B. Niederlassungen bekannter Industrieunternehmen, Geldinstitute, Wirtschaftsverbände) eher dem sekundären Sektor zugeordnet werden müßten.

ergäbe die Statistik, daß die Zahl dieser fertigungsbezogenen Beschäftigten im
Verhältnis zu der üblichen sektoralen Betrachtung der Industriebeschäftigten
entweder in geringerem Maße abnimmt oder sogar ansteigt (vgl. Scharpf 1986).
    Für eine solche Zuordnung der unternehmensbezogenen Dienstleistungen zum
sekundären Sektor spricht auch der Sachverhalt, daß die den Dienstleistungen
vielfach zugeschriebene Produktivitätsschwäche bei den unternehmensbezogenen
Dienstleistungen nicht zutrifft. Vielmehr scheint in diesem Bereich ein hohes
Produktivitätswachstum geradezu eine Voraussetzung einer weiteren Expansion
zu sein. Die Bereitschaft der Unternehmen des sekundären Sektors, bestimmte
Dienstleistungstätigkeiten auszulagern und über den Markt zu beziehen, ist
nämlich in aller Regel erst dann gegeben, wenn die Kosten des externen Bezugs
unter den Kosten der Selbsterstellung liegen. Die extern produzierten Dienstleistungen müssen also den intern produzierten Dienstleistungen im Preis/Lei-
stungsverhältnis überlegen sein, um überhaupt konkurrenzfähig zu werden.

4.2.3. Soziale und konsumbezogene Dienstleistungen

    Die bislang anhand einiger Daten geschilderte Expansion des tertiären Sektors
verdeckt oft einen Gegentrend, der für die zukünftige Arbeitsmarktentwicklung
bei den sozialen und konsumbezogenen Dienstleistungen bedeutsam zu sein
scheint. Es geht hierbei um die bereits erwähnte Rückverlagerung der Dienstleistungsproduktion in den Haushalt und die Substitution von Dienstleistungen
durch Güter (vgl. Kapitel 2). Vorangetrieben durch die überdurchschnittliche
Verteuerung der Dienstleistungen ist eine wachsende Nachfrage nach Kapitalgü-
tern für den Endverbrauch im Haushalt zu verzeichnen. Kurz zusammengefaßt
lautet die Gegenthese zu den Theorien der Dienstleistungs- oder nachindustriellen Gesellschaft: "Die Zukunft der Gesellschaft (liegt) nicht, wie Bell behauptet,
in der Versorgung mit Dienstleistungen und Annehmlichkeiten, sondern vielmehr
wie bisher in der Produktion und im Konsum von immer mehr Gütern. Die von
uns beobachteten Verschiebungen von Dienstleistungen zu Gütern, oder, möglicherweise, von der Kapitalinvestition in der Industrie zur Kapitalinvestition im
Haushalt, kann man wohl am besten nicht unter dem Begriff 'Dienstleistungswirtschaft', sondern unter 'Selbstbedienungswirtschaft' zusammenfassen" (Gershuny 1978, S. 110, vgl. auch Garhammer 1988a, 1988b sowie Skolka 1990).
    Der Durchschnittshaushalt hat sich immer stärker zu einem kapital- und
technikintensiven Produktionsbereich entwickelt, dessen Ausstattung mit Ver-
brauchs- und Gebrauchsgütern (Auto, Fernseh- und Rundfunkgeräte, Musik-
anlagen, Waschmaschine, Nähmaschine, Gefriertruhe, Werkzeuge etc.) in den
letzten Jahrzehnten deutlich angestiegen ist. Die wachsenden tertiären Kon-

sumwünsche werden nach dieser Argumentation weniger durch den Dienstleistungssektor befriedigt, was eine Ausweitung der dort Beschäftigten zur Folge hätte, sondern vielmehr durch Kapitalgüter (vor allem arbeitssparende Haushaltsgeräte) in Kombination mit Eigenarbeit im Haushalt.

Die Expansion der "Selbstbedienungswirtschaft" ist aber nicht nur an der hohen Kapitalausstattung der Durchschnittshaushalte oder dem Rückgang der Ausgaben für persönliche Dienstleistungen abzulesen. Schaut man sich das Verkehrswesen an, wo das Auto anstelle der öffentlichen Verkehrsmittel immer mehr an Bedeutung gewonnen hat, oder den Touristikbereich und den Boom der "Do-it-yourself-Bewegung", so wird deutlich, daß der Trend zur "Selbstbedienungswirtschaft" eine oft unterschätzte Bedeutung gewonnen hat. "Handwerkliche Tätigkeiten, die hin und wieder in jedem Haushalt anfallen, wie tapezieren oder einen Wasserhahn reparieren, könnte man als typische Aufgaben von Handwerksunternehmen ansehen. Aber etwa zwei Drittel der Haushalte führen diese Arbeiten normalerweise selbst durch. Auch hier besteht also eine Tendenz zur Selbstversorgung, und die Handwerksunternehmen können in diesen Fällen eher als Ersatz für unzureichende Kapazitäten der Selbstversorgung betrachtet werden als umgekehrt... Das Auto ist ein Paradebeispiel dafür, daß die privaten Haushalte einen Aufgabenbereich - die Personentransporte - in ihre Regie übernehmen, indem sie Gebrauchsgüter, die die Industrie herstellt, mit Eigenarbeit kombinieren. 76 % der Haushalte verfügen 1984 über einen PKW. Sie übernehmen aber nicht nur weitgehend Personentransporte in Konkurrenz zu öffentlichen und marktwirtschaftlichen Verkehrsangeboten, sondern sie konkurrieren auch bei Wartungs- und Reparaturarbeiten mit den Autoreparaturwerkstätten" (Glatzer 1990, S. 21ff.).

Eigenarbeit und Selbstversorgung im Haushalt - definiert als Güter und Leistungen, die auch über den Markt bezogen werden können - werden nach einer Untersuchung von Merz/Wolff (1990) von mehr als 27 Prozent der Bevölkerung in nennenswertem Umfang praktiziert. Dabei sind Handwerksarbeiten und Renovierungstätigkeiten stark verbreitet, weitere wichtige Aktivitäten sind Kraftfahrzeugreparaturen, Gartenarbeit oder kunsthandwerkliche Tätigkeiten. Der vermutlich wichtigste Bereich der haushaltlichen Selbstversorgung dürften die Do-it-yourself-Aktivitäten sein. Nach Schätzungen wurden Mitte der 80er Jahre in der Bundesrepublik etwa 30 Mrd. DM für Werkzeuge, Baumaterialien, Maschinen, Bastelmaterialien etc. ausgegeben, während zu Beginn der 60er Jahre noch nicht einmal ein Zehntel dieser Summe hierfür aufgebracht wurde. Bereits Anfang der 80er Jahre waren rd. 12,7 Mio. Menschen in der Bundesrepublik regelmäßig und häufig als Heimwerker tätig. Hinzu kommen noch rd. 11 Mio. gelegentliche Heimwerker. Zusammen ergibt sich - nach Angaben des Instituts für Freizeitwirtschaft - die Zahl von 23,7 Mio. Heimwerkern im Jahre

1983, die einen nicht unwesentlichen Teil ihrer Freizeit damit verbrachten, handwerkliche Arbeiten im Wohnbereich durchzuführen (vgl. dazu Martin 1988, Offe/Heinze 1986 und Niessen/Ollmann 1986).

Bei der Do-it-yourself-Bewegung dürfte es sich nicht nur um eine vorübergehende Modewelle handeln, da die Expansion tieferliegende Ursachen hat. Neben der in den Nachkriegsjahrzehnten stark zurückgegangenen Arbeitszeit, die erst die zeitlichen Voraussetzungen für derartige Eigenarbeit schafft, ist auch der Einstellungswandel in Bezug auf Erwerbs- und Eigenarbeit von Bedeutung. Für die wachsende Zahl von Heimwerkern scheint die Erwerbsarbeit nicht nur quantitativ an Bedeutung zu verlieren, während die Bereitschaft zur Renovierung der Wohnung oder zur Selbsthilfe beim Bau des eigenen Heimes zugenommen hat. Diese Entwicklung wird, außer von Bedürfnissen wie dem "einmal selbst etwas zu schaffen", vorangetrieben durch die erhebliche Verteuerung der auf dem Markt angebotenen Dienstleistungen.

Die Kosten für Handwerkerleistungen haben sich derart erhöht, daß es für viele attraktiv wird, selbst zum Heimwerker zu werden. Die Leistungsfähigkeit dieser Arrangements der Bedarfsdeckung wird jedoch dadurch begrenzt, daß die Kapitalkosten für die Beschaffung der Geräte entweder zu hoch sind bzw. preislich nicht mit den Stückkosten fremdbezogener Dienstleistungen konkurrieren können. Begrenzend wirkt ebenfalls der unter den typischen Wohnbedingungen problematische Raumbedarf für Do-it-yourself. Eine entscheidende Grenze dürfte außerdem in der Verfügbarkeit der benötigten Kenntnisse und Fertigkeiten liegen, deren Fehlen zu einer qualitativ unzureichenden Versorgung führt. Dies trifft vor allem diejenigen Gruppen, die eine Optionssteigerung durch Eigenarbeit und Selbstversorgung am nötigsten hätten (z.B. Arbeitslose). Wer möglichst viel von seiner Eigenarbeit profitieren will, braucht dazu nicht nur die technischen Hilfsmittel und haushaltsinfrastrukturellen Voraussetzungen, sondern auch ein Objekt, an dem sich längerfristig Investitionen lohnen - d.h. am besten ein eigenes Haus mit Garten (vgl. zur sozialen Differenzierung der "Eigenarbeiter" Pahl 1984 und Jessen et al. 1988).

Auch für die freizeitorientierten Dienstleistungen (Gastgewerbe, Tourismus, Sport, Unterhaltung, Bildung etc.) trifft der Trend zur Selbstversorgung zu. Zwar sind die Erwerbstätigen dieser Branchen nur unzureichend in den offiziellen Statistiken repräsentiert, weil hier der Anteil von Tätigkeiten, die nicht im "Normalarbeitsverhältnis" verrichtet werden, sehr hoch ist. Häußermann et al. (1989) haben diesen Teilbereich etwas näher ausgeleuchtet und kommen zu dem Ergebnis, "daß das tatsächliche Beschäftigungsvolumen im Freizeitdienstleistungsbereich weit größer ist, als die Beschäftigtenstatistik ausweist" (S. 219). Die Wachstums- und Beschäftigungspotentiale freizeitrelevanter Dienstleistungen im formellen Bereich sind hingegen für die Zukunft nicht allzu euphorisch zu beurteilen: "Die durch wachsende Freizeit geöffnete Dienstleistungslücke (schafft) nur in begrenztem Maß Erwerbsarbeit, weil die privaten Haushalte als Produzenten fast aller relevanten Dienstleistungen in einer Substitutions- und damit Konkurrenzbeziehung zu privaten Marktanbietern stehen" (Gross/Garhammer/Eckardt 1988, S. 51).

Derartige Gegentendenzen zur Ausweitung der Dienstleistungsbeschäftigten zeigen sich traditionellerweise auch im Bereich der sozialen Dienstleistungen. Nach der Untersuchung von Merz/Wolff (1990) gaben über ein Drittel der Befragten (35,1 Prozent) an, daß sie in sozialen Netzwerken aktiv sind, d.h. sie leisten Unterstützung bei Nachbarn, Verwandten und Bekannten sowie in ehrenamtlichen Tätigkeiten. Diese informelle Seite des Helfens spielt im Bereich der sozialen Sicherung eine große Rolle, wenngleich aufgrund des sozialstrukturellen Wandels (z.B. den Individualisierungstrend) deutliche Leistungsgrenzen unübersehbar sind (vgl. ausführlich Heinze/Olk/Hilbert 1988 sowie die Beiträge in Heinze/Offe 1990).

Zwischen ehrenamtlichem Engagement und anderen Formen informellen Helfens einerseits und dem professionellen Sektor der sozialen Dienste andererseits gibt es eine große Grauzone der Beschäftigung, die in den Statistiken kaum abgebildet wird. Von daher sind auch Angaben über die Größe des sozialen Dienstleistungssektors in der Bundesrepublik mit Vorsicht zu betrachten, da hier systematische Verzerrungen vorprogrammiert sind. Die tatsächliche Zahl von - oft teilzeitbeschäftigten - Dienstleistungskräften dürfte deutlich höher sein als in den Beschäftigtenstatistiken ausgewiesen ist.

Eine Verschiebung hin zur informellen Hilfe findet man paradigmatisch im Bereich der Selbsthilfegruppen. Mitunter werden sogar öffentliche Dienste durch freiwillige, unentgeltliche Arbeit ersetzt; sei es, weil der Staat Ausgaben sparen will oder weil die Qualitätsprobleme der bürokratisch organisierten Dienstleistungen eine selbstorganisierte Alternative hervorrufen (vgl. dazu Badelt 1980, 1984 und 1986, Heinze/Offe 1986 oder die Beiträge in Heinze 1986 und Gross 1983). Diese neuorganisierten Formen sozialer Dienste, die von einigen Autoren (vgl. z.B. Matzner 1982) dem "autonomen" oder "dritten Sektor" zugeordnet werden, finden jedoch in vielen Fällen eine professionelle Unterstützung, was dann wiederum in den Statistiken im Falle einer sozialversicherungspflichtigen Beschäftigung der Professionellen als Zuwachs verbucht wird.

Gerade im Hinblick auf die Dienstleistungen kommt der Unterscheidung zwischen formeller und informeller Ökonomie eine erhebliche Bedeutung zu. Die gängigen Statistiken erfassen nur solche Tätigkeiten und Personen, die formell als Erwerbsarbeit organisiert bzw. als sozialversicherungspflichtig beschäftigte Arbeitnehmer registriert werden. Wenn nun eine bestimmte Tätigkeit, beispielsweise die Kinderbetreuung, die bislang von den Erziehungsberechtigten in "Eigenarbeit" geleistet wurde, in einem Kindergarten, also durch erwerbstätige Kindergärtner(innen) erbracht wird, dann kann der Dienstleistungssektor statistisch einen Zuwachs verbuchen. Wenn umgekehrt eine andere Tätigkeit, beispielsweise eine Autoreparatur, wegen der mit Steuern und Abgaben belasteten Arbeitskosten nicht mehr in der Fachwerkstatt, sondern in Form der Nachbarschaftshilfe durchgeführt wird und damit vom formellen Sektor in den informellen Sektor überwechselt, dann geht dies zu Lasten des Dienstleistungssektors. Diese Wanderungsbewegungen zwischen dem (statistisch erfaßten) formellen Sektor und dem (statistisch nicht erfaßten) informellen Sektor sind vor allem bei den Dienstleistungen häufig zu beobachten, weil dort eher als bei der Warenproduktion Substitutionsprozesse möglich sind.

Dies führt zu einer weiteren Überlegung: Das Ausmaß der Rückverlagerung von Dienstleistungen in den Haushalt oder andere soziale Formen der Eigenarbeit hängen davon ab, ob und inwieweit die Haushalte, Gruppen oder Individuen über die zeitlichen und materiellen Ressourcen verfügen, um ihren Dienstleistungsbedarf "am Markt vorbei" zu decken (vgl. dazu Offe/Heinze 1986). Von daher dürfte zum einen die weitere Entwicklung der in der Erwerbsarbeit geltenden Arbeitszeitregelungen für das Beschäftigungsvolumen im Dienstleistungssektor eine gewisse Rolle spielen. Auch von der weiteren Zunahme der Frauenerwerbstätigkeit können gewisse Impulse auf den Dienstleistungssektor ausgehen. Unterstellt, daß sich der Zeitrahmen für die bislang im Haushalt geleistete Arbeit bei der Aufnahme einer Erwerbstätigkeit reduziert, könnte eine Erhöhung der Erwerbsquote von Frauen gleichzeitig eine Zunahme der Nachfrage nach Dienstleistungen bedeuten; was bislang an Kindererziehung, Altenbetreuung, Verpflegung etc. im Haushalt geleistet wurde und aufgrund der Aufnahme einer Beschäftigung nicht mehr geleistet werden kann, träte als Wachstum der entsprechenden Dienstleistungssektoren in Erscheinung.

Gleichwohl kann man zusammenfassend davon ausgehen, daß die Expansion staatlicher sozialer Dienstleistungen in den letzten Jahren einerseits abgeschwächt und andererseits von einer "Reprivatisierung" und "neuen Subsidiarität" abgelöst wurde, was auch eine Ausweitung der Grauzonenbeschäftigung zur Folge hatte. Wir haben also zwei Gegentendenzen zur Ausweitung des tertiären Sektors festgestellt: Einerseits der Trend zur Eigenproduktion im Haushalt, der ein Wachstum der konsumbezogenen Dienstleistungen bremst, andererseits Stagnationserscheinungen bei den staatlichen Dienstleistungen.

Diese Gegentrends sollten allerdings auch nicht überschätzt werden; gerade im Bereich der "Selbstbedienungswirtschaft" zeigen sich differenzierte Entwicklungspfade, die auch darauf hinauslaufen können, daß sowohl die Eigenproduktion im Haushalt steigt als auch ein Wachstum konsumbezogener Dienstleistungen festzustellen ist. Dies wird etwa im Bereich der Unterhaltungsmusik sichtbar. Es steigt zwar die Ausstattung der Haushalte mit Geräten aus der Unterhaltungselektronik (etwa CD-Player), aber auch Musikveranstaltungen werden zunehmend besucht. Hier zeigt sich gerade in den letzten Jahren eine Renaissance der "Life-Musik", was darauf hindeutet, wie differenziert die Entwicklungswege verlaufen und deshalb eindimensionale Entwicklungskonzeptionen immer fraglicher werden.

4.3. Zusammenfassung

Die Trends und Gegentrends zur Dienstleistungsgesellschaft lassen sich nicht verabsolutieren. Wir sind weder auf dem Weg in eine Dienstleistungsgesellschaft noch in eine "Selbstbedienungswirtschaft"; die sozialen Entwicklungsmuster sind vielfältiger. Spektakuläre Strukturverschiebungen zwischen den Sektoren wird es wohl nicht mehr geben. Faßt man die verschiedenen Entwicklungstendenzen der einzelnen Bereiche des tertiären Sektors zusammen, dann erfüllen sich die beschäftigungspolitischen Verheißungen der Dienstleistungstheoretiker nur begrenzt und nur in einzelnen Zweigen.

Zudem muß darauf aufmerksam gemacht werden, daß das Wachstum des tertiären Sektors eine Folge der wachsenden Risiken und sozialen Probleme ist, die in der industriellen Produktion generiert werden. Spektakulär zeigt sich dies am "tertiären" Versicherungswesen, daß seinen Bedeutungszuwachs ganz wesentlich dem beschleunigten Wachstum industriegesellschaftlicher Risiken verdankt. Hier zeigt sich exemplarisch die enge Verknüpfung zwischen dem sekundären und tertiären Sektor. Die wirtschaftsorientierten Dienstleistungen dürften auch in den nächsten Jahren weiter expandieren. "Triebkräfte der Expansion wirtschaftsbezogener Dienstleistungen sind ohne Zweifel die wachsende Internationalisierung der Warenproduktion, die Verschärfung der Innovationskonkurrenz auf den internationalen Märkten sowie die im Zuge dieser Tendenzen zunehmenden Risiken der Investitions- und Produktionsplanungen. Die wachsende Nachfrage der Unternehmen nach Planungs-, Ingenieurs-, Wirtschafts- und Rechtsberatungs-, Versicherungs-, Finanzierungs-, Werbungs- sowie Forschungs- und Entwicklungsdienstleistungen stellt sozusagen eine Begleiterscheinung dieser Tendenzen dar. Die weitere Entwicklung der Industrie- und Dienstleistungsproduktion wird immer stärker vom Einsatz dieser Dienstleistungen abhängig" (Welsch 1989, S. 199; vgl. auch Jänicke 1986, bes. S. 132ff.). Trotz einer Expansion der Dienstleistungsberufe gehört die Dominanz der Güterproduktion also keineswegs der Vergangenheit an, wie es etwa in den Theorien zur Dienstleistungsgesellschaft oft unterstellt wird.

Und auch die These, daß die Dienstleistungsgesellschaft vor allem durch qualifizierte Berufe gekennzeichnet ist, erweist sich bei genauerem Hinsehen als eine relativ starke Übertreibung. Wenngleich auch in der Bundesrepublik schon mehr als die Hälfte der Erwerbstätigen einen Dienstleistungsberuf ausüben, trifft die Prognose einer allgemein erhöhten Qualität der Arbeit nicht ohne weiteres zu. Die weitaus meisten Erwerbstätigen sind zwar formell höher qualifiziert, bei der konkreten Tätigkeit zeigt sich diese allgemeine Entwicklungstendenz aber nur in einzelnen Berufen. So ist z.B. die Zahl der Hilfsarbeiter im Zeitraum von 1960 bis 1980 deutlich angestiegen. Insgesamt zeigt sich auch im internationalen Vergleich eine Polarisierung der Beschäftigungschancen im Dienstleistungssektor: In den letzten Jahren ist sowohl die Zahl der qualifizierten Tätigkeiten (etwa im Erziehungs- und Gesundheitswesen oder im wissenschaftlichen Bereich) als auch die Zahl von relativ unqualifizierten und oft auch ungesicherten Jobs angestiegen.

Nachdem wir die These der Dienstleistungsgesellschaft anhand der sozialstrukturellen Entwicklungsprozesse in der Bundesrepublik diskutiert haben und dabei auf einige Defizite aufmerksam wurden, wenden wir uns der Entwicklung in NRW zu - eine Region, die historisch stark von den klassischen Industrien geprägt ist.

5. Die Entwicklung des Dienstleistungssektors in Nordrhein-Westfalen

5.1. Der Befund: Es gibt einen Tertiärisierungsrückstand in Nordrhein-Westfalen

In den bisherigen Ausführungen standen die Strukturmerkmale und die Entwicklungsdynamik des Dienstleistungssektors für die gesamte Bundesrepublik im Mittelpunkt. Die dabei herausgearbeiteten Aussagen und empirischen Befunde gelten im Grundsatz auch für den nordrhein-westfälischen Dienstleistungssektor; die Strukturen und Entwicklungsverläufe zeigen in den wesentlichen Punkten, und darauf haben wir uns bislang beschränkt, Parallelen auf. Gleichwohl gibt es bei genauerer Analyse einige Unterschiede in der Struktur und Entwicklungsdynamik, auf die wir uns in diesem Kapitel konzentrieren wollen.

Der Strukturwandel hin zu den Dienstleistungen hält auch in NRW an. Im Verhältnis zur Entwicklung in der Bundesrepublik insgesamt weist die Tertiärisierung in NRW jedoch einen (leichten) Rückstand auf. Dies zeigen die Ergebnisse der Volkszählung, der Arbeitsstättenzählung und der Beschäftigtenstatistik.

Die Ergebnisse der Volkszählung 1987 ergeben für NRW, daß nur noch knapp 2 Prozent der Erwerbstätigen in der Land- und Forstwirtschaft oder Fischerei tätig sind. Der Anteil liegt damit unter dem Bundesdurchschnitt (3,2 Prozent). Im Produzierenden Gewerbe des Landes NRW arbeiteten 1987 43,6 Prozent der Erwerbstätigen. Im Vergleich zum Bundesdurchschnitt liegt dieser Anteil um 1,7 Prozentpunkte höher. In den Wirtschaftssektoren Handel, Verkehr und Nachrichten sowie in den übrigen Dienstleistungsbereichen sind fast 54,5 Prozent der Erwerbstätigen beschäftigt. Damit wird im Dienstleistungssektor die Vergleichszahl für die gesamte Bundesrepublik um einen halben Prozentpunkt verfehlt (vgl. dazu Tab. 4).

Tab. 4 zeigt die Dynamik des Strukturwandels in den siebzehn Jahren zwischen den Volkszählungen von 1970 und 1987. In der Landwirtschaft ist die Zahl der Erwerbstätigen in NRW um 43,1 Prozent (Bund: 56,5 Prozent) geschrumpft. Im Produzierenden Gewerbe haben in NRW 19,3 Prozent der Erwerbstätigen ihren Arbeitsplatz verloren. Dieser Verlust übertrifft die Vergleichszahl für das Bundesgebiet (13,2 Prozent) deutlich. Die Dienstleistungssektoren Handel, Verkehr und Nachrichten mußten in NRW Beschäftigtenverluste in Höhe von 4,7 Prozent hinnehmen, während dieser Bereich im Bundesdurchschnitt die Zahl der Erwerbstätigen leicht erhöhen konnte. Hier zeigt sich ein Zusammenhang zwischen der Entwicklung im industriellen Sektor und der Dynamik bei den distributiven Dienstleistungen. In den übrigen Dienstleistungsbereichen liegt die Zunahme der Erwerbstätigenzahl in NRW mit 50,9 Prozent-

punkten demgegenüber zwar oberhalb des Bundesdurchschnitts (47,7 Prozent);
dies ist aber darauf zurückzuführen, daß in NRW die übrigen Dienstleistungs-
bereiche Anfang der 70er Jahre unterrepräsentiert waren (NRW: 24,3 Prozent,
Bund: 25,7 Prozent) und von daher ein Nachholbedarf bestand, der bis heute
noch nicht vollständig gedeckt ist.

**Tab. 4: Erwerbstätige nach Wirtschaftsbereichen in der Bundesrepublik
Deutschland und in NRW 1987**

	Anteile 1987 in Prozent		Veränderungen 1970/1987 in Prozent	
	Bund	**NRW**	**Bund**	**NRW**
Land- u.Forst-wirtschaft	3,22	1,98	- 56,49	- 43,08
Prod. Gewerbe	41,80	43,55	- 13,19	- 19,25
Handel, Ver-kehr, Nach-richten	17,67	17,67	+ 0,16	- 4,69
übr. Wirt-schaftsbereiche	37,31	36,79	+ 47,66	+ 50,89
insgesamt (absolut)	100 (26.907.517)	100 (6.933.089)	+ 1,56	- 0,34

Anmerk.:   Ergebnisse der Volkszählung 1987.
Quelle: RP DT 1990: 52.

Auch aus dem kürzlich vom Statistischen Bundesamt veröffentlichten Vergleich der Ergebnisse der Arbeitsstättenzählung von 1970 und 1987 geht hervor,
daß der Dienstleistungsbereich zwar auch in NRW erheblich an Bedeutung
gewonnen hat, die Entwicklungsdynamik im Vergleich zum Bundestrend jedoch
unterdurchschnittlich ausfiel. Dies betrifft weniger die Zahl der Arbeitsstätten als
vielmehr die der Beschäftigten. Bei der Entwicklung der Zahl der Arbeitsstätten
aller Wirtschaftssektoren lag der Zuwachs in Bayern, BadenWürttemberg und
Schleswig-Holstein über dem Bundesdurchschnitt. Deutlich unter dem durchschnittlichen Wachstum blieb die Zahl der Arbeitsstätten in Berlin (West),

Rheinland-Pfalz, Niedersachsen und im Saarland. Hamburg und Bremen mußten sogar einen absoluten Rückgang bei den Arbeitsstätten hinnehmen. In Hessen und in NRW entsprach die Entwicklung in etwa dem Bundestrend (vgl. Krüger-- Hemmer/Veldhues 1989, S. 420ff.) (vgl. Tab. 5).

Tab. 5: Zahl der Arbeitsstätten nach Bundesländern 1970 und 1987

	Bestand am 27. Mai 1970	Bestand am 25. Mai 1987	Veränderung[1] 1970/1987
Schleswig-Holstein	86.185	100.903	+ 17,1
Hamburg	82.102	77.735	- 5,3
Niedersachsen	265.695	270.272	+ 1,7
Bremen	27.008	26.294	- 2,6
Hessen	219.521	245.353	+ 11,8
Rheinland-Pfalz	145.959	153.596	+ 5,2
Bad.Württemberg	352.339	425.030	+ 20,6
Bayern	417.355	518.113	+ 24,1
Saarland	43.112	43.284	+ 0,4
Berlin (West)	82.696	87.217	+ 5,5
NRW	563.375	633.404	+ 12,4
Bundesgebiet	2.285.347	2.581.201	+ 12,9

Anmerk.:　　[1]In Prozent.
　　　　　　Ergebnisse der Arbeitsstättenzählungen 1970 und 1987.
Quelle:　　Krüger-Hemmer/Veldhues 1989, S. 420ff.

Während NRW bei der Zahl der Arbeitsstätten mit einem Zuwachs von 12,4 Prozent dem Bundestrend (12,9 Prozent) noch halbwegs folgen kann, zeigt sich bei der Zahl der Beschäftigten (bzw. der Beschäftigungsfälle) für NRW ein deutlicher Rückstand. In Bayern, Schleswig-Holstein und Baden-Württemberg hat sich die Gesamtzahl der Beschäftigungsfälle relativ am stärksten erhöht. Über dem Bundesdurchschnitt lag auch die Zunahme in Rheinland-Pfalz und in

Hessen. Niedersachsen, das Saarland, Berlin (West) und NRW lagen demgegenüber in ihren Zuwachsraten unter dem Bundesdurchschnitt. Hamburg und
Bremen mußten sogar in absoluten Größen einen Beschäftigungsrückgang
hinnehmen (vgl. Tab. 6).

Tab. 6: Zahl der Beschäftigten[1] nach Ländern 1970 und 1987

	Bestand am 27. Mai 1970	Bestand am 25. Mai 1987	Veränderung[2] 1970/1987
Schleswig-Holstein	812.731	943.368	+ 16,1
Hamburg	970.664	936.088	- 3,6
Niedersachsen	2.590.484	2.767.582	+ 6,8
Bremen	372.635	348.266	- 6,5
Hessen	2.284.740	2.552.578	+ 11,7
Rheinland-Pfalz	1.295.267	1.447.633	+ 11,8
Bad.Württemberg	3.891.323	4.496.168	+ 15,5
Bayern	4.076.925	5.019.016	+ 23,1
Saarland	424.622	443.980	+ 4,6
Berlin (West)	952.658	967.778	+ 1,6
NRW	6.725.553	7.050.476	+ 4,8
Bundesgebiet	24.397.602	26.972.933	+ 10,6

Anmerk.:   [1]Beschäftigungsfälle.
              [2]In Prozent.
              Ergebnisse der Arbeitsstättenzählungen 1970 und 1987.
Quelle: Krüger-Hemmer/Veldhues 1989, S. 420ff.

In NRW haben in erster Linie die Beschäftigungseinbrüche im sekundären
Sektor zu der unterdurchschnittlichen Beschäftigungsentwicklung geführt. Aber
auch der Zuwachs an Beschäftigten im tertiären Sektor kann in NRW nicht mit
dem Bundestrend mithalten (vgl. Tab. 7 und 8). Werden die Wirtschaftsbereiche,
die dem Dienstleistungssektor zugeordnet werden können, zusammengefaßt, so

zeigt sich, daß auf Bundesebene ein Beschäftigungszuwachs von 41,8 Prozent, in NRW jedoch nur ein Zuwachs von 40,2 Prozent verbucht werden konnte (eigene Berechnung auf Basis der Arbeitsstättenzählungen 1970 und 1987).

Tab. 7: Zahl der Beschäftigten[1] in NRW nach Wirtschaftsbereichen 1970 und 1987

NRW	1970	1987	Veränd. in Prozent
Energie, Wasser, Bergbau	274.301	198.722	- 27,6
Verarb. Gewerbe	2.850.617	2.163.353	- 24,1
Baugewerbe	573.819	432.374	- 24,7
Handel	1.057.591	1.109.861	+ 4,9
Verkehr, Nachr.	362.647	380.951	+ 5,0
Kreditinstitute, Versicherungsgewerbe	167.246	237.624	+ 42,1
Dienstleistungen, Unternehmen und freie Berufe	630.927	1.245.728	+ 97,4
Organisationen ohne Erwerbscharakter	198.178	359.192	+ 81,2
Gebietskörperschaften, Sozialversicherung	591.323	883.083	+ 49,3
insgesamt	6.725.553	7.050.476	+ 4,8

Anmerk.: [1]Beschäftigungsfälle.
Ergebnisse der Arbeitsstättenzählungen 1970 und 1987.
Quelle: RP DT 1990: 56.

Tab. 8: Zahl der Beschäftigten[1] in der Bundesrepublik Deutschland nach Wirtschaftsbereichen 1970 und 1987

Bund	1970	1987	Veränd. in Prozent
Energie, Wasser, Bergbau	489.475	401.584	- 18,0
Verarb. Gewerbe	10.124.645	8.352.548	- 17,5
Baugewerbe	2.249.983	1.851.652	- 17,7
Handel	3.727.417	4.028.741	+ 8,1
Verkehr, Nachr.	1.466.126	1.547.283	+ 5,5
Kreditinstitute, Versicherungsgewerbe	659.756	965.496	+ 46,3
Dienstleistungen, Unternehmen und freie Berufe	2.446.008	4.784.493	+ 95,6
Organisationen ohne Erwerbscharakter	585.795	1.165.655	+ 99,0
Gebietskörperschaften, Sozialversicherung	2.561.641	3.738.285	+ 45,9
insgesamt	24.397.602	26.972.936	+ 10,6

Anmerk.:   [1]Beschäftigungsfälle.
             Ergebnisse der Arbeitsstättenzählungen 1970 und 1987.
Quelle: RP DT 1990: 56.

Auch die Beschäftigtenstatistik der Arbeitsverwaltung zeigt einen gewissen Tertiärisierungsrückstand NRWs. In jüngerer Zeit hat sich die Situation jedoch verbessert. Dies scheint damit zusammenzuhängen, daß sich die generelle Wirtschaftslage der Industrie deutlich verbessert hat und dies positiv auf den Dienstleistungssektor ausstrahlt.

Nach den Angaben des Landesarbeitsamtes NRW stieg die Zahl der sozialversicherungspflichtig Beschäftigten aller Wirtschaftszweige von Mitte 1988 bis Mitte 1989 um 93.000 oder 1,7 Prozent auf insgesamt 5.648.800. Im Vergleich zu der entsprechenden Zahl von 1984, das ein Beschäftigungstief markiert, ist die Zahl der Arbeitsplätze um 332.000 angestiegen. Auch gegenüber dem Jahr 1980 ergibt sich noch ein leichter Anstieg um 35.000 Arbeitsplätze. Die Arbeitsplatzverluste in der ersten Hälfte der 80er Jahre sind mit dem Arbeitsplatzwachstum seit Mitte der 80er Jahre nunmehr wieder mehr als ausgeglichen worden.

Tab. 9: Veränderungen der sozialversicherungspflichtig Beschäftigten nach Wirtschaftszweigen in NRW 1980-1990

Wirtschaftsabteilungen und Wirtschaftsgruppen		Veränderungsraten					
		1990 zu 1989		1990 zu 1988		1990 zu 1980	
		absolut	in %	absolut	in %	absolut	in %
Land-Forst-Fisch	00-03	1.848	4,3	642	1,4	-5.615	-14,3
Energie,Bergbau	04-08	- 8.573	- 3,7	-17.145	-7,2	41.272	15,8
Verarb.Gewerbe	09-58	55.744	2,5	97.422	4,5	92.092	3,9
Baugewerbe	59-61	19.660	5,9	21.012	6,4	-64.091	-15,5
Handel	62	32.417	4,1	47.798	6,1	24.951	3,1
Verkehr.Nachricht.	63-68	17.882	7,1	20.878	8,3	30.014	12,4
Kredit,Versich.	69	3.828	1,8	5.859	2,8	24.825	13,1
Gastst.Beherberg.	70	7.205	7,6	9.110	9,8	22.983	28,9
Reinigung	72-73	6.393	7,1	6.931	7,7	19.473	25,2
Wissensch.Kunst	74-77	6.322	2,9	9.736	4,5	19.969	9,7
Gesundh.Veterinär	78	14.079	4,1	21.205	6,4	81.604	29,9
Rechtsberatung	79	5.896	7,1	9.675	12,2	28.775	47,8
Sonst.Dienst.	71,80-86	28.035	9,5	48.043	17,4	106.381	49,0
Organisationen	87-90	3.326	2,3	3.881	2,7	44.312	42,5
Gebietskörp.	91,92,94	4.050	1,4	5.408	1,9	12.097	4,3
Sozialversicher.	93	587	1,2	2.474	5,2	6.903	15,9
Körper.Soz.Vers.	91-94	4.637	1,4	7.882	2,3	19.000	5,8
Dienstleistungen insg.	62-94	130.020	4,5	190.998	6,8	422.287	16,4
Ohne Angaben		- 2.036	- 51,3	-2.918	-60,1	974	101,5
Zusammen		196.663	3,5	290.011	5,2	231.451	4,1

Anmerk.: Vgl. Tab. 2B und 3B im Anhang.
Quelle: LAA NRW, Presseinformation Nr. 16/90 vom 8.2. 1990, Anlage 1; eigene Berechnungen.

Die erfreuliche Bilanz der letzten Jahre darf jedoch nicht darüber hinwegtäuschen, daß NRW in der Beschäftigungsentwicklung mit dem Bundestrend nicht mithalten konnte. So erhöhte sich die Zahl der sozialversicherungspflichtig beschäftigten Arbeitnehmer im Bundesdurchschnitt zwischen 1980 und 1989 um 665.419 Beschäftigte oder 3,2 Prozent, während sie in NRW nur um 34.788 oder 0,6 Prozent zulegen konnte.

Dieser Rückstand ist zum überwiegenden Teil auf die Beschäftigungsverluste im Bergbau und im industriellen Bereich zurückzuführen. Aber auch das unterschiedliche Beschäftigungswachstum im Dienstleistungssektor trägt zu den Entwicklungsunterschieden bei.

Das Institut für Mittelstandsforschung in Bonn hat in einer speziellen Untersuchung die Dienstleistungssektoren der Bundesrepublik Deutschland und NRWs in einer vergleichenden Perspektive analysiert (vgl. Tengler/Dahremöller 1987). Hier bilden die Daten der Jahre 1977 bis 1985, die im Rahmen der gesetzlichen Sozialversicherung bei der Bundesanstalt für Arbeit erhoben werden, die empirische Grundlage. Die Bundesanstalt für Arbeit verfügt für jeden sozialversicherungspflichtig beschäftigten Arbeitnehmer einen Datensatz, der u.a. auch Angaben über die jeweilige örtliche Arbeitsstelle enthält. Diese Informationen ermöglichten es dem Institut für Mittelstandsforschung zu recht detaillierten Aussagen über die Struktur und Dynamik des Dienstleistungssektors zu gelangen, soweit es die sozialversicherungspflichtigen Arbeitnehmer und ihre Arbeitsstätten betrifft.

Die aufbereiteten Daten zeigen zunächst die unterschiedliche Wachstumsdynamik des institutionellen Dienstleistungssektors: Von 1977 bis 1985 hat sich die Zahl der Dienstleistungsbetriebe bundesweit um 19,3 Prozent bzw. 15.3 Prozent in NRW erhöht. Die Beschäftigung konnte bundesweit um 21,8 Prozent und in NRW um 20,4 Prozent zulegen. Die Wirtschaftsbereiche des primären und sekundären Sektors konnten demgegenüber ihren Betriebsbestand nur in marginalen Größen ausweiten und mußten bei der Zahl der Beschäftigten sogar erhebliche Einbußen hinnehmen. Auf Bundesebene nahm die Zahl der Arbeitsplätze aber aufgrund der neugeschaffenen Beschäftigungsmöglichkeiten im Dienstleistungssektor noch leicht zu, während die Kompensationseffekte des Dienstleistungssektors in NRW bis 1985 einen Rückgang der Gesamtzahl der Arbeitsplätze nicht verhindern konnten.

Welcher Stellenwert diesen Wachstumsdifferenzen beizumessen ist, zeigt eine einfache Rechnung: Wenn der Dienstleistungssektor in NRW dieselbe Entwicklungsdynamik wie im gesamten Bundesgebiet erreicht hätte, wären 27.360 Arbeitsplätze mehr in NRW geschaffen worden. Auch dies hätte die Beschäftigungsprobleme des Landes nicht lösen, aber doch etwas abmildern können.

In jüngster Zeit hat die Entwicklungsdynamik des nordrhein-westfälischen Dienstleistungssektors jedoch fast wieder an den Bundestrend Anschluß gefunden. Dies zeigt die Entwicklung von 1988 bis 1989 (Tab. 10).

Tab. 10: Sozialversicherungspflichtig Beschäftigte im Dienstleistungssektor 1988 und 1989

	1980	1988	1989	Veränderungen			
				1980/1988		1988/1989	
				absolut	in %	absolut	in %
NRW	2.580.116	2.811.405	2.872.383	231.289	+ 8,9	60.978	+ 2,17
Bund	9.912.066	10.966.832	11.207.335	1.054.766	+ 10,6	240.503	+ 2,19

Anmerk.: Vergleich zwischen NRW und Bundesrepublik Deutschland.
Quellen: Amtliche Nachrichten der Bundesanstalt für Arbeit, Nr 3/1981, S. 360f. und Nr. 2/1989, S. 170f., LAA NRW, Presseinformation Nr. 16/90 vom 8.2. 1990, Anlage 1, eigene Berechnungen.

5.2. Erklärungen: Zusammenhänge zwischen Industrieentwicklung und Tertiärisierung

Nun könnte vermutet werden, daß eine überdurchschnittliche Präsenz von Dienstleistungsbeschäftigten in einer Region mit einer überdurchschnittlichen wirtschaftlichen Prosperität einhergeht. Wenn diese Hypothese zuträfe, ließen sich die regionalen Entwicklungsdisparitäten auf Varianzen im Tertiärisierungsprozeß der Wirtschaft zurückführen. Jene Regionen, die einen vergleichsweise starken Dienstleistungssektor vorweisen können, lägen in der interregionalen Konkurrenz vorn, während die industriell geprägten Regionen an Wirtschaftskraft verlören.

Ganz so einfach liegen die Dinge jedoch nicht. Ein hoher Anteil der Dienstleistungen an der gesamten wirtschaftlichen Aktivität einer Raumeinheit garantiert keineswegs, daß sich diese Raumeinheit im Vergleich zu andersstrukturierten Regionen besser entwickeln kann. Wie fragwürdig eine solche Argumentation ist, zeigt sich bereits, wenn die Bundesländer und ihre jeweiligen Strukturdaten miteinander verglichen werden (vgl. Tab. 4B im Anhang).

Hamburg hat mit über 70 Prozent den höchsten Anteil von Erwerbstätigen im Dienstleistungssektor. Den niedrigsten Vergleichswert hat Baden-Württemberg mit etwas über 49 Prozent. NRW liegt mit 54,5 Prozent noch etwas unter dem Niveau der Bundesrepublik insgesamt mit 55 %. Schon aus diesen wenigen Daten geht hervor, daß ein relativ schwach besetzter tertiärer Sektor nicht automatisch zu überdurchschnittlichen Beschäftigungsproblemen führen muß. Dies zeigt sich bspw. in Baden-Württemberg, wo ein unterdurchschnittlicher Anteil des Dienstleistungssektors mit einer vergleichsweise geringen Arbeitslosenquote einhergeht, oder in Bremen, wo trotz des hohen Tertiärisierungsgrades drückende Arbeitsmarktprobleme ungelöst sind. Eine Auswertung der Beschäftigtenstatistik ergibt übrigens ein gleichlautendes Ergebnis (vgl. Becker 1988, S. 337f.). Zudem wird klar, warum gerade in Bayern und Baden-Württemberg die höchsten Zuwachsraten im Dienstleistungssektor in den letzten Jahren zu verzeichnen waren: Dort besteht aufgrund des relativen Rückstandes auch ein größerer Nachholbedarf.

Auch eine Analyse der nordrhein-westfälischen Teilregionen zeigt, daß es zwischen den einzelnen Regionen beachtenswerte Unterschiede in den jeweiligen Anteilen des tertiären Sektors und ihrer Veränderungsdynamik gibt (vgl. Tab. 11 und 12). Aus dem jeweiligen Stand der Tertiärisierung kann jedoch nicht ohne weiteres auf Probleme beim Strukturwandel oder gar auf überdurchschnittliche Beschäftigungsprobleme geschlossen werden.

Im Regierungsbezirk Detmold ist bspw. ein unterdurchschnittliches Schrumpfen des sekundären Sektor mit einem überdurchschnittlichen Wachstum im tertiären Sektor verbunden, und beides zusammen ergibt für den Zeitraum von 1970 nach 1987 eine erstaunlichen Zunahme bei der Zahl der Erwerbstätigen. Im Kreis Paderborn, einer Teilregion des genannten Regierungsbezirks, lief ein 'Rekordwachstum' des industriellen Sektors sogar parallel mit einem - auch für die Region Ostwestfalen-Lippe - weit überdurchschnittlichen Plus bei den Dienstleistungen. Ursache hierfür ist vor allem ein Bedeutungsgewinn industrienaher Dienstleistungen (vgl. Hilbert/Sperling 1990), der unmittelbar aus der positiven Entwicklung des sekundären Bereichs resultiert.

Tab. 11: Erwerbstätige nach Wirtschaftsbereichen in den Regierungsbezirken des Landes NRW 1987

	Insgesamt	Land- u. Forstwirtschaft	Prod. Gewerbe	Handel, Verkehr,Nachr.	übr.Wirtschaftsbereiche
RB	absolut	in Prozent	in Prozent	in Prozent	in Prozent
D'dorf	2.139.252	1,56	43,48	19,33	35,63
Köln	1.639.190	1,65	39,28	17,06	42,01
Münster	942.463	3,33	43,32	16,56	36,79
Detmold	761.952	3,06	45,99	16,49	34,45
Arnsberg	1.450.232	1,54	47,36	17,27	33,83

Anmerk.:   Ergebnisse der Volkszählung.
Quelle: RP DT 1990: 52.

Tab. 12: Veränderungsraten der Erwerbstätigen nach Wirtschaftsbereichen in den Regierungsbezirken des Landes NRW 1987/1970

	Insgesamt	Land- u. Forstwirtschaft	Prod. Gewerbe	Handel, Verkehr,Nachr.	übr.Wirtschaftsbereiche
RB	absolut	in Prozent	in Prozent	in Prozent	in Prozent
D'dorf	- 5,93	- 28,59	- 24,85	- 9,10	+ 42,55
Köln	+ 6,21	- 42,57	- 15,71	- 0,85	+ 52,92
Münster	+ 4,20	- 43,65	- 14,20	+ 2,10	+ 57,59
Detmold	+ 3,53	- 55,90	- 11,57	+ 1,52	+ 61,06
Arnsberg	- 3,25	-42,89	- 20,65	- 7,92	+ 52,16

Anmerk.:   Vergleich der Volkszählungen 1970/1987.
Quelle: RP DT 1990: 52.

Im Regierungsbezirk Arnsberg korrespondiert ein in etwa durchschnittliches Schrumpfen der Industriebeschäftigung mit einem ebenfalls in etwa durchschnittlichen Wachstum des Dienstleistungssektors. Jedoch kann das Dienstleistungswachstum die Industrieverluste nicht kompensieren. Im Regierungsbezirk Düsseldorf führen jeweils deutlich ungünstiger als der Landesdurchschnitt liegende Entwicklungstrends zu den höchsten Verlusten bei der Zahl der Erwerbstätigen.

Im Ruhrgebiet ist der Dienstleistungssektor am wenigsten ausgebildet (vgl u.a. Schulz 1988; Michel 1988: 255ff., Joachim 1988). Während die Zahl der Beschäftigten im Dienstleistungsbereich von 1976 nach 1986 in NRW durchschnittlich um 23,5 Prozent pro 1.000 Einwohner wuchs, erzielte etwa die Stadt Bochum nur ein Wachstum von 8,8 Prozent. Es besteht jedoch eine Tendenz, daß sich die relative Stärke des Dienstleistungssektors im Ruhrgebiet in Richtung des Wertes für NRW insgesamt bewegt. "Diese Angleichung ist allerdings nicht auf einen überdurchschnittlichen Zuwachs an Arbeitsplätzen in den Dienstleistungssektoren des Ruhrgebiets zurückzuführen, sondern auf den überproportionalen Abbau der Arbeitsplätze im industriellen Bereich." (Landesarbeitsamt NRW, Presseinformation 55/88 vom 1.9.88: 1)

Forschungsergebnisse von Kayser/Dahremöller (1988) bestätigen diesen sich damit abzeichnenden komplementären Zusammenhang von Industrieproduktion und Tertiärisierung. Sie können in ihrer Untersuchung über private und öffentliche Dienstleistungen in NRW zeigen, daß sich dieser Wirtschaftssektor in diesem Bundesland nur solange gut entwickeln konnte, wie auch die Industrie stark war. "Mit abnehmender Wettbewerbsfähigkeit der Industrie schwand dieser Strukturvorteil und damit die Voraussetzung für weiteres Dienstleistungswachstum." (S. 152f.)

Auch in der bereits genannten Untersuchung von Reissert/Schmid/Jahn (1989), die sich mit der Beschäftigungsentwicklung in 12 ausgewählten Ballungsräumen der Bundesrepublik[7] befaßt, ist festgestellt worden, daß es "zwischen den regionalen Beschäftigungsentwicklungen in der Industrie und im Dienstleistungssektor einen engen positiven Zusammenhang gibt: Dort, wo die Beschäftigungsentwicklung in der Industrie günstig ist, wächst auch der Dienstleistungssektor am stärksten; und dort, wo die Industriebeschäftigung am deutlichsten zurückgeht, ist auch das Wachstum des Dienstleistungssektors gering" (vgl. Abb. 2). Dabei spielt das jeweilige Ausgangsniveau der Beschäftigung im Dienstleistungssektor praktisch keine Rolle; hohe Wachstumsraten bei den Dienstleistun-

---

[7] Der Vergleich beruht auf der Statistik der sozialversicherungspflichtig Beschäftigten, die in der "Regionaldatenbank Arbeitsmarkt" des Wissenschaftszentrums Berlin für Sozialforschung aufbereitet und ausgewertet wurde. Die 12 ausgewählten Ballungsregionen sind Berlin, Hamburg, Bremen, Hannover, Essen, Düsseldorf, Köln, Frankfurt, Rhein-Neckar (Mannheim/-Ludwigshafen/Heidelberg), Stuttgart, Nürnberg und München.

gen lassen sich sowohl in den schon stark mit Dienstleistungen besetzten Regionen (beispielsweise München) als auch in Regionen mit einem vergleichsweise geringen Anteil an Dienstleistungsbeschäftigten realisieren, sofern sich die regionale Beschäftigungsdynamik im Industriesektor vergleichsweise positiv darstellt.

Abb. 2: Regionale Wachstumsraten der sozialversicherungspflichtigen Beschäftigung im Industrie- und Dienstleistungssektor 1977-1988

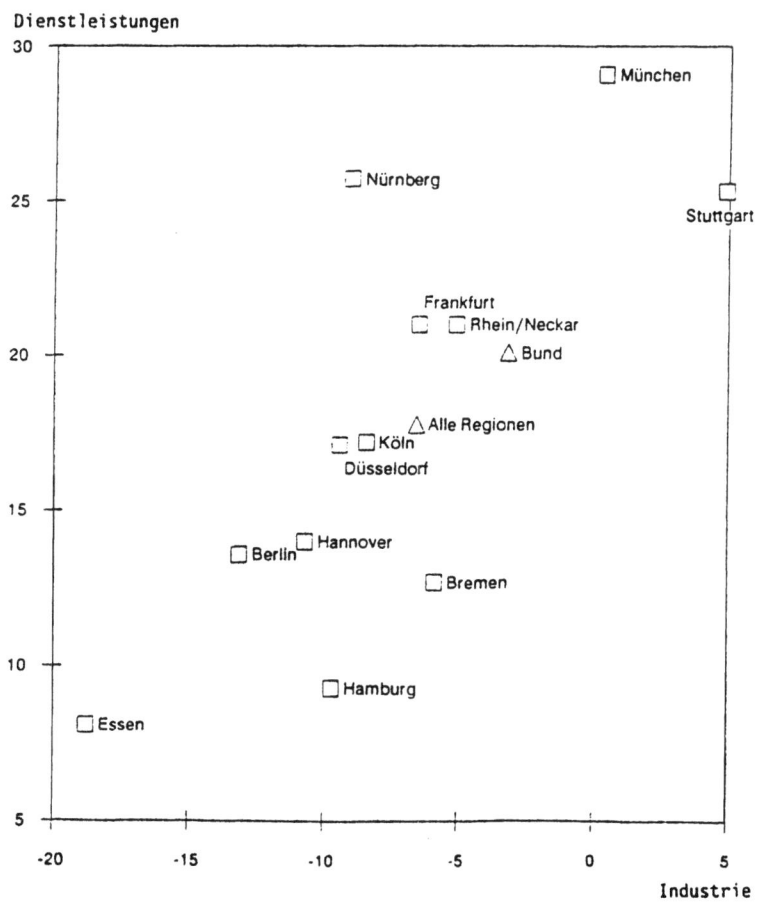

Anmerk.:   In Prozent; r = 0,76 (Pearsonscher Korrelationskoeffizient).
Quelle: Reissert/Schmid/Jahn 1989, S. 30.

Interessante Befunde liefert eine Analyse der regionalen Varianzen in der Tertiärisierung, die nach den bereits mehrfach aufgeführten Funktionstypen von Dienstleistungen differenziert (vgl. Reissert/Schmid/Jahn 1989, S. 41ff.). Während sich die im industriellen Wachstum zurückgebliebenen Regionen im Zuwachs bei den öffentlichen (sozialen und staatlichen) Dienstleistungen gegenüber den prosperierenden Regionen kaum schlechter entwickelten, blieben sie im Zuwachs bei den privaten (konsumbezogenen, distributiven und produktionsnahen) Dienstleistungen deutlich zurück.

Gleichwohl gibt es einige überraschende Abweichungen dieser generellen Aussage, die den Stellenwert staatlicher Entscheidungen für die regionale Expansion bestimmter Dienstleistungssektoren deutlich machen: "Wäre im Ruhrgebiet der Bereich der öffentlichen Dienstleistungen, wie z.B. Einrichtungen der Deutschen Bundespost oder Forschungseinrichtungen des Bundes, im gleichen Ausmaß wie etwa in Stuttgart und in München gewachsen, dann hätte dort zwischen 1976 und 1986 der Abbau an Arbeitsplätzen von insgesamt 160 Tsd. um rund 20 Tsd. gemildert werden können; tatsächlich betrug der Zuwachs nicht einmal 1 Tsd. Beschäftigte" (Bade 1989, S. 3).

Die regionalen Varianzen sind trotz dieser beachtlichen Einflüsse der öffentlichen Dienstleistungen jedoch vor allem auf Wachstumsunterschiede bei den produktionsnahen Dienstleistungen zurückzuführen. Dies betrifft insbesondere jene produktionsnahen Dienstleistungen, die über gewisse Vorleistungsfunktionen hinausgehen und kontinuierlich mit warenproduzierenden Betrieben interagieren. Der mehr oder minder weitreichenden Externalisierung von Dienstleistungen aus den warenproduzierenden Betrieben heraus kommt bei der Klärung der beträchtlichen regionalen Unterschiede im Beschäftigungswachstum der produktionsnahen Dienstleistungen nur eine untergeordnete Bedeutung zu. Vielmehr scheint ein wechselseitiger positiver Zusammenhang zwischen der Tertiärisierung innerhalb des sekundären Sektors und dem Wachstum der wissensintensiven Dienstleistungen im tertiären Sektor zu bestehen (vgl. Reissert/-Schmid/Jahn 1989, S. 74ff.).

5.3. Zusammenfassung

In den letzten 20 Jahren hat in NRW eine Verschiebung in der sektoralen Wirtschaftsstruktur zugunsten des Dienstleistungssektors stattgefunden, gleichwohl ist und bleibt NRW in weiten Bereichen ein Industrieland. Aus diesem Grund steigt der Anteil des Dienstleistungssektors in den krisenbetroffenen Montanregionen oft auch nur relativ im Vergleich zum sekundären Sektor und schrumpft in absoluten Meßeinheiten. Des weiteren zeigt sich, daß vielfach dort das Wachstum der Dienstleistungen am ausgeprägtesten ist, wo auch die Industrie floriert (z. B. in Ostwestfalen). Die Unterschiede im sektoralen Wandel der verschiedenen Teilregionen NRWs tragen dabei gleichzeitig zu einem Bedeutungsverlust der Ballungszentren bei (vgl. Michel 1988).

Ganz offensichtlich gibt es einen positiven Zusammenhang zwischen industriellem Wachstum und den Beschäftigungsgewinnen im unternehmensbezogenen Dienstleistungsbereich. Bade (1987) hat in einer differenzierten Analyse der regionalen Beschäftigungsentwicklung zeigen können, daß die Regionen mit einem deutlichen Zuwachs an sogenannten "produktionsorientierten Dienstleistungen" vergleichsweise günstige Arbeitsmarktbilanzen vorweisen können. Ein Zuwachs an Forschungs-, Entwicklungs- und Planungstätigkeiten deutet damit auf eine hohe Innovationsaktivität in der regionalen Wirtschaft hin, die sich in Form einer beschäftigungswirksamen Marktbehauptung der Unternehmen positiv auf die regionale Entwicklung insgesamt niederschlägt.

Auch unabhängig von den spezifischen Besonderheiten des Ruhrgebietes weist das Land NRW im Vergleich mit dem Durchschnitt der Bundesrepublik Deutschland noch immer eine gewisse Schwäche im Dienstleistungsbereich auf. Abgesehen von den ausgesprochenen Dienstleistungszentren - wie Düsseldorf oder Köln - ist diese Schwäche selbst noch in jenen Teilregionen vorzufinden, die sich ansonsten relativ positiv entwickeln. Diese Tatsache läßt sich vor allem dadurch erklären, daß die Wirtschaftstruktur in NRW eben überdurchschnittlich stark von der Industrie geprägt ist und der Strukturwandel Zeit braucht. Die Daten lassen es auf alle Fälle wenig ratsam erscheinen, beim wirtschaftlichen Umbau den sekundären Sektor durch eine Ausweitung des tertiären Sektors ersetzen zu wollen. Industrieproduktion und Dienstleistungen sind keine Alternative, sondern zwei Seiten einer Medaille.

6. **Perspektiven des Dienstleistungssektors in Nordrhein-Westfalen**
    - Forschungsfragen zum Realitätsgehalt einer
    Tertiärisierungsstrategie -

Wie für andere Industrieländer und -regionen gilt auch für die Bundesrepublik Deutschland und das Land NRW, daß die Entwicklung der Beschäftigung durch einen Trend zugunsten des Dienstleistungssektors gekennzeichnet ist.

Im Rückblick ist jedoch festzustellen, daß in NRW die neuen Beschäftigungsmöglichkeiten im Dienstleistungssektor die Arbeitsplatzverluste in den anderen Sektoren nicht kompensieren konnten. Mehr noch: Gerade in jenen Phasen der wirtschaftlichen Entwicklung, in denen der Bedarf an Ersatzarbeitsplätzen aufgrund der Beschäftigungseinbrüche im industriellen Bereich besonders groß war, fiel der Beschäftigungszuwachs im Dienstleistungssektor vergleichsweise bescheiden aus.

Genauere Analysen der Wachstumsdynamik des Dienstleistungssektor zeigen, daß dessen Beschäftigungspotential an die Entwicklung der übrigen Wirtschaftsbereiche, insbesondere des sekundären Sektors, "angekoppelt" ist. Von daher ist die Wettbewerbsposition des Produzierenden Gewerbes für das Wachstums- und Beschäftigungspotential großer Teile des Dienstleistungssektors die entscheidende Variable.

Üblicherweise werden produktionsorientierte und haushaltsbezogene Dienstleistungen voneinander abgegrenzt. Auch für NRW gilt, daß die produktionsorientierten Dienstleistungsbetriebe bei der Tertiärisierung der Wirtschaft des Landes den größeren Anteil haben. Allerdings muß dabei vermutet werden, daß bei den haushaltsbezogenen Dienstleistungen eine relativ große Grauzone nicht statistisch erfaßt wurde.

Wenn politische Entscheidungsträger aus der Drei-Sektoren-Hypothese die Schlußfolgerung zögen, der Prozeß der Schrumpfung des industriellen Sektors könne durch eine verstärkte Ansiedlung von Dienstleistungsunternehmen kompensiert werden, so würden sie nach aller Voraussicht große Enttäuschungen erleben. Die mitunter zu hörende Hoffnung, durch ein Wachstum des Dienstleistungssektors könnten die Beschäftigungsprobleme im primären und sekundären Sektor gelöst werden, ist nach dem Stand der Forschung über die Entwicklung und Entwicklungsdynamik des Dienstleistungssektors trügerisch.

Produktionsorientierte Dienstleistungen leben von der Industrie. Sie können die Industrie nie ersetzen, sondern immer nur ergänzen. Eine ausschließlich an Dienstleistungen orientierte Strukturpolitik wäre nicht tragfähig. Vielmehr muß die Schaffung von zusätzlichen Arbeitsplätzen im Dienstleistungsbereich eingebunden sein in eine Politik der industriellen Modernisierung.

Das relative Zurückbleiben der haushaltsbezogenen Dienstleistungen ist nicht darauf zurückzuführen, daß der Bedarf nicht vorhanden wäre; vielmehr schränkt die vergleichsweise niedrige Produktivität dieses Bereichs, kombiniert mit einem Lohnniveau, das dem Niveau der Industrie entspricht, die realisierbare Nachfrage ein. Und auch die kaufkräftige Nachfrage nach haushaltsbezogenen Dienstleistungen ist nicht unabhängig vom Entwicklungsverlauf der Industrie. Wachstum im industriellen Sektor schafft über die Einkommen der Arbeitnehmer die kaufkräftige Nachfrage nach haushaltsbezogenen Dienstleistungen.

Auch wenn die einschlägigen Statistiken, die mit einer institutionellen Abgrenzung des Dienstleistungssektors arbeiten, allesamt einen deutlichen Zuwachs dieses Wirtschaftsbereiches konstatieren, muß letztlich in Zweifel gezogen werden, ob der Volumenzuwachs der Dienstleistungsproduktion, so wie er sich in der Statistik spiegelt, tatsächlich der realen Entwicklung entspricht. Zum einen übertragen die warenproduzierenden Betriebe gewisse Dienstleistungsfunktionen, die sie bislang in ihrem Hause selbst erfüllt haben, auf spezialisierte Dienstleistungsunternehmen. Die im Produzierenden Gewerbe bislang in der Statistik mitgeführten "versteckten Dienstleistungen" tauchen bei einer solchen Externalisierung in der Statistik nunmehr als Zuwachs des Dienstleistungssektors auf, obwohl sich nicht unbedingt etwas am Dienstleistungsvolumen geändert haben muß. Desgleichen gilt für jene Dienstleistungen, die bislang von den Haushalten in Eigenarbeit erbracht wurden, nun aber aus bestimmten Gründen ebenfalls ausgelagert werden und sich als Nachfrage nach marktlich vermittelten oder öffentlich bereitgestellten Dienstleistungen zeigen. Nimmt man beide Aspekte zusammen, so zeigt sich, daß die Statistik zu nicht unbeträchtlichen Teilen einen Zuwachs des Dienstleistungssektors ausweist, der sich "einigen Eigenschaften der Methodologie der Wirtschaftsstatistik" (Skolka 1986, S. 585), nicht aber einer tatsächlichen Aufblähung der Dienstleistungen verdankt.

Abgesehen von solchen methodischen Problemen der Erfassung struktureller Veränderungen ist heute freilich nicht mehr zu bestreiten, daß der Dienstleistungsektor in der Vergangenheit deutlich an Gewicht gewonnen hat und aller Voraussicht in Zukunft weiter gewinnen wird. Dies gilt für die privaten Dienstleistungen, insbesondere die unternehmensbezogenen Dienstleistungen, dies gilt aber auch für die staatlichen (oder öffentlichen) Dienstleistungen. In der Forschung wird es zukünftig darauf ankommen, neue Felder und vor allem Finanzierungswege für einen Ausbau öffentlicher Dienstleistungen (vor allem im Sozial- und Umweltbereich) zu identifizieren und zu erproben. Allerdings ist nicht zu erwarten, daß die neuen Arbeitsplätze im Staatssektor die Arbeitsmarktprobleme von NRW lösen können. Entscheidend für die Arbeitsmarktsituation bleibt die Entwicklung der Wirtschaft in ihrem Zusammenspiel von Industrie und unternehmensbezogenen Dienstleistungen.

Trotz dieser Ergebnisse, die Möglichkeiten, aber vor allem auch die Grenzen der Tertiärisierungsstrategie aufzeigen, ist jedoch herauszustellen, daß sich in einem so bevölkerungsreichen Bundesland wie NRW im Kultur- und Freizeitbereich Chancen bieten, die in Zukunft noch zielgerichtet aufgegriffen werden können. Die Initiative einer kanadischen Unternehmensgruppe, in Oberhausen ein Einkaufs- und Freizeitzentrum bislang nicht gekannten Ausmaßes zu errichten, scheiterte zwar an der fehlenden Solidität der vorgelegten Konzepte. Sie verdeutlicht aber gleichzeitig, daß in den Bereichen Freizeit, Kurz- und Kulturtourismus, Messen und Tagungen, Einzelhandel etc. in NRW und speziell auch im Ruhrgebiet selbst noch unausgeschöpfte Potentiale liegen. Im Rahmen der in der Emscher Zone stattfindenden Internationalen Bauausstellung (IBA) könnten erste anspruchsvolle Projekte für eine neue Kultur-, Sozial- und Freizeitlandschaft NRW entwickelt werden (vgl. MSWV 1989).

Im Hinblick auf eine beschäftigungswirksame Förderung des Dienstleistungssektors besteht noch deutlicher Forschungsbedarf. Im Rückblick ist festzustellen, daß der beschäftigungspolitische Bedeutungsgewinn des Dienstleistungssektor zu großen Teilen auf dem vergleichsweise rasanten Wachstum der sogenannten "Sonstigen Dienstleistungen" beruht, einem Wirtschaftsbereich also, der in der amtlichen Statistik als Residualkategorie geführt wird. Zwischen dem beobachtbaren Wachstum des Dienstleistungsbereichs und dem Wissensbestand über die internen Strukturen und qualitativen Merkmale des hinzukommenden und möglicherweise ausbaubaren Arbeitsplatzangebots besteht ein krasses Mißverhältnis.

Literatur

Abelshauser, W. 1988: Wirtschaft und Politik: Die Ausgangsbedingungen der nordrhein-westfälischen Wirtschaft nach 1945. In: L. Bußmann (Hrsg.) 1988, S. 43ff.

Adams, K.-H./Eckey, H.F. 1984: Regionale Beschäftigungskrisen in der Bundesrepublik Deutschland. Ursachen und Erscheinungsformen. In: WSI-Mitteilungen, Heft 8, S. 475ff.

Aiginger, H./Tichy, T. 1985: Die Größe der Kleinen. Die überraschenden Erfolge kleiner und mittlerer Unternehmungen in den achtziger Jahren. Wien.

Albach, H. 1989: Dienstleistungen in der modernen Industriegesellschaft. München.

Appelbaum, E./Schettkat, R. 1990a: Employment and Industrial Restructuring: A Comparison of the US and West Germany. In: E. Matzner (Hrsg.), Feasible Full Employment (i.E.).

Appelbaum, E./Schettkat, R. 1990b: Determinants of Employment Development: Comparison of the US and the German Economies. Ms. (erscheint als Discussion Paper des Wissenschaftszentrums Berlin für Sozialforschung).

Bade, F.-J. 1981: Die Standortstruktur großer Industrieunternehmen - Eine explorative Studie zum Einfluß von Großunternehmen auf die regionale Wirtschaftsentwicklung. In: Jahrbuch für Nationalökonomie und Statistik, Bd. 196/4, S. 341ff.

Bade, F.-J. 1983: Large Corporation and regional Development. In: Regional Studies, Nr. 5, S. 315ff.

Bade, F.-J. 1985: Produktionsorientierte Dienste - Gewinner der wirtschaftlichen Entwicklung. In: DIW-Wochenbericht Nr. 16.

Bade, F.-J. 1986: Funktionale Arbeitsteilung und regionale Beschäftigungsentwicklung. In: Informationen zur Raumentwicklung, Heft 9/10, S. 695ff.

Bade, F.-J. 1987: Regionale Beschäftigungsentwicklung und produktionsorientierte Dienstleistungen. Berlin.

Bade, F.-J. 1989: Zur Wachstums- und beschäftigungspolitischen Bedeutung des Dienstleistungssektors. In: Ministerium für Wirtschaft, Mittelstand und Technologie des Landes Nordrhein-Westfalen (Hrsg.), Neues im Westen, Nr. 16, Düsseldorf.

Bade, F.-J. (unter Mitarbeit von U. Middelmann und M. Schüler) 1990: Expansion und regionale Ausbreitung der Dienstleistungen. Eine empirische Analyse des Tertiärisierungsprozesses mit besonderer Berücksichtigung der Städte in Nordrhein-Westfalen. ILS-Schriften 42 (hrsg. vom Institut für Stadt- und Landesentwicklungsforschung NRW), Dortmund.

Badelt, Ch. 1980: Sozioökonomie der Selbstorganisation. Beispiele zur Bürgerselbsthilfe und ihre wirtschaftliche Bedeutung. Frankfurt am Main/New York.

Badelt, Ch. 1984: Politische Ökonomie der Freiwilligenarbeit. Frankfurt am Main/New York.

Badelt, Ch. 1986: Selbstorganisation, Freiwilligenarbeit und parallele Wirtschaft. In: J. Skolka (Hrsg.), Die andere Wirtschaft. Schwarzarbeit und Do-it-yourself in Österreich, Wien, S. 741ff.

Baethge, M./Oberbeck, H. 1985: Dienstleistungssektor als Auffangnetz? Zur These der Kompensation von Rationalisierungseffekten in der Produktion durch Ausweitung von Dienstleistungen - Am Beispiel kaufmännischer und verwaltender Tätigkeiten. In: Soziale Welt, 36. Jg., Heft 2.

Baethge, M./Oberbeck, H. 1986: Zukunft der Angestellten. Neue Technologien und berufliche Perspektiven in Büro und Verwaltung. Frankfurt am Main/New York.

Baumol, W.J. 1967: Macroeconomics of Unbalanced Growth: The Anatomy of Urban Crisis. In: American Economic Review, June 1967, S. 415ff.

Baumol, W.J. 1969: Welfare Economics and the Theory of the state (3. Aufl.), Cambridge, Mass.

Becker, B. 1988: Arbeitnehmer im Dienstleistungsbereich. In: Wirtschaft und Statistik, Heft 5, S. 328ff.

Becker, J. 1986: Folgen neuer Informations- und Kommunikationstechnologien. In: R. Erd/O. Jacobi/W. Schumm (Hrsg.), Strukturwandel in der Industriegesellschaft, Frankfurt am Main/New York, S. 169ff.

Beinhauer, H. 1988: Energiezentrum Nordrhein-Westfalen. In: L. Bußmann (Hrsg.) 1988, S. 102ff.

Bell, D. 1975: Die nachindustrielle Gesellschaft. Frankfurt am Main/New York.

Bensch, G. 1987: Auswirkungen kumulierter wirtschaftlicher Benachteiligung auf die Wirtschaftskraft eines Raumes - dargestellt am Beispiel der Stadt Duisburg. In: Informationen zur Raumentwicklung, Heft 9/10, S. 651ff.

Berger, J./Offe, C. 1984: Die Entwicklungsdynamik des Dienstleistungssektors. In: C. Offe (Hrsg.), Arbeitsgesellschaft. Strukturprobleme und Zukunftsperspektiven, Frankfurt am Main/New York, S. 229ff.

Berger, U. 1984: Wachstum und Rationalisierung der industriellen Dienstleistungsarbeit. Frankfurt am Main/New York.

Berekhoven, L. 1983: Der Dienstleistungsmarkt in der Bundesrepublik Deutschland. (2 Bde.), Göttingen.

BfLR (Hrsg.) 1986: Aktuelle Daten und Prognosen zur räumlichen Entwicklung. Nord-Süd-Kontraste in der regionalwirtschaftlichen Entwicklung. In: Informationen zu Raumentwicklung, Heft 11/12.

Bieber, A. 1984: Arbeitslosenarbeit in Nordrhein-Westfalen. Beispiele aus der Arbeit von Staat, gesellschaftlichen Organisationen und Arbeitsloseninitiativen (hrsg. vom DGB-Landesbezirk NRW). Düsseldorf.

Bieber, A./Derichs-Kunstmann, K./Höhfeld, J. 1985: Arbeitslosigkeit in Nordrhein-Westfalen. In: W. Fricke u.a. (Hrsg.) 1985, S. 203ff.

Biedenkopf, K. 1985: Die neue Sicht der Dinge. Plädoyer für eine freiheitliche Wirtschafts- und Sozialordnung. München/Zürich.

Birch, D. 1979: The Job Generation Process. M.I.T Program on Neighbourhood and Regional Changes. Ms. Cambridge, Mass.

Blanke, B./Evers, A./Wollmann, H. (Hrsg.) 1986: Die Zweite Stadt. Neue Formen lokaler Arbeitsmarkt- und Sozialpolitik. Leviathan-Sonderheft Nr. 7, Opladen.

BMBW 1988: Bundesministerium für Bildung und Wissenschaft: Berufsbildungsbericht 1988, Bonn.

Bögenhold, D. 1987: Der Gründerboom. Realität und Mythos der neuen Selbständigkeit. Frankfurt am Main/New York.

Braczyk, H.-J./Gebbert, Ch./Kerst, Ch./Mombaur, St./Niebur, J. 1989: Beschäftigte im "Sonstigen Dienstleistungsbereich" - Überraschungen einer Residualkategorie. In: W. Fricke u.a. (Hrsg.) 1989, S. 387ff.

Breimaier, P. 1989: Ergebnisse der Volkszählung 1987 zu Erwerbstätigkeit im langfristigen Vergleich, In: Wirtschaft und Statistik, Heft 8/1989, S. 499ff.

Brödner, P. 1985: Fabrik 2000. Alternative Entwicklungspfade in die Zukunft der Fabrik. Berlin.

Brune, R./Köppel, M. 1982: Wachstumssensibilität und Preisempfindlichkeit - Zur wirtschaftlichen Konstitution Nordrhein-Westfalens. In: Mitteilungen des Rheinisch-Westfälischen Instituts für Wirtschaftsforschung, Jg. 33, S. 239ff.

Bußmann, L. 1988: Nordrhein-Westfalens Wirtschaft im Wandel. In: L. Bußmann (Hrsg.) 1988, S. 13ff.

Bußmann, L. 1988 (Hrsg): Die Wirtschaft des Landes Nordrhein-Westfalen. Schriftenreihe der Landeszentrale für politische Bildung Nordrhein-Westfalen, Bd. 4. Köln.

Clark, C. 1957: The Conditions of Economic Progress. London.

Clemens, R./Tengler, H. 1983: Standortprobleme von Industrieunternehmen in Ballungsräumen. Eine empirische Untersuchung im IHK-Bezirk Dortmund unter besonderer Berücksichtigung der Unternehmensgröße. Göttingen.

Cornetz, W. 1987: Die Kehrseite des "amerikanischen Beschäftigungswunders". In: Wirtschaftsdienst, Jg. 67, Heft 12, S. 627-636.

Cornetz, W. 1989: Der Dienstleistungssektor wächst nicht schnell genug. Kann die Bundesrepublik vom "Amerikanischen Beschäftigungswunder" profitieren? In: Mitteilungsblatt der zentralen wissenschaftlichen Einrichtung 'Arbeit und Betrieb', Universität Bremen, S. 81ff.

Corsten, H. 1982: Der nationale Technologietransfer. Formen - Elemente - Gestaltungsmöglichkeiten - Probleme. Berlin.

Corsten, H. 1984: Zum Problem der Mehrstufigkeit in der Dienstleistungsproduktion. In: Jahrbuch der Absatz- und Verbrauchsforschung, Heft 3, S. 253ff.

Corsten, H. 1985a: Zur ökonomischen Bedeutung von Dienstleistungen - Möglichkeiten und Grenzen der Erfassung. In: Jahrbuch der Absatz- und Verbrauchsforschung, Jg. 31, Heft 3, S. 16ff.

Corsten, H. 1985b: Die Produktion von Dienstleistungen. Grundzüge einer Produktionswirtschaftslehre des tertiären Sektors. Berlin.

Corsten, H. 1988: Betriebswirtschaftslehre der Dienstleistungsunternehmen. Einführung. München.

Cramer, U. 1987: Klein- und Mittelbetriebe: Hoffnungsträger der Beschäftigungspolitik. In: Mitteilungen aus der Arbeitsmarkt- und Berufsforschung, Heft 1, S. 15ff.

Cramer, U. 1988: Ursachen für den Trend zu kleinen Betrieben. Kurzbericht VII/6-Cra des Instituts für Arbeitsmarkt- und Berufsforschung.

Cramer, U./Koller, M. 1988: Gewinn und Verluste von Arbeitsplätzen in Betrieben - der "Job-Turnover"-Ansatz. In: Mitteilungen aus der Arbeitsmarkt- und Berufsforschung, Heft 3, S. 361ff.

Dähne, E. 1974: Die Bedeutung der Dienstleistungswirtschaft für die Arbeitsmarktentwicklung in der BRD (RKW-Schriftenreihe), Frankfurt.

Dahremöller, A. 1987: Existenzgründungsstatistik - Nutzung amtlicher Datenquellen zur Erfassung des Gründungsgeschehens. Stuttgart.

Damm-Rüger; 1985: Betriebliche Qualifikationsanforderungen - determiniert durch die technische Entwicklung oder Produkt vieler interdependenter Einflußfaktoren? Ansätze und Ergebnisse empirischer Forschung über Qualifikationsanforderungen im Beschäftigungssystem der Bundesrepublik Deutschland. In: Berufsbildung in Wissenschaft und Praxis, Heft 5, S. 182ff.

Dedering, H. 1988: Kann berufliche Bildung regionale Wirtschaftsprozesse befördern? In: Gewerkschaftliche Monatshefte, Heft 3, S. 172ff.

Derenbach, R. 1982: Qualifikation und Innovation als Strategie der regionalen Entwicklung. In: Informationen zur Raumentwicklung, Heft 6/7, S. 449ff.

Derenbach, R. 1983: Zur Begründung und Ausgestaltung regionaler Berufsbildungspolitik. In: D. Garlichs/F. Maier/K. Semlinger (Hrsg.) 1983, S. 159ff.

Derenbach, R. 1984: Berufliche Kompetenz und selbsttragende regionalwirtschaftliche Entwicklung. In: Informationen zur Raumentwicklung, Heft 1/2, S. 79ff.

Deutsche Bundesbank 1988: Der Dienstleistungssektor in der Bundesrepublik Deutschland als Träger des wirtschaftlichen Wachstums. In: Monatsberichte der deutschen Bundesbank, Heft 8, S. 40ff.

Dietz, F. 1988: Strukturwandel auf dem Arbeitsmarkt. Entwicklung bei den sozialversicherungspflichtig beschäftigten Arbeitnehmern nach Wirtschaftszweigen, Berufen und Qualifikation zwischen 1974 und 1986. In: Mitteilungen aus der Arbeitsmarkt- und Berufsforschung, Heft 1, S. 115ff.

DIW 1984: Deutsches Institut für Wirtschaftsforschung: Sind die Unterschiede der Beschäftigungsentwicklung in den USA und in der Bundesrepublik Deutschland in der Reallohnentwicklung begründet? In: DIW-Wochenbericht, 34. Jg., Nr. 33, S. 405ff.

DIW 1985: Deutsches Institut für Wirtschaftsforschung: Wachsende Bedeutung des Informationssektors in der Bundesrepublik Deutschland. In: DIW-Wochenbericht, 35. Jg., S. 397-402.

DIW 1986: Deutsches Institut für Wirtschaftsforschung: Strukturverschiebungen zwischen sekundärem und tertiärem Sektor. Empirischer Befund unter Berücksichtigung neuerer Formen der Finanzierung und Unternehmenskooperation (Leasing, Factoring, Gründung von Holding-Gesellschaften u.ä.); Bestimmungsgründe, Folgerungen für ausgewählte Politikbereiche. Schwerpunktthema im Rahmen der Strukturberichterstattung 1987, Gutachten im Auftrag des Bundesministers für Wirtschaft, Berlin.

DIW 1987: Deutsches Institut für Wirtschaftsforschung: Die wirtschaftliche Entwicklung der Bundesländer in den siebziger und achtziger Jahren - eine vergleichende Analyse. DIW-Beiträge zur Strukturforschung, Heft 94.

DIW 1989: Deutsches Institut für Wirtschaftsforschung: Technischer Fortschritt und Arbeitsmarkt in Nordrhein-Westfalen. Eine empirische Analyse und Prognose. Gutachten im Auftrag des Ministers für Arbeit, Gesundheit und Soziales des Landes Nordrhein-Westfalen. Unveröffentlichtes Manuskript, Berlin.

Dohms, N./Kossmann, H.J. 1989: Gewerbeflächen des Verarbeitenden Gewerbes im Ruhrgebiet. Kommunalverband Ruhrgebiet. Essen.

Dostal, W. 1984: Datenverarbeitung und Beschäftigung, Teil 3: Der Informationssektor. In: Mitteilungen aus der Arbeitsmarkt- und Berufsforschung, Heft 4, S. 490ff.

Dostal, W. 1986: Informationstechnik und Informationsbereich im Kontext aktueller Prognosen. In: Mitteilungen aus der Arbeitsmarkt- und Berufsforschung, Heft 1.

Eichener, V./Humke, A./Kahlert, S. 1988: Arbeitslosigkeit und Infrastruktur. ILS-Schriften 28 (hrsg. vom Institut für Landes- und Stadtentwicklungsforschung des Landes NRW), Dortmund.

Eichner, H./Richter, S. 1989: Bedrohung für Millionen. Mit der Massenarbeitslosigkeit ins nächste Jahrtausend. Bonn.

Einem, E. v. 1986: Dienstleistungen und Beschäftigtenentwicklung. Discussion-Paper IIM/LMP 86-6, Wissenschaftszentrum Berlin.

Ellwein, T./Bruder, W. 1980: Arbeitsbedingungen und Innovationspotentiale mittelgroßer Industriebetriebe in strukturell unterschiedlichen Regionen des Bundesgebietes (Schriftenreihe 'Raumordnung' des Bundesministers für Raumordnung, Bauwesen und Städtebau Nr. 06.041), Bonn.

Engfer, U. 1986: Rationalisierung der Dienstleistungsarbeit: Strategien im Einzelhandel. Frankfurt/New York.

Evers, A./Lange/H.-G. Wollmann, H. (Hrsg.) 1983: Kommunale Wohnungspolitik. Basel/Boston/Stuttgart.

Ewers, H.-J. 1984: Räumliche Innovationsdisparitäten und räumliche Diffusion neuer Technologien. In: E.A. Brugger (Hrsg.), Regionale Innovationsprozesse und Innovationspolitik, Diessenhofen, S. 97ff.

Ewers, H.-J./Fritsch, M. 1983: Beschäftigungswirkungen regionaler Wirtschaftspolitik. In: D. Garlichs/F. Maier/K. Semlinger (Hrsg.) 1983, S. 38ff.

Ewers, H.-J./Fritsch, M./Kleine, J. 1984: Bildungs- und Qualifikationsorientierte Strategien zur Regionalförderung unter besonderer Berücksichtigung kleiner und mittlerer Unternehmen (Schriftenreihe des Bundesministeriums für Raumordnung, Bauwesen und Städtebau Nr. 06.053), Bonn.

Fels, G. 1989: Produktivitätsfortschritt und Zukunftsbewältigung. In: iwd, Nr. 42 vom 19.10.89, S. 6-7.

Fisher, A.G.B. 1939: Production - Primary, Secondary and Tertiary. In: The Economic Record, 2. Jg., Vol. 15, S. 24ff.

Fourastié, J. 1954: Die große Hoffnung des 20. Jahrhunderts. Köln-Deutz.

Franzmeyer, F. 1983: Zum Wandel der volkswirtschaftlichen Produktionsstruktur im internationalen Vergleich. In: DIW-Wochenbericht, Nr. 6, S. 69ff.

Frerich, J. 1978: Dienstleistungspotential und innovationsorientierte Regionalpolitik. In: Informationen zur Raumentwicklung, Heft 7, S. 527ff.

Frerich, J./Pötzsch, R. 1975: Tertiärer Sektor und Regionalpolitik. Schriften der Kommission für wirtschaftlichen und sozialen Wandel, Bd. 62, Göttingen.

Fricke, W. u.a. (Hrsg.) 1985: Jahrbuch Arbeit und Technik in Nordrhein-Westfalen 1985. Bonn.

Fricke, W. u.a. (Hrsg.) 1986: Jahrbuch Arbeit und Technik in Nordrhein-Westfalen 1986. Bonn.

Fricke, W. u.a. (Hrsg.) 1987: Jahrbuch Arbeit und Technik in Nordrhein-Westfalen 1987. Bonn.

Fricke, W. u.a. (Hrsg.) 1988: Jahrbuch Arbeit und Technik in Nordrhein-Westfalen 1988, Bonn.

Fricke, W. u.a. (Hrsg.) 1989: Jahrbuch Arbeit und Technik in Nordrhein-Westfalen 1989. Bonn.

Fricke, W. (Hrsg.) 1990: Jahrbuch Arbeit und Technik 1990. Bonn.

Friedrichs, J./Häussermann, H./Siebel, W. (Hrsg.) 1986: Süd-Nord-Gefälle in der Bundesrepublik? Sozialwissenschaftliche Analysen. Opladen.

Friedrich, W. 1989: Sozialversicherungsfreie Beschäftigung. Bundesministerium für Arbeit und Sozialordnung. Bonn.

Fritsch, M./Hull, Ch. (Hrsg.) 1987: Arbeitsplatzdynamik und Regionalentwicklung. Beiträge zur beschäftigungspolitischen Bedeutung von Klein- und Mittelbetrieben. Berlin.

Fritsch, M./Hull, Ch. 1987: Empirische Befunde zur Arbeitsplatzdynamik in der Bundesrepublik Deutschland. In: M. Fritsch/Ch. Hull (Hrsg.) 1987, S. 149ff.

Fröbel, F./Heinrichs, J./Kreye, O. 1986: Umbruch in der Weltwirtschaft. Reinbek.

Fuchs, V. R. 1968: The Service Economy. Columbia University Press. New York/London.

Garhammer, M. 1988a: Die unbezahlte häusliche Dienstleistungsproduktion - ein Beitrag zur Diskussion über Dienstleistungsbesonderheiten. In: Jahrbuch der Absatz- und Verbrauchsforschung, S. 61ff.

Garhammer, M. 1988b: Auf dem Weg zur Self-Service-Ökonomie oder zur Dienstleistungsgesellschaft? Wechselwirkungen zwischen unbezahlter Arbeit in privaten Haushalten und der Erwerbsarbeit am Beispiel der Dienstleistungen. In: P. Gross/P. Friedrich (Hrsg.), S. 150ff.

Garlichs, D. 1983: Qualifizierung im Betrieb als Mittel der Wachstumsförderung und der Beschäftigungssicherung. In: D. Garlichs/F. Maier/K. Semlinger (Hrsg.) 1983, S. 183ff.

Garlichs, D./Maier, F./Semlinger, K. (Hrsg.) 1983: Regionalisierte Arbeitsmarkt- und Beschäftigungspolitik. Frankfurt am Main/New York.

Gatzweiler, H.-P. 1985: Die Entwicklung in den Regionen des Bundesgebietes. In: J. Friedrichs (Hrsg.) 1985, Die Städte in den 80er Jahren. Demographische, ökonomische und technologische Entwicklungen, Opladen, S. 214ff.

Gatzweiler, H.-P./Runge, L. 1986: Aktuelle Daten zur Entwicklung von Städten, Kreisen und Gemeinden. In: Informationen zur Raumentwicklung, Heft 11/12, S. 1047ff.

Gershuny, J.I. 1979: The Informal Economy. Its Role in Post-Industrial Society. In: Futures, Heft 1, S. 3-15.

Gershuny, J.I. 1981: Die Ökonomie der post-industriellen Gesellschaft. Frankfurt am Main.

Gershuny, J.I. 1984: The Future of Service Imployment. Discussion Paper IIM/LMP 84/7, Wissenschaftszentrum Berlin.

Gershuny, J.I. 1986: Beschäftigungsstruktur und nachindustrieller Wandel. In: E. Pestel (Hrsg.), Perspektiven der Dienstleistungsgesellschaft, Beiträge zu einem internationalen Dienstleistungssymposium der Niedersächsischen Landesregierung vom 13.-15. Mai 1985 in Hannover, Göttingen, S. 57-72.

Gershuny, J.I./Miles, I. 1983: The Service Economy. London.

Gerstenberger, W. 1987: Der Dienstleistungsbereich im Spannungsfeld divergierender Kräfte. In: Allgemeines Statistisches Archiv 71, S. 38ff.

GEWOS/GfAH/WSI 1988: Strukturwandel und Beschäftigungsperspektiven der Metallindustrie an der Ruhr. Abschlußbericht.

Gielow, G./Kuntze, U. 1987: Die innovative Bedeutung von kleinen und mittleren Unternehmen. In: FhG-Berichte, Hefte 1, München, S. 32ff.

Glatzer, W. 1990: Die Rolle der privaten Haushalte im Prozeß der Wohlfahrtsproduktion. In: R.G. Heinze/C. Offe (Hrsg.), S. 15ff.

Goergens, E. 1975: Die Drei-Sektoren-Hypothese. In: Das Wirtschaftsstudium (WISU) 6/1975, S. 66ff.

Goldberg, J. 1984: Die Entwicklung der Beschäftigung in den USA. In: Blätter für deutsche und internationale Politik, Heft 8, S. 1007ff.

Gorz, A. 1989: Kritik der ökonomischen Vernunft. Berlin.

Grabher, G. 1988: De-Industrialisierung oder Neo-Industrialisierung. Innovationsprozesse und Innovationspolitik in traditionellen Industrieregionen. Berlin.

Grabher, G. 1988a: Unternehmensnetzwerke und Innovation. Veränderungen in der Arbeitsteilung zwischen Groß- und Kleinunternehmen im Zuge der Umstrukturierung der Stahlindustrie (Ruhrgebiet) und der Chemischen Industrie (Rhein/Main). Überlegungen zu einem Forschungsprojekt. Berlin.

Grabow, B./Henckel, D. 1986: Räumliche Verteilung von Unternehmen der Informationstechnologie. Deutsches Institut für Urbanistik, Berlin.

Gretschmann, K./Heinze, R.G./Hilbert, J./Schulz, E./Voelzkow, H. 1989: Neue Technologien und Soziale Sicherung. Opladen.

Groser, M. 1989: Beschäftigung und Arbeitsmarktpolitik im internationalen Vergleich. I:. Aus Politik und Zeitgeschichte, B 29/89, 14. Juli 1989, S. 3ff.

Gross, P. 1983: Die Verheißungen der Dienstleistungsgesellschaft. Soziale Befreiung oder Sozialherrschaft? Opladen.

Gross, P./Friedrich, P. (Hrsg.) 1988: Positive Wirkungen der Schattenwirtschaft? Baden-Baden.

Gross, P./Garhammer, M./Eckardt, J. 1988: Freizeitmarkt Dienstleistungen und häuslicher Freizeitpfad. ILS-Schriften 17 (hrsg. vom Institut für Stadt- und Landesentwicklungsforschung NRW), Dortmund.

Hack, L. 1987: "Dienstleistungsgesellschaft" oder Strukturwandel der Industrie? In: links, Juli/August, S. 35ff.

Hall, P. 1985: The geography of the Fifth Kondratieff. In: P. Hall/A. Markusen (Hrsg.), Silicon Landscapes. Boston.

Haller, M. 1982: Auf dem Weg zur Dienstleistungsgesellschaft? Tendenzen und Implikationen der Umschichtung der Berufs- und Klassenstruktur in der Nachkriegszeit am Beispiel Österreichs. In: Wirtschaft und Gesellschaft, S. 607ff.

Hamm, R. 1986/87: Entwicklungsunterschiede zwischen den nordrhein-westfälischen Ballungsgebieten - Befund und Erklärungsansätze. In: RWI-Mitteilungen, Jg. 37/38, S. 217ff.

Hamm, R./Schneider, K. 1987: Wirtschaftliche Erneuerung im Ruhrgebiet - Zum Umstrukturierungsproblem altindustrieller Ballungsräume. In: List-Forum, Bd. 14, Düsseldorf, S. 169ff.

Hamm, R./Wienert, H. 1990: Strukturelle Anpassung altindustrieller Regionen im internationalen Vergleich. Schriftenreihe des RWI. Neue Folge Heft 46. Berlin.

Häußermann, H./Petrowsky, W./Siebel, W. 1989: Dienstleistungen - Freizeit - Stadtentwicklung. Ms., Bremen/Oldenburg.

Häußermann, H./Siebel, W. 1987: Neue Urbanität. Frankfurt am Main.

Hegner, F. 1981: Öffentliche Dienstleistungen. In: K. König et. al. (Hrsg.), Öffentliche Verwaltung in der Bundesrepublik Deutschland. Baden-Baden, S. 203ff.

Heinze, J. 1987: Jenseits der Drei-Sektoren-Hypothese: Zur Rolle der Dienstleistungen im Strukturwandel. In: Ifo-Schnelldienst, Dienstleistungen: Auf dem Weg zu einer neuen Arbeitsteilung, Heft 14/15, S. 5ff.

Heinze, R. G. (Hrsg.) 1986: Neue Subsidiarität - Leitidee für eine zukünftige Sozialpolitik? Opladen.

Heinze, R.G./Hilbert, J./Voelzkow, H. 1987: Integrierte Umwelt- und Beschäftigungspolitik als Perspektive für alte Industrieregionen. In: W. Fricke u.a. (Hrsg.), S. 353ff.

Heinze, R.G./Offe, C. (Hrsg.) 1990: Formen der Eigenarbeit. Theorie, Empirie, Vorschläge. Opladen.

Heinze, R. G./Olk, Th./Hilbert, J. 1988: Der neue Sozialstaat. Analysen und Reformperspektiven. Freiburg.

Henckel, D./Nopper, E./Rauch, N. 1984: Informationstechnologie und Stadtentwicklung. Schriften des Deutschen Instituts für Urbanistik, Band 71, Stuttgart/Berlin/Köln/Mainz.

Hennig, J./Pekruhl, U. 1991: Widersprüche zwischen Markt- und Produktionsstrategien? Flexible Spezialisierung in der Investitionsgüterindustrie Nordrhein-Westfalens. IAT PT 04, Gelsenkirchen.

Hermann, Ch. 1988: Zum Datenangebot über Dienstleistungen in der Bundesstatistik, Statistisches Bundesamt, Schriftenreihe "Ausgewählte Arbeitsunterlagen zur Bundesstatistik", Heft 3. Wiesbaden.

Hesse, J.-J. (Hrsg.) 1986: Erneuerung der Politik "von unten"? Stadtpolitik und kommunale Selbstverwaltung im Umbruch. Opladen.

Hesse, J.-J. 1986: Erneuerung der Politik "von unten"? Stadtpolitik und kommunale Selbstverwaltung im Umbruch. In: J.-J. Hesse (Hrsg.) 1986, S. 11ff.

Hesse, J.J. (Hrsg.) 1988: Die Erneuerung alter Industrieregionen: Ökonomischer Strukturwandel und Regionalpolitik im internationalen Vergleich. Baden-Baden.

Hilbert, J./Sperling, H.-J. 1990: Die kleine Fabrik. Beschäftigung, Technik und Arbeitsbeziehungen. München und Mering.

Hinrichs, K. 1989: Irreguläre Beschäftigungsverhältnisse und soziale Sicherung. In: PROKLA, Heft 77, S. 7ff.

Hirsch, J./Roth, R. 1987: Das neue Gesicht des Kapitalismus. Hamburg.

Hjern, B./Hull, C. 1983: Förderung kleiner Industriebetriebe als Mittel der Beschäftigungspolitik vor Ort. In: F.W. Scharpf/M. Brockmann (Hrsg.), S. 101ff.

Hönekopp, E./Ullmann, H. 1980: Auf dem Weg zur Dienstleistungsökonomie. Wirtschafts- und Beschäftigungsstrukturen ausgewählter Industriestaaten im Vergleich. In: Mitteilungen aus der Arbeitsmarkt- und Berufsforschung, Heft 2, S. 255ff.

Hof, B. 1984: Sektorale Beschäftigungsentwicklung in den Vereinigten Staaten und in der Bundesrepublik Deutschland. In: iw-Trends 2, Institut der Deutschen Wirtschaft, S. 8ff.

Hoffmann, E./Weidig, I. 1986: Der Arbeitskräftebedarf im Dienstleistungssektor bis zum Jahr 2000 nach Wirtschaftszweigen. In: Mitteilungen aus der Arbeitsmarkt- und Berufsforschung, Heft 1, S. 68ff.

Hoffmann, E. 1988: Beschäftigungstendenzen im Dienstleistungssektor der USA und der Bundesrepublik Deutschland. In: Mitteilungen aus der Arbeitsmarkt- und Berufsforschung, Heft 2, S. 243ff.

Hotz, D. 1987: Arbeitslosigkeit, Sozialhilfeausgaben und kommunales Investitionsverhalten. In: Informationen zur Raumentwicklung, Heft 9/10, S. 593ff.

Hucke, J./Überhorst, R. (Hrsg.) 1983: Kommunale Umweltpolitik. Basel/Boston/Stuttgart.

Hucke, J./Wollmann, H. (Hrsg.) 1988: Dezentrale Technologiepolitik? Technikförderung durch Bundesländer und Kommunen. Basel/Boston/Berlin.

Hurler, P. 1984a: Regionale Arbeitslosigkeit in der Bundesrepublik Deutschland. Eine empirische Analyse ihrer Entwicklung, ihrer Erscheinungsformen und ihrer Ursachen. Kurzfassung. In: Mitteilungen aus der Arbeitsmarkt- und Berufsforschung, Heft 2/1984 S. 291ff.

Hurler, P. 1984b: Regionale Arbeitslosigkeit in der Bundesrepublik Deutschland. Beiträge zur Arbeitsmarkt- und Berufsforschung, Bd. 84, Nürnberg.

Hurler, P./Pfaff, M. (Hrsg.) 1985: Lokale Arbeitsmarktpolitik. Berlin.

Jänicke, M. 1986: Staatsversagen. Die Ohnmacht des Politik in der Industriegesellschaft. München.

Jessen, J./Siebel, Walter/Siebel-Rebell, C./Walther, U.-J./Weyrather, I. 1988: Arbeit nach der Arbeit. Schattenwirtschaft, Wertewandel und Industriearbeit. Opladen.

Joachim, P. 1988: Der Tertiärsektor in der Ruhrwirtschaft. Bonn.

Joachim, P./Tank, H. 1983: Dienstleistungssektor und kommunale Wirtschaftsförderung - Notwendigkeit und Möglichkeiten einer Erweiterung der Wirtschaftsförderung im Strukturwandel. Opladen.

Jochimsen, R. 1987: Thesen zur wirtschaftlichen und strukturellen Entwicklung des Ruhrgebiets. In: MWMT 1987.

Jung, H.-U. 1986: Branchenstrukturen als Erklärungsfaktoren für regionalwirtschaftliche Entwicklungsdisparitäten. In: Informationen zur Raumentwicklung, Heft 11/12, S. 859ff.

Junne, G. 1985: Reregionalisierung: Chancen regionaler Reintegration von Produktion und Konsum als Folge der Entwicklung neuer Technologien. In: W. Fricke u.a. (Hrsg.), S. 337ff.

Kahnert, R. 1988: Rahmenbedingungen kommunaler Gewerbepolitik. In: Informationen zur Raumentwicklung, Heft 5/6, S. 227ff.

Kamp, M.E. 1981: Zum Zusammenhang von regionaler und sektoraler Arbeitslosigkeit und regionaler Unternehmengrößenstruktur. (Beiträge zur Mittelstandsforschung, Heft 68), Göttingen.

Karr, W./Koller, M./Kridde, H./Werner, H. 1987: Regionale Mobilität am Arbeitsmarkt. In: Mitteilungen aus der Arbeitsmarkt- und Berufsforschung, Heft 2/1987, S. 197ff.

Kayser, G./Dahremöller, A. 1988: Private und öffentliche Dienstleistungen in Nordrhein-Westfalen. In: L. Bußmann (Hrsg.) 1988, S. 138ff.

Kern, H./Schumann, M. 1984: Das Ende der Arbeitsteilung? Rationalisierung in der industriellen Produktion: Bestandsaufnahme, Trendbestimmung. München.

Klauder, W. 1986: Technischer Fortschritt und Beschäftigung. Zum Zusammenhang von Technik, Strukturwandel, Wachstum und Beschäftigung. In: Mitteilungen aus der Arbeitsmarkt- und Berufsforschung, Heft 1/1986, S. 1ff.

Klauder, W./Schnur, P./Thon, P. 1985: Arbeitsmarktperspektiven der 80er und 90er Jahre. Neue Modellrechnungen für Potential und Bedarf an Arbeitskräften. In: Mitteilungen aus der Arbeitsmarkt- und Berufsforschung, Heft 1/1985, S. 41ff.

Klönne, A./Borowczak, W./Voelzkow, H. 1991: Institutionen regionaler Technikförderung. Opladen (i.E.).

Köppel, M. 1984: Die Aktualisierung der Input-Output-Tabelle des RWI für das Ruhrgebiet. In: Mitteilungen des Rheinisch-Westfälischen Instituts für Wirtschaftsforschung, 35. Jg., S. 51ff.

Köppel, M. 1985: "Alte" Industrieregionen: Ein internationaler Vergleich. In: W. Lamberts (Hrsg.) 1985, Nordrhein-Westfalen in der Krise - Krise in Nordrhein-Westfalen? Schriftenreihe des Rheinisch-Westfälischen Instituts für Wirtschaftsforschung (Essen), Heft 46, Berlin.

Körber-Weick, M./Wied-Nebbeling, S./Enke, H./Merz, D./Moczadlo, R. 1986: Wirtschaftskraft und Wirtschaftsentwicklung in den Bundesländern seit 1970. Forschungsberichte des Instituts für Angewandte Wirtschaftsforschung, Serie B, Nr. 6, Tübingen.

Kronenwett, E. 1983: Beschäftigungsorientierte Regionalpolitik. Beiträge zur Politikwissenschaft, Bd. 26, Frankfurt a.M.

Kronenwett-Löhrlein, E. 1990: Arbeitsmarkt und Beschäftigung in Nordrhein-Westfalen - Rückblick auf die achtziger Jahre, In: W. Fricke u.a. (Hrsg.), S. 299ff.

Krüger, J./Pankoke, E. (Hrsg.) 1985: Kommunale Sozialpolitik. München/Wien.

Krüger-Hemmer, C./Veldhues, B. 1989: Strukturergebnisse der Arbeitsstättenzählung vom 25. Mai 1987, In: Wirtschaft und Statistik 7/1989. S. 420f.

Krug, W. 1987: Nord-Süd- und Stadt-Land-Gefälle in der Sozialhilfedichte der Bundesrepublik Deutschland. In: Informationen zur Raumentwicklung, Heft 9/10, S. 527ff.

Krupp, H.-J. 1986a: Der Strukturwandel zu den Dienstleistungen und Perspektiven der Beschäftigungsstruktur. In: Mitteilungen aus der Arbeitsmarkt- und Berufsforschung, Heft 1, S. 145ff.

Krupp, H.-J. 1986b: Die Erschließung von Arbeitsplätzen im Tertiärsektor als Beispiel zur Lösung struktureller Probleme. In: H.-J. Krupp/B. Rohwer/K.W. Rothschild (Hrsg.), Wege zur Vollbeschäftigung, Freiburg, S. 235ff.

Krupp, H.-J. 1987: Gibt es in der Bundesrepublik Deutschland einen Rückstand in der Entwicklung von Dienstleistungen? In: Allgemeines Statistisches Archiv 71, S. 56ff.

Kubicek, H. 1985: Die sogenannte Industriegesellschaft. In: E. Altvater/M. Baethge et. al. (Hrsg.), Arbeit 2000, Hamburg, S. 76ff.

Kunzmann, K.R. 1986: Structural Problems of an Old Industrial Area: the Case of the Ruhr-District. In: W.H. Goldberg (Hrsg.) 1986, Ailing Steel. The Transoceanic Quarrel. Aldershot.

LAA-NRW 1988: Landesarbeitsamt Nordrhein-Westfalen: Wirtschaftszweige in den Arbeitsämtern 1986, Düsseldorf.

LAA-NRW 1989: Landesarbeitsamt Nordrhein-Westfalen. Arbeitsstatistik 1989, Jahreszahlen. Düsseldorf.

LAA-NRW 1990: Landesarbeitsamt Nordrhein-Westfalen. Sonderuntersuchung über Arbeitslose. Ende September 1989 (Erste Ergebnisse). In: Informationen zum Arbeitsmarkt Nr. 5/1990. Düsseldorf.

LAA-NRW 1991: Landesarbeitsamt Nordrhein-Westfalen. Beschäftigung, Arbeits- und Ausbildungsmarkt 1980 bis 1990 in Nordrhein-Westfalen. Informationen zum Arbeitsmarkt Nr. 4/1991. Düsseldorf.

Lamberts, W. 1988: Die gewerbliche Wirtschaft Nordrhein-Westfalens in der Bewährung. In: L. Bußmann (Hrsg.) 1988, S. 63ff.

Lampe, P. 1984: Die Wiedernutzung von Industriebrachen im Montanrevier. In: Informationen zur Raumentwicklung, Heft 10/11, S. 995ff.

Läpple, D. 1986: Trendbruch in der Raumentwicklung. Auf dem Weg zu einem neuen industriellen Entwicklungstyp? In: Informationen zur Raumentwicklung, Heft 11/12, S. 909ff.

LDS 1988: Landesamt für für Datenverarbeitung und Statistik: Statistisches Jahrbuch Nordrhein-Westfalen 1988. Düsseldorf.

LDS 1988a: Landesamt für Datenverarbeitung und Statistik: Kreisstandardzahlen 1988. Düsseldorf.

LDS 1990: Landesamt für Datenverarbeitung und Statistik: Statistisches Jahrbuch Nordrhein-Westfalen 1990. Düsseldorf.

LDS 1990a: Landesamt für Datenverarbeitung und Statistik: Kreisstandardzahlen 1990. Düsseldorf.

LDS 1990b: Landesamt für Datenverarbeitung und Statistik: Die industriellen Kleinbetriebe in Nordrhein-Westfalen 1988 bis 1989. Regionalergebnisse. Düsseldorf.

Lehner, F./Nordhause-Janz, J. 1988: Dezentrale Technologiepolitik: Neue Chancen für die Steuerung technisch-ökonomischer Innovationsprozesse? In: J. Hucke/H. Wollmann (Hrsg.) 1988, Dezentrale Technologiepolitik? Technikförderung durch Bundesländer und Kommunen, Basel/Boston/Berlin, S. 99ff.

Lehner, F./Nordhause-Janz, J./Schubert, K./Voß, W. 1988: Die Bedeutung der Ruhrkohle AG für die wirtschaftliche Entwicklung des Ruhrgebietes. Abschlußbericht einer Studie im Auftrag der Ruhrkohle Bergbau und Umwelt GmbH, Bochum.

Littek, W./Heisig, U. 1986: Rationalisierung von Arbeit als Aushandlungsprozeß. Beteiligung bei Rationalisierungsverläufen im Angestelltenbereich. In: Soziale Welt, 37. Jg., Heft 2/3, S. 237ff.

Lovemann, G.W./Tilly, C. 1988: Good Jobs or bad jobs? Evaluation of the American job creation experience. In: International Labour Review, Jg. 127, Heft 5, S. 593ff.

Lützel, H. 1987: Statistische Erfassung von Dienstleistungen. In: Allgemeines Statistisches Archiv, Heft 71, S. 17ff.

Lutz, B. 1984: Der kurze Traum immerwährender Prosperität. Frankfurt am Main/New York.

Maier, F. 1988: Beschäftigungspolitik vor Ort. Die Politik der kleinen Schritte. Berlin.

Maier, H.E./Wollmann, H. (Hrsg.) 1986: Lokale Beschäftigungspolitik. Stadtforschung aktuell, Bd. 10, Basel/Boston/Berlin.

Malsch, Th./Seltz, R. (Hrsg.) 1988: Die neuen Produktionskonzepte auf dem Prüfstand. Beiträge zur Entwicklung der Industriearbeit. Berlin.

Marshall, Alfred 1905: Handbuch der Volkswirtschaftslehre. Stuttgart/Berlin.

Martin, E. 1988: Do-it-yourself als Form der Schattenwirtschaft. In: P. Gross/P. Friedrich (Hrsg.), S. 123ff.

Matzner, E. 1982: Der Wohlfahrtsstaat von morgen. Entwurf eines zeitgemäßen Musters staatlicher Intervention. Frankfurt am Main.

Merz, J./Wolf, K. 1990: Wohlfahrtsproduktion durch Erwerbs- und Eigenarbeit - Partizipation, Wohlfahrtsgewinne und Motivationsstruktur. In: R.G. Heinze/C. Offe (Hrsg.), Opladen, S. 30ff.

Michel, D. 1988: Regionale Verschiebungen der Bevölkerungs- und Arbeitsplatzgewichte in Nordrhein-Westfalen. In: Raumforschung und Raumordnung, Heft 5/6, S. 248ff.

Möller, C. 1988: Flexibilisierung - Eine Talfahrt in die Armut - Prekäre Arbeitsverhältnisse im Dienstleistungssektor. In: WSI-Mitteilungen, Heft 8.

MSWV 1989: Ministerium für Stadtentwicklung, Wohnen und Verkehr des Landes Nordrhein-Westfalen: Internationale Bauausstellung Emscher-Park. Werkstatt für die Zukunft alter Industriegebiete. Düsseldorf.

Müller, G. 1989: Strukturwandel und Beschäftigungsperspektiven an der Ruhr. In: WSI-Mitteilungen, H. 4, S. 188ff.

Müller, K. 1986: Langfristige industrielle Entwicklungslinien in der Bundesrepublik Deutschland - der notwendige Strukturwandel des Ruhrgebietes. In: Jahrbuch für Regionalwissenschaft, S. 28ff.

Müller, M./Spangenberg, J. 1988: Ökologische Modernisierung im Revier. In: W. Fricke u.a. (Hrsg.), S. 113ff.

Mutz, G. 1987: Arbeitslosigkeit in der Dienstleistungsgesellschaft. In: Soziale Welt, Heft 3, S. 255ff.

MWMT 1987: Ministerium für Wirtschaft, Mittelstand und Technologie NRW: Wirtschaftliche Lage in NRW, Strukturanalyse 1950-1987, Düsseldorf.

MWMT 1988: Ministerium für Wirtschaft, Mittelstand und Technologie NRW: Datenbegleitband zum Berufsbildungsbericht NRW 1988, Düsseldorf.

MWMT 1990: Ministerium für Wirtschaft, Mittelstand und Technologie NRW: Regionaldaten zur beruflichen Bildung in Nordrhein-Westfalen. Datenbegleitband zum Berufsbildungsbericht NRW 1990. Düsseldorf.

MWMT (Hrsg.) 1989: Ministerium für Wirtschaft, Mittelstand und Technologie NRW (Hrsg): Bericht der "Kommission Montanregionen". Düsseldorf.

MWMT/KuMi-NRW 1988: Ministerium für Wirtschaft, Mittelstand und Technologie NRW und Kultusministerium NRW: Berufsbildungsbericht NRW, Düsseldorf.

MWMT/KuMi/MAGS-NRW 1990: Minister für Wirtschaft, Mittelstand und Technologie/Kultusminister/Minister für Arbeit, Gesundheit und Soziales des Landes Nordrhein-Westfalen: Berufsbildungsbericht NRW 1990. Düsseldorf.

Naßmacher, H. 1987: Wirtschaftspolitik "von unten". Ansätze und Praxis der kommunalen Gewerbebestandspflege und Wirtschaftsförderung (Stadtforschung aktuell, Bd. 15), Basel/Boston/Stuttgart.

Neumann, H. 1985: Strukturelle regionale Arbeitslosigkeit unter besonderer Berücksichtigung der Ruhrgebietsregionen. Schriftenreihe des Ruhr-Forschungsinstituts für Innovations- und Strukturpolitik (RUFIS), Nr. 4, Bochum.

Niessen, H.-J./Ollmann, R. 1986: Schattenwirtschaft in der Bundesrepublik. Opladen.

Nora, S./Minc, A. 1979: Die Informatisierung der Gesellschaft. Frankfurt am Main.

NRW 1987: Die Landesregierung informiert: Nordrhein-Westfalen auf dem Weg der ökologischen und ökonomischen Erneuerung. Halbzeitbilanz 1985-1987. Düsseldorf.

Ochel, W. 1987: Produzentendienstleistungen: Auch in Europa ein wichtiger Wachstumsbereich. In: Ifo-Schnelldienst, Heft 14-15, S. 20ff.

Ochel, W./Wegner, M. 1987: Dienstleistungen in Europa. Ein Überblick über Wachstum, Beschäftigungs- und Produktivitätsentwicklung. In: Ifo-Schnelldienst, Heft 14/15, S. 11ff.

Offe, C. 1984: Das Wachstum der Dienstleistungsarbeit: Vier soziologische Erklärungsansätze. In: C. Offe (Hrsg.), Arbeitsgesellschaft, Strukturprobleme und Zukunftsperspektiven, Frankfurt am Main/New York, S. 291ff.

Offe, C. (Hrsg.) 1984: Arbeitsgesellschaft, Strukturprobleme und Zukunftsperspektiven, Frankfurt am Main/New York.

Offe, C./Heinze, R. G. 1986: Am Arbeitsmarkt vorbei. Überlegungen zur Neubestimmung "haushaltlicher" Wohlfahrtsproduktion in ihrem Verhältnis zu Markt und Staat. In: Leviathan, 14. Jg., Heft 4, S. 471ff.

Oppenländer, K.-H. 1981: Sind wir auf dem Weg in die Dienstleistungsgesellschaft? In: Ifo-Studien, Bd. 27, Nr. 2/3, München.

Otto, P./Sonntag, Ph. 1985: Wege in die Informationsgesellschaft. Steuerungsprobleme in Wirtschaft und Politik. Reinbek.

Pahl, R.E. 1984: Divisions of Labour. Oxford.

Perry, D.C./Watkins, A.J. (Hrsg.) 1978: The Rise of the sunbelt cities. Urban Affairs Annual Reviews 14, London.

Petzina, D. 1990: Wirtschaft und Arbeit 1945-1985, In: Das Ruhrgebiet im Industriezeitalter. Geschichte und Entwicklung. Band 1. (hrsg. von W. Köllmann/H. Korte/D. Petzina/W. Weber) Düsseldorf, S. 491f.

Peschel, K./Bröcker, J. 1988: Die Arbeitsmarktentwicklung in den Raumordnungsregionen der Bundesrepublik Deutschland zwischen 1970 und 1984. In: Akademie für Raumforschung und Landesplanung (Hrsg.), Analyse regionaler Arbeitsmarktprobleme. Hannover, S. 7ff.

Pförtner, S. 1987: Ruhrgebietspolitik: Neues Leitbild erforderlich. In: Anlagenbau: Eine Erfolgsgeschichte. Essen (zitiert nach Grabher 1988).

Piore, M.J./Sabel, C.F. 1985: Das Ende der Massenproduktion. Studie über die Requalifizierung der Arbeit und die Rückkehr der Ökonomie in die Gesellschaft. Berlin.

Plumpe, W. 1989: Das Arbeitshaus des neuen Staates?-Die wirtschaftliche und wirtschaftspolitische Bedeutung Nordrhein-Westfalens für die Bundesrepublik zwischen 1946 und 1955. Unveröffentlichtes Manuskript, Bochum.

Pohl, H. J. 1970: Kritik der Drei-Sektoren-Theorie. In: Mitteilungen aus der Arbeitsmarkt- und Berufsforschung, Heft 4, S. 313ff.

Porat, M. U. 1976: The Information Economy. Stanford.

Rasmussen, Th. 1977: Entwicklungslinien des Dienstleistungssektors, Internationaler Strukturvergleich und Perspektiven für die Bundesrepublik Deutschland. Wirtschaftspolitische Studien 44, Institut für Europäische Wirtschaftspolitik der Universität Hamburg, Göttingen.

Rau, J. 1987: Unsere Politik für die Zukunft der Montanregionen. Regierungserklärung vor dem Landtag Nordrhein-Westfalen am 10. Juli 1987 (abgedruckt in: Die Landesregierung informiert, hrsg. vom Presse- und Informationsamt der Landesregierung). Düsseldorf.

Reicherts, S. 1987: Verarmung durch Arbeitslosigkeit - dargestellt am Beispiel Essen. In: Informationen zur Raumentwicklung, Heft 9/10, S. 551ff.

Rein, M. 1985: Women in the Social Welfare. Discussion-Paper, IIM/LMP 85-18, Wissenschaftszentrum Berlin für Sozialforschung.

Reissert, B. 1988: Regionale Inzidenz der Arbeitsmarktpolitik und ihrer Finanzierung. In: Akademie für Raumforschung und Landesplanung (Hrsg.), Politikansätze zu regionalen Arbeitsmarktproblemen, Hannover, S. 109ff.

Reissert, B./Schmid, G./Jahn, S. 1989: Mehr Arbeitsplätze durch Dienstleistungen? - Ein Vergleich der Beschäftigungsentwicklung in den Ballungsräumen der Bundesrepublik Deutschland. Discussion Paper FS I 89-14, Wissenschaftszentrum Berlin für Sozialforschung.

Riede, Th./Schott-Winterer, A./Woller, A. 1988: Struktur und Entwicklung der sozialen Dienstleistungen. SFB-3 "Mikroanalytische Grundlagen der Gesellschaftspolitik", Arbeitspapier Nr. 258, Universität Frankfurt und Universität Mannheim.

Rothkirch, C.v./Weidig, I. 1985: Die Zukunft der Arbeitslandschaft. Zum Arbeitskräftebedarf nach Umfang und Tätigkeiten bis zum Jahr 2000. BeitrAB 94.1 und 94.2, Nürnberg.

Rothwell, R./Zegveld, W. 1985: Reindustrialisation and Technology. Essex.

RP DT 1989: Regierungspräsident Detmold: Strukturanalyse Ostwestfalen-Lippe, Detmold.

RP DT 1990: Regierungspräsident Detmold: Strukturanalyse Ostwestfalen-Lippe. Stärken und Schwächen der Bevölkerungsentwicklung, des Arbeitsmarktes und der Wirtschaft. Detmold.

Rürup, B. 1989: Wirtschaftliche und gesellschaftliche Perspektiven der Bundesrepublik Deutschland. München.

Sabel, C.F. 1987: The Reemergence of Regional Economies. Change in the Scale of Production. Mimeo.

Schäfer, H. 1985: Zur Entwicklung der regionalen Produktionsstrukturen. In: W. Lamberts (Hrsg.) 1985, Nordrhein-Westfalen in der Krise - Krise in Nordrhein-Westfalen? Schriftenreihe des Rheinisch-Westfälischen Instituts für Wirtschaftsforschung, Heft 46, Berlin.

Scharpf, F. W. 1986: Strukturen der post-industriellen Gesellschaft, oder: Verschwindet die Massenarbeitslosigkeit in der Dienstleistungs- und Informations-Ökonomie? In: Soziale Welt, Jg. 37, Heft 1, S. 3ff.

Scharpf, F. W. 1987: Beschäftigung in der Dienstleistungsgesellschaft. In: P. Auer/G. Bruche/J. Kühl (Hrsg.), Chronik der Arbeitsmarktpolitik, Nürnberg, S. 328ff.

Scharpf, F.W./Brockmann, M. (Hrsg.) 1983: Institutionelle Bedingungen der Arbeitsmarkt- und Beschäftigungspolitik. Berlin.

Schlieper, A. unter Mitarbeit von H. Reinecke und H.-J. Westholt 1986: 150 Jahre Ruhrgebiet. Ein Kapitel deutscher Wirtschaftsgeschichte (hrsg. v. Kommunalverband Ruhrgebiet), Düsseldorf.

Schmid, G. 1984: Krise des Wohlfahrtstaates: Alternativen zur staatlichen Finanzierung und Bereitstellung kollektiver Güter. In: Politische Vierteljahresschrift, Heft 1.

Schöde, W. 1986: Technologieförderung für kleine und mittlere Unternehmen. In: R. Roehricht (Hrsg.), Deutsch-Niederländisches Symposium Technologie-Transfer. Bestandsaufnahme - Probleme - Zuständigkeiten. (Technologie-Transfer, Bd. 9), TÜV-Rheinland, Köln, S. 224ff.

Schröder, K. Th./Eckert, U./Georgieff, P./Harmsen, D.-M. 1989: Die Bundesrepublik Deutschland auf dem Weg zur Informationsgesellschaft? In: Aus Politik und Zeitgeschichte B 15/89 vom 7. April 1989, S. 17ff.

Schulz, E. 1988: Tendenzen des Strukturwandels in Nordrhein-Westfalen. In: Deutsches Institut für Wirtschaftsforschung, Wochenbericht 39/88 vom 29. Sept. 1988, S. 515ff.

Schulz, E. 1988a: Bevölkerung, Erwerbspersonenpotential und Beschäftigung - Versuch einer Arbeitsmarktbilanz für Nordrhein-Westfalen im Jahr 2000 -. Diskussionsbeitrag zum Workshop "Elemente eines Referenzszenarios für das Jahr 2000", unveröff. Manuskript.

Schulz, E. 1988b: Bevölkerung, Erwerbspersonenpotential und Beschäftigung - Versuch einer Arbeitsmarktbilanz für Nordrhein-Westfalen im Jahr 2000, unveröff. Manuskript.

Schulz, E. 1988c: Die aktuelle Lage in Nordrhein-Westfalen. DGB-Veranstaltung "Forum 2000" in Hattingen, vervielf. Vortragsmanuskript.

Sengenberger, W. 1988: Mehr Beschäftigung in Klein- und Mittelbetrieben: Ein Flexibilitätsgewinn? In: WSI-Mitteilungen 8/1988, S. 493ff.

Sinz, M. 1984: Perspektiven von Niedergang und Revitalisierung: Industrie und Gewerbe in der Stadtentwicklung. In: Informationen zur Raumentwicklung, Heft 10/11, S. 1111ff.

Skolka, J. 1976: The Substitution of Self-Service-Activities for Marketed Services. In: The Review of Income and Wealth, Series 22, No. 4.

Skolka, J. 1986: Der Dienstleistungssektor der österreichischen Wirtschaft. In: WIFO-Monatsberichte, Heft 9, S. 584ff.

Skolka, J. 1988: Dienstleistungen in der Binnenwirtschaft und im Außenhandel. Manuskript, Wien.

Skolka, J. 1990: Eigenleistungen, Zeit und Unabhängigkeit. In: R.G. Heinze/C. Offe (Hrsg.), S. 53ff.

Sonntag, Ph. (Hrsg.) 1983: Die Zukunft der Informationsgesellschaft. Frankfurt am Main.

Späth, L. 1985: Wende in die Zukunft. Reinbek.

Sperber, H. 1988: Dienstleistungen im EG-Raum: Bedeutung und Perspektiven. In: Wirtschaftsdienst, Heft III, S. 157ff.

Statistisches Bundesamt 1988: Statistisches Jahrbuch für die Bundesrepublik Deutschland. Wiesbaden.

Statistisches Bundesamt (Hrsg.) 1990: Statistisches Jahrbuch 1990 für die Bundesrepublik Deutschland. Stuttgart.

Statistisches Bundesamt (Hrsg.) 1990a: Statistisches Jahrbuch 1990 für das Ausland. Stuttgart.

Stigler, G. J. 1956: Trends in Employment in the Service Industries. Princeton University Press. Princeton NJ.

Stoleru, L. 1982: La France a' deux vitesse. Paris.

Strubelt, W./Bals, Ch. 1987: Armut in der Bundesrepublik Deutschland - ein Problem aus räumlicher Sicht? In: Informationen zur Raumentwicklung, Heft 9/10, S. 503ff.

Suciu-Sibianu, M. 1987: Der Maschinenbau 1978-1985. In: Statistische Rundschau für das Land Nordrhein-Westfalen 2/87, S. 94ff.

Südfeld, E. 1988: Forschungs- und Entwicklungsplan des Statistischen Bundesamtes. In: Wirtschaft und Statistik, Heft 9, S. 627ff.

Tengler, H./Dahremöller, A. (unter Mitarbeit von U. Cramer) 1987: Der Dienst-leistungssektor in der Bundesrepublik Deutschland und in Nord-rhein-Westfalen: Strukturen, Entwicklungen, Unterschiede. Institut für Mittel-standsforschung (ifm-Materialien Nr. 57), Bonn.

Tengler, H./Hennicke, M. 1987: Dienstleistungsmärkte in der Bundesrepublik Deutschland. Schriften zur Mittelstandsforschung Nr. 19 NF, Stuttgart.

Touraine, A. 1972: Die postindustrielle Gesellschaft. Frankfurt am Main.

Treeck, H.-J. 1989: Die Dienstleistungsunternehmen und ihre Wirtschaftsleistung aus der Sicht der Volkswirtschaftlichen Gesamtrechnungen. In: Statistische Rundschau Nordrhein-Westfalen, Heft 1, S. 8ff.

Treuner, P. 1987: Technische Entwicklung als Problem der Raumstruktur. In: Akademie für Raumforschung und Landesplanung (Hrsg.) 1987, Technik-entwicklung und Raumstruktur (Forschungs- und Sitzungsberichte der ARL 170), Hannover, S. 47ff.

Uhlmann, L. 1978: Der Innovationsprozeß in westeuropäischen Industrieländern, Bd. 2, Der Ablauf industrieller Innovationsprozesse, Schriftenreihe des IFO-Instituts für Wirtschaftsforschung, Bd. 98.2, Berlin.

Vesper, D. 1989: Regionales Gefälle in der öffentlichen Finanzkraft verlangt nach umfassenden Lösungen. In: DIW-Wochenbericht Nr. 3/89, S. 27ff.

Völker, A. 1984: Allokation von Dienstleistungen - ein Beitrag zur begrifflichen Klärung und theoretischen Fundierung. Frankfurt/New York.

Voelzkow, H. 1990: Mehr Technik in die Region. Wiesbaden.

Vogel, O. 1986: Das Süd-Nord-Gefälle im Spiegel der Länderfinanzen. In: R. v. Voss/K. Friedrich (Hrsg.) 1986, S. 99ff.

Vogler-Ludwig, K. 1987: Datenmangel im Datenüberfluß. Zur Problematik der Dienstleistungsstatistik. In: Ifo-Schnelldienst, Heft 14-15, S. 66.

Voss, R. von/Friedrich, K. (Hrsg.) 1986: Das Süd-Nord-Gefälle. Gemeinsame Strategien für neue Strukturen. Stuttgart.

Walter, H. 1983: Wachstums- und Entwicklungstheorie. Stuttgart/New York.

Warnken, J. 1985: Löhne und Gehälter in Nordrhein-Westfalen als Krisenfaktor? - Ein interregionaler Vergleich. In: Mitteilungen des Rheinisch-Westfälischen Instituts für Wirtschaftsforschung, Jg. 36, S. 163ff.

Wegner, M. 1985: Die Schaffung von Arbeitsplätzen im Dienstleistungsbereich. ein Vergleich zwischen den USA und der Bundesrepublik. In: Ifo-Schnell-dienst 38, Nr. 6, S. 3ff.

Wegner, M. 1987: Verbraucherdienstleistungen in Europa: Nur bescheidene Ausweitung. In: Ifo-Schnelldienst, Heft 14-15, S. 16ff.

Weitzel, G. 1986a: Beschäftigungswirkungen von Existenzgründungen. Ifo-Studien zu Handels- und Dienstleistungsfragen, Bd. 28, München.

Weitzel, G. 1986b: Bescheidene Beschäftigungswirkungen durch Neugründungen. In: Ifo-Schnelldienst, Heft 7, S. 5ff.

Welsch, J. 1989: Branchenreport 1988/89. In: M. Kittner (Hrsg.), Gewerkschaftsjahrbuch 1989. Daten - Fakten - Analysen, Köln, S. 187-218.

Wettmann, R.W. 1986: Das Süd-Nord-Gefälle - Realität und Perspektiven. In: Voss, R. von/Friedrich, K. (Hrsg.) 1986, S. 23ff.

Wienert, H. 1986/87: Längerfristige Entwicklungstendenzen auf dem Weltstahlmarkt. Bestandsaufnahme, Perspektiven und einige stahlpolitische Folgerungen. In: RWI-Mitteilungen, Jg. 37/38, S. 65ff.

Widmaier, B. 1991: Markstrategien, Produkt- und Verfahrensinnovationen im Verarbeitenden Gewerbe Nordrhein-Westfalens. IAT Z 03, Gelsenkirchen

Winkler-Büttner, D. 1984: Die Beschäftigungsentwicklung in den USA und der Bundesrepublik. In: Wirtschaftsdienst, Heft VII, S. 341ff.

Wittmann, F.T. 1982: Die Bedeutung von Klein- und Mittelbetrieben für das regionale Arbeitsplatzwachstum. In: Informationen zur Raumentwicklung, Heft 6/7, S. 513ff.

Wohlers, E. 1986: Die Beschäftigungsentwicklung in den USA, Japan und der EG. In: Wirtschaftsdienst, Jg. 66, Heft 4, S. 187ff.

Wohlers, E./Wienert, G. 1986: Unterschiede in der Beschäftigungsentwicklung zwischen des USA, Japan und der EG. Hamburg.

Wolf, R. 1990: Urbanität als politische Option. In: Leviathan, 18. Jg. Heft 4/1990, S.551ff.

Wolfe, M. 1955: The Concept of Economic Sectors. In: The Quarterly Journal of Economics, Vol. 69.

Woller, A./Hochmuth, U. 1989: Entlohnung und Beschäftigung in den sozialen Dienstleistungen. Ein Vergleich zwischen der USA und der BRD. SFB-3 "Mikroanalytische Grundlagen der Gesellschaftspolitik", Arbeitspapier Nr. 290, Universität Frankfurt und Universität Mannheim.

Wupper, H./Schrooten, F./Krummacher, M. 1986: Umbruch der Stadt - z.B. Bochum. Bochum.

ANHANG

Teil A

Tab. 1A: Wirtschaftswachstum 1980-1989

Norden		Süden	
Schleswig-Holstein	+ 42,8	Hessen	+ 58,2
Hamburg	+ 47,2	Rheinland-Pfalz	+ 48,2
Niedersachsen	+ 48,9	Baden-Württemberg	+ 54,9
Bremen	+ 34,4	Saarland	+ 47,9
NRW	+ 44,0	Bayern	+ 61,3
Berlin	+ 58,4	**Bund (alt)**	+ 51,3

Anmerk.: Bundesrepublik Deutschland insgesamt und Bundesländer; Wachstum des Bruttoinlandsproduktes in Prozent 1980 = 100; Abweichungen vom Bundesdurchschnitt.
Quelle: Statistisches Bundesamt 1990: 594; eigene Berechnungen.

Tab. 2A: Arbeitslosenquoten nach Ländern 1980-1989

Norden	1980	1985	1986	1987	1988	1989
Schleswig-Holstein	4,2	11,1	10,9	10,3	10,0	9,6
Hamburg	3,4	12,3	13,0	13,6	12,8	11,7
Bremen	5,3	15,2	15,5	15,6	15,3	14,6
Berlin	4,3	10,0	10,5	10,5	10,8	9,8
Niedersachsen	4,7	12,3	11,5	11,4	11,2	10,0
NRW	4,6	11,0	10,9	11,0	11,0	10,0
Süden	**1980**	**1985**	**1986**	**1987**	**1988**	**1989**
Hessen	2,8	7,2	6,8	6,7	6,4	6,1
Rheinland-Pfalz	3,8	8,6	8,3	8,1	7,6	6,9
Baden-Württemberg	2,3	5,4	5,1	5,1	5,0	4,5
Saarland	6,5	13,4	13,3	12,7	11,9	11,0
Bayern	3,5	7,7	7,0	6,6	6,3	5,7
Bundesgebiet insg.	**3,8**	**9,3**	**9,0**	**8,9**	**8,7**	**7,9**
Abweichungen vom Bundesdurchschnitt						
Norden	**1980**	**1985**	**1986**	**1987**	**1988**	**1989**
Schleswig-Holstein	0,4	1,8	1,9	1,4	1,3	1,7
Hamburg	-0,4	3,0	4,0	4,7	4,1	3,8
Bremen	1,5	5,9	6,5	6,7	6,6	6,7
Berlin	0,5	0,7	1,5	2,5	2,1	1,9
Niedersachsen	0,9	3,0	2,5	2,1	2,5	2,1
NRW	0,8	1,7	1,9	2,1	2,3	2,1
Süden	**1980**	**1985**	**1986**	**1987**	**1988**	**1989**
Hessen	-1,0	-2,1	-2,2	-2,2	-2,3	-1,8
Rheinland-Pfalz	0,0	-0,7	-0,7	-0,8	-1,1	-1,0
Baden-Württemberg	-1,5	-3,9	-3,9	-3,8	-3,7	-3,4
Saarland	2,7	4,1	4,3	3,8	3,2	3,1
Bayern	-0,3	-1,6	-2,0	-2,3	-2,4	-2,2

Anmerk.: Jeweils Jahresdurchschnittswerte; Arbeitslosenquote berechnet als Arbeitslose in Prozent der abhängigen Erwerbspersonen (ohne Soldaten).

Quelle: Statistisches Bundesamt 1990: 111.

**Tab. 3A: Empfänger von Arbeitslosengeld und Arbeitslosenhilfe in
NRW 1980-1990**

	Arbeitslose insgesamt	Leistungsemp-fänger insgesamt		davon Empfänger			
				von Arbeitslosen-geld		von Arbeitslosen-hilfe	
	absolut	absolut	in %[1]	absolut	in %[2]	absolut	in %[2]
1980	291.122	184.938	63,5	139.180	75,3	45.758	24,7
1981	402.732	273.789	68,0	210.892	77,0	62.897	23,0
1982	566.993	369.840	65,2	266.306	72,0	103.534	28,0
1983	706.158	457.296	64,8	288.913	63,2	168.383	36,8
1984	717.283	449.795	62,7	241.309	53,6	208.486	46,4
1985	733.107	450.674	61,5	234.966	52,1	215.708	47,9
1986	725.345	443.766	61,2	228.881	51,6	214.885	48,4
1987	737.043	453.716	61,6	241.176	53,2	212.540	46,8
1988	752.446	475.401	63,2	276.925	58,3	198.476	41,7
1989	687.728	447.256	65,0	260.827	58,3	186.429	41,7
1990	629.587	418.433[3]	66,5	237.608	56,8	164.201	39,2

Anmerk: [1]Berechnet in Prozent aller Arbeitslosen.
[2]Berechnet in Prozent aller Leistungsempfänger.
[3]Davon Empfänger von Eingliederungsgeld 166.254 (4,0 %); das Eingliederungsgeld wurde 1990 erstmalig gezahlt.
Jeweils Jahresdurchschnittswerte.
Quelle: LAA-NRW 1989: 17, LAA-NRW 1991; eigene Berechnungen.

Tab. 4A: Entwicklungen der Zahl der registrierten Erwerbspersonen, Arbeitsplätze und Arbeitslosen 1981-1988

	Erwerbspersonen	Arbeitsplätze	Arbeitslose
Land NRW	4,7	- 0,4	86,8
RB Düsseldorf	3,8	- 2,3	98,4
RB Köln	4,9	1,9	79,2
RB Münster	5,8	1,8	88,5
RB Detmold	6,3	2,3	68,6
RB Arnsberg	4,4	- 2,8	85,6
Bund (alt)	6,0	1,6	76,3

Anmerk: Entwicklungen auf dem Arbeitsmarkt; Zu- bzw. Abnahmen in Prozent.
Quelle: RP DT 1990: 45.

Tab. 5A: Entwicklung ausgewählter Wirtschaftszweige 1983/1989

	Produzierendes Gewerbe insgesamt	Dienstleistungen insgesamt	Beschäftigung insgesamt
NRW	+1,0	+14,6	+7,5
NRW ohne Ruhrgebiet	+4,2	+15,7	+9,8
Ruhrgebiet	-6,8	+11,6	+1,9

Anmerk: Veränderungen am Bestand der sozialversicherungspflichtig Beschäftigten; jeweils Ende Dezember, in Prozent.
Quellen: LAA-NRW Presseinformationen 72/90 vom 10.10.1990 und 74/90 vom 19.10.1990, eigene Berechnungen.

Tab. 6A: Entwicklung der Beschäftigtenanteile nach Betriebsgrößen-klassen in NRW 1978-1986

	1 - 19	20 - 99	100 - 499	> 500
1978	23,8	21,9	24,9	29,3
1981	24,8	22,2	24,7	28,4
1984	26,4	22,3	24,3	27,0
1986	25,6	22,1	24,3	27,0

Anmerk.: In Prozent.
Quelle: Zusammengestellt nach unveröffentlichten Berechnungen des IAB zum Job Turnover.

Tab. 7A: Beschäftigungsgewinne und -verluste der einzelnen Betriebs-größenklassen in NRW 1981/1984/1986

	1 - 19	20 - 99	100 - 499	500 u. mehr
1981	107,5	104,6	102,4	100,1
1984	108,5	99,9	95,8	90,3
1986	109,7	99,7	96,2	88,9

Anmerk: In Prozentpunkten; 1978 = 100.
Quelle: Eigene Berechnungen auf der Basis unveröffentlichter Daten des IAB zum Job Turnover.

Tab. 8A: Beschäftigungsanteile nach Betriebsgrößenklassen und ausgewählten Sektoren 1977 und 1985

		1 -19	20 - 99	100 - 499	500 u. mehr
IGI	1977	11,0	18,7	28,5	41,8
	1985	13,2	19,4	27,2	40,2
KGI	1977	21,7	24,7	35,7	17,9
	1985	25,4	24,8	33,5	16,3
UDL	1977	45,4	25,4	19,7	9,4
	1985	45,9	26,0	20,7	7,4

Anmerk.: IGI = Investitionsgüterindustrie, KGI = Konsumgüterindustrie und UDL = Unternehmensbezogene Dienstleistungen in NRW; in Prozent.
Quelle: Zusammengestellt nach unveröffentlichten Berechnungen des IAB zum Job Turnover.

Tab. 9A: Häufigkeiten von Weiterbildungsaktivitäten nach ausgewählten Wirtschaftszweigen bzw. Betriebsgrößenklassen 1990

	überdurchschnittlich	durchschnittlich	keine
10 - 49	15,0	19,3	65,7
50 - 499	12,4	57,9	29,7
500 und mehr	34,7	62,7	2,6
Grundstoffe	27,9	29,0	43,1
Verbrauchsgüter	16,8	28,9	54,2
Investitionsgüter	12,1	32,6	55,3
Nahrung- und Genußmittel	13,7	21,6	64,7

Anmerk.: In Prozent.
Quelle: Bislang unveröffentlichte Daten aus der IAT-Umfrage "Marktstrategien, Produkt- und Verfahrensinnovationen im Verarbeitenden Gewerbe NRWs 1990".

Tab. 10A: Kundenorientierung bei der Produktion nach ausgewählten Wirtschaftszweigen 1990

	kundenorientiert	nicht kundenorientiert
Grundstoffe	36,1	63,9
Verbrauchsgüter	61,2	38,8
Investitionsgüter	58,6	41,4
Nahrung- und Genußmittel	13,1	86,9

Anmerk.: Kundenorientierung wurde hier durch zwei Merkmale beschrieben: 1. Die Produktion erfolgt gemäß einer vom Kunden gewünschten Spezifikation bzw. als Produktvariante, die vom Kunden gewünschte Änderungen erfüllt. 2. Die Produktion erfolgt aufgrund einzelner, eng begrenzter Aufträge oder Rahmenaufträge anstatt für einen anonymen Markt.

Quelle: Bislang unveröffentlichte Daten aus der IAT-Umfrage "Marktstrategien, Produkt- und Verfahrensinnovationen im Verarbeitenden Gewerbe NRWs 1990". Zu den Merkmalen vgl. auch Hennig/Pekruhl 1991: 4.

Tab. 11A: Ausgewählte Kooperationsformen nach Betriebsgrößen-klassen bzw. Wirtschaftszweigen 1990

	Marketing	F&E	Export	Vertrieb
10 - 49	13,1	17,1	17,1	29,8
50 - 499	16,0	25,8	17,0	26,5
500 und mehr	16,5	31,8	24,6	25,1
Grundstoffe	13,7	31,2	10,1	34,2
Verbrauchsgüter	10,0	14,3	6,7	20,9
Investitionsgüter	16,1	20,8	23,5	32,0
Nahrungs- und Genußmittel	14,0	20,3	32,0	31,6

Anmerk.: In Prozent.
Quelle: Bislang unveröffentlichte Daten aus der IAT-Umfrage "Marktstrategien, Produkt- und Verfahrensinnovationen im Verarbeitenden Gewerbe NRWs 1990".

Teil B

Tab. 1B: Erwerbstätige nach Wirtschaftsbereichen in der Bundesrepublik Deutschland 1950-1987

	Insgesamt in 1.000	Land- u. Forstwirtschaft	Prod. Gewerbe	Handel, Verkehr, Nachr.	übr. Wirtschaftsbereiche
	absolut	in Prozent	in Prozent	in Prozent	in Prozent
1950	21.808	23,3	43,0	14,4	19,2
1961	26.713	13,4	48,1	17,2	21,3
1970	26.494	7,5	48,9	17,9	25,7
1987	26.908	3,2	41,8	17,7	37,3

Anmerk.:   Ergebnisse der Volkszählungen 1950, 1961, 1970 und 1987, Volkszählungsergebnis
              1950 einschl. Saarland mit Gebietsstand 14. November 1951.
Quelle: Breimaier 1989, S. 503.

Tab. 2B: Sozialversicherungspflichtig Beschäftigte nach Wirtschaftszweigen in Nordrhein-Westfalen 1980-1990

Wirtschaftsabteilungen und Wirtschaftsgruppen		1990	1989	1988	1980
Land-Forstwirt.	00-02	44.828	42.983	44.187	39.268
Fischerei-zucht	03	140	137	139	85
Land-Forst-Fisch	00-03	44.968	43.120	44.326	39.353
Energiewirtschaft	04	79.090	78.779	78.382	76.737
Bergbau	05-08	141.509	150.393	159.362	185.135
Energie,Bergbau	04-08	220.599	229.172	237.744	261.871
Chem.Industrie	09-11	211.907	211.462	209.133	220.201
Kunststoffverarb.	12-13	107.470	103.128	99.763	79.352
Steine und Erden	14	39.235	38.128	37.535	49.981
Feinkeramik	15	5.988	5.839	5.734	9.059
Glas	16	21.242	20.776	22.281	27.851
Eisen-Stahlerz.	17-18	143.722	146.244	145.075	214.825
Giesserei	19	47.134	45.731	44.891	52.967
Zieherei,Stahl.	20-22	134.017	127.677	122.326	127.568
Stahl-Leichtmet.	23-25	116.216	111.052	109.428	116.795
Maschinenbau	26-27	301.022	290.065	283.099	301.473
Straßenfahrzeugbau	28-30	176.349	172.472	168.497	173.750
Schiffbau	31	1.206	1.157	1.128	1.393
Luftfahrzeugbau	32	1.313	1.275	1.340	1.224
EDV-Anl.Bürom.	33	17.183	18.282	17.622	11.103
Elektrotechnik	34	229.111	219.059	209.691	196.798
Feinmech.Optik	35	30.635	31.065	31.163	27.514
Uhren	36	1.885	1.736	1.643	1.870
EBM-Waren	37	162.186	155.671	150.023	163.108
Musikinstr.Spielw.	38	1.909	1.742	1.809	2.358
Schmuckwaren	39	1.676	1.576	1.559	1.217

Wirtschaftsabteilungen und Wirtschaftsgruppen		1990	1989	1988	1980
Säge-Holzverarb.	40-42	111.998	106.646	104.073	125.114
Papierherstellung	430	19.709	19.467	18.866	17.873
Papierverarb.	431-433	31.680	31.027	30.521	32.187
Druckerei	44	55.133	53.085	52.233	51.426
Leder,Schuhe	45-46	11.674	12.137	12.597	15.615
Textilverarbeitung	47-51	63.809	63.259	63.409	89.084
Bekleidungsgew.	52-53	54.316	54.607	55.307	75.484
Nahrungs-Genuß	54-58	160.293	159.899	161.840	164.910
Verarb.Gewerbe	09-58	2.260.008	2.204.264	2.162.586	2.352.100
Bauhauptgewerbe	59-60	234.360	220.240	220.669	300.632
Ausbau-Bauhilfsg.	61	115.942	110.402	108.621	113.761
Baugewerbe	59-61	350.302	330.642	329.290	414.393
Handel	62	831.464	799.047	783.666	806.513
Eisenbahnen	63	29.988	30.957	32.181	43.139
Deutsche BD-Post	64	52.220	46.892	50.169	49.622
Straßenverkehr	65	86.016	79.798	77.476	67.539
Schiffahrt	66	5.321	5.324	5.422	7.862
Spedition	67	74.977	69.157	65.280	58.048
Luftfahrt, sonst.	68	22.574	21.086	19.690	14.872
Verkehr.Nachricht.	63-68	271.096	253.214	250.218	241.082
Kredit-Finanzier.	690	143.846	141.964	141.666	128.536
Versicherungsgew.	691	70.178	68.232	66.499	60.663
Kredit,Versich.	69	214.024	210.196	208.165	189.199
Gastst.Beherberg.	70	102.433	95.228	93.323	79.450
Reinigung	72-73	96.652	90.259	89.721	77.179
Wissensch.Kunst	74-77	226.838	220.516	217.102	206.869
Gesundh.Veterinär	78	354.074	339.995	332.869	272.470
Rechtsberatung	79	88.984	83.088	79.309	60.209
Sonst.Dienst.	71,80-86	323.641	295.606	275.598	217.260

Wirtschaftsabteilungen und Wirtschaftsgruppen		1990	1989	1988	1980
Dienstleistungen	70-86	1.192.622	1.124.692	1.087.922	913.437
Organisationen	87-90	148.587	145.261	144.706	104.275
Gebietskörp.	91,92,94	294.213	290.163	288.805	282.116
Sozialversicherungen	93	50.397	49.810	47.923	43.494
Körper.Soz.Vers.	91-94	344.610	339.973	336.728	325.610
Dienstleistungen	62-94	3.002.403	2.872.383	2.811.405	2.580.116
Ohne Angaben		1.934	3.970	4.852	960
Zusammen		5.880.214	5.683.551	5.590.203	5.648.763

Quelle: LAA NRW, Presseinformation Nr. 16/90 vom 8.2.1990, Anlage 1.; LAA-NRW 1991, eigene Berechnungen.

**Tab. 3B: Sozialversicherungspflichtig Beschäftigte nach Wirtschafts-
zweigen in Nordrhein-Westfalen**

Wirtschaftsabteilungen und Wirtschaftsgruppen		Veränderungsraten					
		1990-1989		1990-1988		1990-1980	
		absolut	in %	absolut	in %	absolut	in %
Land-Forstwirt.	00-02	1.845	4,3	641	1,5	-5.560	-14,2
Fischerei-zucht	03	3	2,2	1	0,7	-55	-64,7
Land-Forst-Fisch	00-03	1.848	4,3	642	1,4	-5.615	-14,3
Energiewirtschaft	04	311	0,4	708	0,9	-2.353	-3,1
Bergbau	05-08	-8.884	-5,9	-17.853	-11,2	43.626	23,6
Energie,Bergbau	04-08	-8.573	-3,7	-17.145	-7,2	41.272	15,8
Chem.Industrie	09-11	445	0,2	2.774	1,3	8.294	3,8
Kunststoffverarb.	12-13	4.342	4,2	7.707	7,7	-28.118	-35,4
Steine und Erden	14	1.107	2,9	1.700	4,5	10.746	21,5
Feinkeramik	15	149	2,6	254	4,4	3.071	33,9
Glas	16	466	2,2	-1.039	-4,7	6.609	23,7
Eisen-Stahlerz.	17-18	-2.522	-1,7	-1.353	-0,9	71.103	33,1
Giesserei	19	1.403	3,1	2.243	5,0	5.833	11,0
Zieherei,Stahl.	20-22	6.340	5,0	11.691	9,6	-6.449	-5,1
Stahl-Leichtmet.	23-25	5.164	4,7	6.788	6,2	579	0,5
Maschinenbau	26-27	10.957	3,8	17.923	6,3	451	0,1
Straßenfahrzeugbau	28-30	3.877	2,2	7.852	4,7	-2.599	-1,5
Schiffbau	31	49	4,2	78	6,9	187	13,4
Luftfahrzeugbau	32	38	3,0	-27	-2,0	-89	-7,3
EDV-Anl.Bürom.	33	-1.099	-6,0	-439	-2,5	-6.080	-54,8
Elektrotechnik	34	10.052	4,6	19.420	9,3	-32.313	16,4
Feinmech.Optik	35	-430	-1,4	-528	-1,7	-3.121	-11,3

Wirtschaftsabteilungen und Wirtschaftsgruppen		Veränderungsraten					
		1990-1989		1990-1988		1990-1980	
		absolut	in %	absolut	in %	absolut	in %
Uhren	36	149	8,6	242	14,7	-15	-0,8
EBM-Waren	37	6.515	4,2	12.163	8,1	922	0,6
Musikinstr.Spielw.	38	167	9,6	100	5,5	449	19,0
Schmuckwaren	39	100	6,3	117	7,5	-459	37,7
Säge-Holzverarb.	40-42	5.342	5,0	7.915	7,6	13.126	10,5
Papierherstellung	430	242	1,2	843	4,5	-1.836	-10,3
Papierverarb.	431-433	653	2,1	1.159	3,8	507	1,6
Druckerei	44	2.048	3,9	2.900	5,6	-3.707	-7,2
Leder,Schuhe	45-46	-463	-3,8	-923	-7,3	3.941	25,2
Textilverarbeitung	47-51	550	0,9	400	0,6	25.275	28,4
Bekleidungsgew.	52-53	-291	-0,5	-991	-1,8	21.168	28,0
Nahrungs-Genuß	54-58	394	0,2	-1.547	-1,0	4.617	2,8
Verarb.Gewerbe	09-58	55.744	2,5	97422	4,5	92.092	3,9
Bauhauptgewerbe	59-60	14.120	6,4	13.691	6,2	-66.272	-22,0
Ausbau-Bauhilfsg.	61	5.540	5,0	7.321	6,7	2.181	1,9
Baugewerbe	59-61	19.660	5,9	21.012	6,4	-64.091	-15,5
Handel	62	32.417	4,1	47.798	6,1	24.951	3,1
Eisenbahnen	63	-969	-3,1	-2.193	-6,8	-13.151	-30,5
Deutsche BD-Post	64	5.328	11,4	2.051	4,1	2.598	5,2
Straßenverkehr	65	6.218	7,8	8.540	11,0	18.477	27,4
Schiffahrt	66	-3	-0,1	-101	-1,9	-2.541	-32,3
Spedition	67	5.820	8,4	9.697	14,9	16.929	29,2
Luftfahrt, sonst.	68	1.488	7,1	2.884	14,6	7.702	51,8
Verkehr.Nachricht.	63-68	17.882	7,1	20.878	8,3	30.014	12,4
Kredit-Finanzier.	690	1.882	1,3	2.180	1,5	15.310	11,9
Versicherungsgew.	691	1.946	2,9	3.679	5,5	9.515	15,7
Kredit,Versich.	69	3.828	1,8	5.859	2,8	24.825	13,1

		Veränderungsraten					
Wirtschaftsabteilungen und Wirtschaftsgruppen		**1990-1989**		**1990-1988**		**1990-1980**	
		absolut	in %	absolut	in %	absolut	in %
Gastst.Beherberg.	70	7.205	7,6	9.110	9,8	22.983	28,9
Reinigung	72-73	6.393	7,1	6.931	7,7	19.473	25,2
Wissensch.Kunst	74-77	6.322	2,9	9.736	4,5	19.969	9,7
Gesundh.Veterinär	78	14.079	4,1	21.205	6,4	81.604	29,9
Rechtsberatung	79	5.896	7,1	9.675	12,2	28.775	47,8
Sonst.Dienst.	71,80-86	28.035	9,5	48.043	17,4	106.381	49,0
Dienstleistungen	70-86	67.930	6,0	104.700	9,6	279.185	30,6
Organisationen	87-90	3.326	2,3	3.881	2,7	44.312	42,5
Gebietskörp.	91,92,94	4.050	1,4	5.408	1,9	12.097	4,3
Sozialversicher.	93	587	1,2	2.474	5,2	6.903	15,9
Körper.Soz.Vers.	91-94	4.637	1,4	7.882	2,3	19.000	5,8
Dienstleistungen	62-94	130.020	4,5	190.998	6,8	422.287	16,4
Ohne Angaben		-2.036	-51,3	-2.918	-60,1	974	101,5
Zusammen		196.663	3,5	290.011	5,2	231.451	4,1

Quelle: LAA NRW, Presseinformation Nr. 16/ 90 vom 8.2. 1990, Anlage 1.

Tab. 4B: Erwerbstätige nach Ländern und Wirtschaftsbereichen
1961/1970/1987

Land/Wirtschaftsbereich	1961		1970		1987	
	absolut	in %	absolut	in %	absolut	in %
Schleswig-Holstein	1.018	100,0	1.033	100,0	1.121	100,0
Land- u.Forstw.Fischerei	158	15,5	97	9,4	56	4,9
Produzierendes Gewerbe	383	37,6	382	37,0	340	30,3
Handel,Verkehr u.Nachr.	200	19,7	218	21,1	234	20,9
Übr. Wirtschaftsbereiche	277	27,3	336	32,5	492	43,9
Hamburg	897	100,0	828	100,0	691	100,0
Land- u.Forstw.Fischerei	13	1,5	10	1,2	7	1,1
Produzierendes Gewerbe	350	39,0	293	35,4	189	27,3
Handel,Verkehr u.Nachr.	277	30,9	250	30,2	180	26,1
Übr. Wirtschaftsbereiche	257	28,7	275	33,2	315	45,4
Niedersachsen	3.068	100,0	3.005	100,0	3.037	100,0
Land- u.Forstw.Fischerei	588	19,2	327	10,9	151	5,0
Produzierendes Gewerbe	1.284	41,8	1.341	44,6	1.160	38,2
Handel,Verkehr u.Nachr.	528	17,5	548	18,2	540	17,8
Übr. Wirtschaftsbereiche	658	21,4	788	26,2	1.186	39,1
Bremen	323	100,0	310	100,0	272	100,0
Land- u.Forstw.Fischerei	6	1,8	5	1,6	2	0,8
Produzierendes Gewerbe	131	40,4	116	37,4	89	32,8
Handel,Verkehr u.Nachr.	101	31,3	96	30,9	67	24,8
Übr. Wirtschaftsbereiche	85	26,4	93	30,1	113	41,6

Land/Wirtschaftsbereich	1961		1970		1987	
	absolut	in %	absolut	in %	absolut	in %
Hessen	2.335	100,0	2.402	100,0	2.491	100,0
Land- u.Forstw.Fischerei	316	13,5	152	6,3	52	2,1
Produzierendes Gewerbe	1.077	46,1	1.167	48,6	993	39,9
Handel,Verkehr u.Nachr.	427	18,3	443	18,4	494	19,9
Übr. Wirtschaftsbereiche	515	22,1	639	26,6	952	38,2
Rheinland-Pfalz	1.625	100,0	1.523	100,0	1.571	100,0
Land- u.Forstw.Fischerei	352	21,6	164	10,7	72	4,6
Produzierendes Gewerbe	679	41,8	700	45,9	650	41,4
Handel,Verkehr u.Nachr.	255	15,7	257	16,9	264	16,8
Übr. Wirtschaftsbereiche	339	20,9	402	26,4	585	37,2
Bad.Württemberg	4.039	100,0	4.176	100,0	4.355	100,0
Land- u.Forstw.Fischerei	637	15,8	332	7,9	119	2,7
Produzierendes Gewerbe	2.104	52,1	2.284	54,7	2.097	48,1
Handel,Verkehr u.Nachr.	545	13,5	597	14,3	666	15,3
Übr. Wirtschaftsbereiche	753	18,7	964	23,1	1.474	33,8
Bayern	4.740	100,0	4.894	100,0	5.097	100,0
Land- u.Forstw.Fischerei	1.014	21,4	647	13,2	262	5,1
Produzierendes Gewerbe	2.088	44,1	2.309	47,2	2.243	44,0
Handel,Verkehr u.Nachr.	701	14,8	772	15,8	838	16,4
Übr. Wirtschaftsbereiche	936	19,8	1.166	23,8	1.756	34,5
Saarland	435	100,0	406	100,0	412	100,0
Land- u.Forstw.Fischerei	36	8,3	10	2,4	4	1,0
Produzierendes Gewerbe	234	53,8	209	51,4	178	43,3
Handel,Verkehr u.Nachr.	80	18,4	81	20,0	74	18,0
Übr. Wirtschaftsbereiche	85	19,5	107	26,2	156	37,7

Land/Wirtschaftsbereich	1961		1970		1987	
	absolut	in %	absolut	in %	absolut	in %
Berlin	1.033	100,0	960	100,0	927	100,0
Land- u.Forstw.Fischerei	6	0,6	5	0,5	6	0,6
Produzierendes Gewerbe	483	46,8	416	43,4	290	31,3
Handel,Verkehr u.Nachr.	210	20,4	200	20,8	171	18,5
Übr. Wirtschaftsbereiche	334	32,3	338	35,2	460	49,6
NRW	7.201	100,0	6.957	100,0	6.933	100,0
Land- u.Forstw.Fischerei	458	6,4	241	3,5	137	2,0
Produzierendes Gewerbe	4.024	55,9	3.739	53,8	3.020	43,6
Handel,Verkehr u.Nachr.	1.273	17,7	1.285	18,5	1.225	17,7
Übr. Wirtschaftsbereiche	1.444	20,1	1.690	24,3	2.551	36,8
Bundesgebiet	26.713	100,0	26.494	100,0	26.908	100,0
Land- u.Forstw.Fischerei	3.584	13,4	1.991	.7,5	866	3,2
Produzierendes Gewerbe	12.837	48,1	12.957	48,9	11.247	41,8
Handel,Verkehr u.Nachr.	4.608	17,2	4.748	17,9	4.755	17,7
Übr. Wirtschaftsbereiche	5.685	21,3	6.799	25,7	10.039	37,3

Anmerk.:   Ergebnisse der Volkszählungen 1961, 1970 und 1987.
Quelle: Breimaier 1989, S. 505.

Wirtschaftsabteilungen und Wirtschaftsgruppen		1990	1989	1988	1980
Säge-Holzverarb.	40-42	111.998	106.646	104.073	125.114
Papierherstellung	430	19.709	19.467	18.866	17.873
Papierverarb.	431-433	31.680	31.027	30.521	32.187
Druckerei	44	55.133	53.085	52.233	51.426
Leder,Schuhe	45-46	11.674	12.137	12.597	15.615
Textilverarbeitung	47-51	63.809	63.259	63.409	89.084
Bekleidungsgew.	52-53	54.316	54.607	55.307	75.484
Nahrungs-Genuß	54-58	160.293	159.899	161.840	164.910
Verarb.Gewerbe	09-58	2.260.008	2.204.264	2.162.586	2.352.100
Bauhauptgewerbe	59-60	234.360	220.240	220.669	300.632
Ausbau-Bauhilfsg.	61	115.942	110.402	108.621	113.761
Baugewerbe	59-61	350.302	330.642	329.290	414.393
Handel	62	831.464	799.047	783.666	806.513
Eisenbahnen	63	29.988	30.957	32.181	43.139
Deutsche BD-Post	64	52.220	46.892	50.169	49.622
Straßenverkehr	65	86.016	79.798	77.476	67.539
Schiffahrt	66	5.321	5.324	5.422	7.862
Spedition	67	74.977	69.157	65.280	58.048
Luftfahrt, sonst.	68	22.574	21.086	19.690	14.872
Verkehr.Nachricht.	63-68	271.096	253.214	250.218	241.082
Kredit-Finanzier.	690	143.846	141.964	141.666	128.536
Versicherungsgew.	691	70.178	68.232	66.499	60.663
Kredit,Versich.	69	214.024	210.196	208.165	189.199
Gastst.Beherberg.	70	102.433	95.228	93.323	79.450
Reinigung	72-73	96.652	90.259	89.721	77.179
Wissensch.Kunst	74-77	226.838	220.516	217.102	206.869
Gesundh.Veterinär	78	354.074	339.995	332.869	272.470
Rechtsberatung	79	88.984	83.088	79.309	60.209
Sonst.Dienst.	71,80-86	323.641	295.606	275.598	217.260

Wirtschaftsabteilungen und Wirtschaftsgruppen		1990	1989	1988	1980
Dienstleistungen	70-86	1.192.622	1.124.692	1.087.922	913.437
Organisationen	87-90	148.587	145.261	144.706	104.275
Gebietskörp.	91,92,94	294.213	290.163	288.805	282.116
Sozialversicherungen	93	50.397	49.810	47.923	43.494
Körper.Soz.Vers.	91-94	344.610	339.973	336.728	325.610
Dienstleistungen	62-94	3.002.403	2.872.383	2.811.405	2.580.116
Ohne Angaben		1.934	3.970	4.852	960
Zusammen		5.880.214	5.683.551	5.590.203	5.648.763

Quelle: LAA NRW, Presseinformation Nr. 16/90 vom 8.2.1990, Anlage 1.; LAA-NRW 1991, eigene Berechnungen.

Tab. 3B: Sozialversicherungspflichtig Beschäftigte nach Wirtschafts-
zweigen in Nordrhein-Westfalen

Wirtschaftsabteilungen und Wirtschaftsgruppen		Veränderungsraten					
		1990-1989		1990-1988		1990-1980	
		absolut	in %	absolut	in %	absolut	in %
Land-Forstwirt.	00-02	1.845	4,3	641	1,5	-5.560	-14,2
Fischerei-zucht	03	3	2,2	1	0,7	-55	-64,7
Land-Forst-Fisch	00-03	1.848	4,3	642	1,4	-5.615	-14,3
Energiewirtschaft	04	311	0,4	708	0,9	-2.353	-3,1
Bergbau	05-08	-8.884	-5,9	-17.853	-11,2	43.626	23,6
Energie,Bergbau	04-08	-8.573	-3,7	-17.145	-7,2	41.272	15,8
Chem.Industrie	09-11	445	0,2	2.774	1,3	8.294	3,8
Kunststoffverarb.	12-13	4.342	4,2	7.707	7,7	-28.118	-35,4
Steine und Erden	14	1.107	2,9	1.700	4,5	10.746	21,5
Feinkeramik	15	149	2,6	254	4,4	3.071	33,9
Glas	16	466	2,2	-1.039	-4,7	6.609	23,7
Eisen-Stahlerz.	17-18	-2.522	-1,7	-1.353	-0,9	71.103	33,1
Giesserei	19	1.403	3,1	2.243	5,0	5.833	11,0
Zieherei,Stahl.	20-22	6.340	5,0	11.691	9,6	-6.449	-5,1
Stahl-Leichtmet.	23-25	5.164	4,7	6.788	6,2	579	0,5
Maschinenbau	26-27	10.957	3,8	17.923	6,3	451	0,1
Straßenfahrzeugbau	28-30	3.877	2,2	7.852	4,7	-2.599	-1,5
Schiffbau	31	49	4,2	78	6,9	187	13,4
Luftfahrzeugbau	32	38	3,0	-27	-2,0	-89	-7,3
EDV-Anl.Bürom.	33	-1.099	-6,0	-439	-2,5	-6.080	-54,8
Elektrotechnik	34	10.052	4,6	19.420	9,3	-32.313	16,4
Feinmech.Optik	35	-430	-1,4	-528	-1,7	-3.121	-11,3

Wirtschaftsabteilungen und Wirtschaftsgruppen		Veränderungsraten					
		1990-1989		1990-1988		1990-1980	
		absolut	in %	absolut	in %	absolut	in %
Uhren	36	149	8,6	242	14,7	-15	-0,8
EBM-Waren	37	6.515	4,2	12.163	8,1	922	0,6
Musikinstr.Spielw.	38	167	9,6	100	5,5	449	19,0
Schmuckwaren	39	100	6,3	117	7,5	-459	37,7
Säge-Holzverarb.	40-42	5.342	5,0	7.915	7,6	13.126	10,5
Papierherstellung	430	242	1,2	843	4,5	-1.836	-10,3
Papierverarb.	431-433	653	2,1	1.159	3,8	507	1,6
Druckerei	44	2.048	3,9	2.900	5,6	-3.707	-7,2
Leder,Schuhe	45-46	-463	-3,8	-923	-7,3	3.941	25,2
Textilverarbeitung	47-51	550	0,9	400	0,6	25.275	28,4
Bekleidungsgew.	52-53	-291	-0,5	-991	-1,8	21.168	28,0
Nahrungs-Genuß	54-58	394	0,2	-1.547	-1,0	4.617	2,8
Verarb.Gewerbe	09-58	55.744	2,5	97422	4,5	92.092	3,9
Bauhauptgewerbe	59-60	14.120	6,4	13.691	6,2	-66.272	-22,0
Ausbau-Bauhilfsg.	61	5.540	5,0	7.321	6,7	2.181	1,9
Baugewerbe	59-61	19.660	5,9	21.012	6,4	-64.091	-15,5
Handel	62	32.417	4,1	47.798	6,1	24.951	3,1
Eisenbahnen	63	-969	-3,1	-2.193	-6,8	-13.151	-30,5
Deutsche BD-Post	64	5.328	11,4	2.051	4,1	2.598	5,2
Straßenverkehr	65	6.218	7,8	8.540	11,0	18.477	27,4
Schiffahrt	66	-3	-0,1	-101	-1,9	-2.541	-32,3
Spedition	67	5.820	8,4	9.697	14,9	16.929	29,2
Luftfahrt, sonst.	68	1.488	7,1	2.884	14,6	7.702	51,8
Verkehr.Nachricht.	63-68	17.882	7,1	20.878	8,3	30.014	12,4
Kredit-Finanzier.	690	1.882	1,3	2.180	1,5	15.310	11,9
Versicherungsgew.	691	1.946	2,9	3.679	5,5	9.515	15,7
Kredit,Versich.	69	3.828	1,8	5.859	2,8	24.825	13,1

Wirtschaftsabteilungen und Wirtschaftsgruppen		Veränderungsraten					
		1990-1989		1990-1988		1990-1980	
		absolut	in %	absolut	in %	absolut	in %
Gastst.Beherberg.	70	7.205	7,6	9.110	9,8	22.983	28,9
Reinigung	72-73	6.393	7,1	6.931	7,7	19.473	25,2
Wissensch.Kunst	74-77	6.322	2,9	9.736	4,5	19.969	9,7
Gesundh.Veterinär	78	14.079	4,1	21.205	6,4	81.604	29,9
Rechtsberatung	79	5.896	7,1	9.675	12,2	28.775	47,8
Sonst.Dienst.	71,80-86	28.035	9,5	48.043	17,4	106.381	49,0
Dienstleistungen	70-86	67.930	6,0	104.700	9,6	279.185	30,6
Organisationen	87-90	3.326	2,3	3.881	2,7	44.312	42,5
Gebietskörp.	91,92,94	4.050	1,4	5.408	1,9	12.097	4,3
Sozialversicher.	93	587	1,2	2.474	5,2	6.903	15,9
Körper.Soz.Vers.	91-94	4.637	1,4	7.882	2,3	19.000	5,8
Dienstleistungen	62-94	130.020	4,5	190.998	6,8	422.287	16,4
Ohne Angaben		-2.036	-51,3	-2.918	-60,1	974	101,5
Zusammen		196.663	3,5	290.011	5,2	231.451	4,1

Quelle: LAA NRW, Presseinformation Nr. 16/ 90 vom 8.2. 1990, Anlage 1.

Tab. 4B: Erwerbstätige nach Ländern und Wirtschaftsbereichen 1961/1970/1987

Land/Wirtschaftsbereich	1961 absolut	1961 in %	1970 absolut	1970 in %	1987 absolut	1987 in %
Schleswig-Holstein	1.018	100,0	1.033	100,0	1.121	100,0
Land- u.Forstw.Fischerei	158	15,5	97	9,4	56	4,9
Produzierendes Gewerbe	383	37,6	382	37,0	340	30,3
Handel,Verkehr u.Nachr.	200	19,7	218	21,1	234	20,9
Übr. Wirtschaftsbereiche	277	27,3	336	32,5	492	43,9
Hamburg	897	100,0	828	100,0	691	100,0
Land- u.Forstw.Fischerei	13	1,5	10	1,2	7	1,1
Produzierendes Gewerbe	350	39,0	293	35,4	189	27,3
Handel,Verkehr u.Nachr.	277	30,9	250	30,2	180	26,1
Übr. Wirtschaftsbereiche	257	28,7	275	33,2	315	45,4
Niedersachsen	3.068	100,0	3.005	100,0	3.037	100,0
Land- u.Forstw.Fischerei	588	19,2	327	10,9	151	5,0
Produzierendes Gewerbe	1.284	41,8	1.341	44,6	1.160	38,2
Handel,Verkehr u.Nachr.	528	17,5	548	18,2	540	17,8
Übr. Wirtschaftsbereiche	658	21,4	788	26,2	1.186	39,1
Bremen	323	100,0	310	100,0	272	100,0
Land- u.Forstw.Fischerei	6	1,8	5	1,6	2	0,8
Produzierendes Gewerbe	131	40,4	116	37,4	89	32,8
Handel,Verkehr u.Nachr.	101	31,3	96	30,9	67	24,8
Übr. Wirtschaftsbereiche	85	26,4	93	30,1	113	41,6

Land/Wirtschaftsbereich	1961		1970		1987	
	absolut	in %	absolut	in %	absolut	in %
Hessen	2.335	100,0	2.402	100,0	2.491	100,0
Land- u.Forstw.Fischerei	316	13,5	152	6,3	52	2,1
Produzierendes Gewerbe	1.077	46,1	1.167	48,6	993	39,9
Handel,Verkehr u.Nachr.	427	18,3	443	18,4	494	19,9
Übr. Wirtschaftsbereiche	515	22,1	639	26,6	952	38,2
Rheinland-Pfalz	1.625	100,0	1.523	100,0	1.571	100,0
Land- u.Forstw.Fischerei	352	21,6	164	10,7	72	4,6
Produzierendes Gewerbe	679	41,8	700	45,9	650	41,4
Handel,Verkehr u.Nachr.	255	15,7	257	16,9	264	16,8
Übr. Wirtschaftsbereiche	339	20,9	402	26,4	585	37,2
Bad.Württemberg	4.039	100,0	4.176	100,0	4.355	100,0
Land- u.Forstw.Fischerei	637	15,8	332	7,9	119	2,7
Produzierendes Gewerbe	2.104	52,1	2.284	54,7	2.097	48,1
Handel,Verkehr u.Nachr.	545	13,5	597	14,3	666	15,3
Übr. Wirtschaftsbereiche	753	18,7	964	23,1	1.474	33,8
Bayern	4.740	100,0	4.894	100,0	5.097	100,0
Land- u.Forstw.Fischerei	1.014	21,4	647	13,2	262	5,1
Produzierendes Gewerbe	2.088	44,1	2.309	47,2	2.243	44,0
Handel,Verkehr u.Nachr.	701	14,8	772	15,8	838	16,4
Übr. Wirtschaftsbereiche	936	19,8	1.166	23,8	1.756	34,5
Saarland	435	100,0	406	100,0	412	100,0
Land- u.Forstw.Fischerei	36	8,3	10	2,4	4	1,0
Produzierendes Gewerbe	234	53,8	209	51,4	178	43,3
Handel,Verkehr u.Nachr.	80	18,4	81	20,0	74	18,0
Übr. Wirtschaftsbereiche	85	19,5	107	26,2	156	37,7

Land/Wirtschaftsbereich	1961		1970		1987	
	absolut	in %	absolut	in %	absolut	in %
Berlin	1.033	100,0	960	100,0	927	100,0
Land- u.Forstw.Fischerei	6	0,6	5	0,5	6	0,6
Produzierendes Gewerbe	483	46,8	416	43,4	290	31,3
Handel,Verkehr u.Nachr.	210	20,4	200	20,8	171	18,5
Übr. Wirtschaftsbereiche	334	32,3	338	35,2	460	49,6
NRW	7.201	100,0	6.957	100,0	6.933	100,0
Land- u.Forstw.Fischerei	458	6,4	241	3,5	137	2,0
Produzierendes Gewerbe	4.024	55,9	3.739	53,8	3.020	43,6
Handel,Verkehr u.Nachr.	1.273	17,7	1.285	18,5	1.225	17,7
Übr. Wirtschaftsbereiche	1.444	20,1	1.690	24,3	2.551	36,8
Bundesgebiet	26.713	100,0	26.494	100,0	26.908	100,0
Land- u.Forstw.Fischerei	3.584	13,4	1.991	.7,5	866	3,2
Produzierendes Gewerbe	12.837	48,1	12.957	48,9	11.247	41,8
Handel,Verkehr u.Nachr.	4.608	17,2	4.748	17,9	4.755	17,7
Übr. Wirtschaftsbereiche	5.685	21,3	6.799	25,7	10.039	37,3

Anmerk.:   Ergebnisse der Volkszählungen 1961, 1970 und 1987.
Quelle: Breimaier 1989, S. 505.